VÉRITÉ DES MYTHES

Collection dirigée

par

Bernard Deforge

CANNIBALISME ET IMMORTALITÉ

L'ENFANT DANS LE CHAUDRON EN GRÈCE ANCIENNE

DANS LA MÊME COLLECTION

OUVRAGES PARUS

Louis Bardollet, *Les mythes, les dieux et l'homme. Essai sur la poésie homérique.*

Lucian Boia, *Pour une histoire de l'imaginaire.*

Régis Boyer, *La mort chez les anciens Scandinaves.*

Walter Burkert,
Les cultes à mystères dans l'Antiquité. (Nouvelle traduction)
Homo Necans. Rites sacrificiels et mythes de la Grèce ancienne.
Sauvages origines. Mythes et rites sacrificiels en Grèce ancienne.

Bernard Deforge,
Le commencement est un dieu. Le Proche-Orient, Hésiode et les mythes.
Eschyle poète cosmique.
Le Festival des cadavres. Morts et mises à mort dans la tragédie grecque.

George Devereux, *Les rêves dans la tragédie grecque*

Jacqueline Duchemin,
Mythes grecs et sources orientales.
Prométhée. Histoire du mythe, de ses origines orientales à ses incarnations modernes.

Christine Dumas-Reungoat, *La fin du Monde. Enquête sur l'origine du mythe.*

Bernard Fricker, *Mythologie, philosophie, poésie.*

Monique Halm-Tisserant, *Cannibalisme et immortalité. L'enfant dans le chaudron en Grèce ancienne.*

François Jouan, Bernard Deforge, *Peuples et pays mythiques.*

Pierre Lévêque, *Colère, sexe, rire. Le Japon des mythes anciens.*

Alain Moreau, *Le mythe de Jason et Médée. Le va-nu-pied et la sorcière.*

Pierre Sineux, *Amphiaraos. Guerrier, devin et guérisseur.*

Reynal Sorel, *Chaos et éternité. Mythologie et philosphie grecques de l'Origine.*

Pascal Thiercy, *Aristophane. Fiction et dramaturgie.*

Robert Triomphe, *Le lion, la vierge et le miel.*

SOURCES

Le papyrus de Derveni, traduit et présenté par Fabienne Jourdan.

Régis Boyer,
Deux sagas islandaises légendaires.
Les sagas légendaires.
Les sagas miniatures.

Luc Brisson, *Le sexe incertain. Androgynie et hermaphrodisme dans l'Antiquité gréco-romaine.*

Giovanni Pugliese Carratelli, *Les lamelles d'or orphiques.*

Instructions pour le voyage d'outre-tombe des initiés grecs.

Peter Kingsley, *Dans les antres de la sagesse. Études parménidiennes.*

MONIQUE HALM-TISSERANT

CANNIBALISME ET IMMORTALITÉ

L'ENFANT DANS LE CHAUDRON EN GRÈCE ANCIENNE

2e tirage

vérité des mythes

PARIS

LES BELLES LETTRES

2007

Première édition 1993

ISBN : 978-2-251-32419-7

PREFACE

«L'enfant dans le chaudron» : ce titre presque anodin dissimule une collection d'horreurs — c'est exactement l'expression adéquate — d'horreurs sacrées mais d'horreurs quand même, comme seule la mythologie peut les élaborer et leur prêter vie. Les anciens Grecs n'étaient pas sans éprouver parfois quelque malaise devant ces fruits étranges de l'imaginaire; quant aux Pères de l'Eglise, désireux de mettre en évidence les abominations du paganisme, ils n'avaient que l'embarras du choix. Dès que l'on se trouve à l'extérieur d'un système mythologique — et c'est aujourd'hui presque toujours le cas — on éprouve les plus grandes difficultés à comprendre, bien sûr : les mythes ne sont pas faits pour être compris ! Les mythes ne fonctionnent pleinement que lorsqu'ils échappent à la raison, à l'entendement, à la critique, à l'analyse. Mais Monique Halm-Tisserant relèvera la gageure : elle nous permettra d'esquiver tous les dangers, nous guidera d'une main ferme, d'une plume agile, d'un esprit clair.

Sur de petits vases attiques de médiocre qualité datant du début du Ve siècle avant notre ère, approximativement contemporains des guerres médiques, un jeune garçon s'agite dans un chaudron, une de ces lourdes cuves en bronze que l'on découvre parfois dans les nécropoles et qui servent d'urnes cinéraires. Le chaudron est posé sur un trépied, disposition qui signale habituellement les prix décernés aux athlètes lors des jeux organisés à l'occasion des grandes fêtes, les jeux olympiques par exemple. Mais ici le chaudron est une énorme marmite pleine d'eau en ébullition : le feu est allumé sous l'ustensile, de grandes flammes lèchent les parois et révèlent la violence de la cuisson : l'enfant bout !

Limites des images : si nous n'avions aucun texte, la dérive de nos commentaires serait impressionnante ! Monique Halm-Tisserant est mythologue, c'est certain; elle est aussi archéologue. Le dossier iconographique qu'elle nous livre est passionnant, non seulement par ce qu'il nous apprend mais aussi par ses lacunes, je veux dire par ses silences délibérés. Dans le parcours auquel nous convie l'auteur, nous rencontrons successivement les cuissons d'éphèbes et de vieillards, les "rôtissages" d'enfants (la cryptie dans le feu), les dévorations d'enfants (tecnophagie) lors de banquets cannibales, les égorgements de jeunes vierges enfin, plus quelques variations significatives. Or les artistes, les artisans, travaillent tel épisode et refusent délibérément tel autre. Ce n'est jamais par incapacité mais bien sûr pour des raisons très profondes, qui prouvent la puissance des constructions mythiques. De par sa formation, Monique Halm-Tisserant ne traite jamais les images comme de banales illustrations des récits qu'elle déchiffre; elle les appréhende comme des versions à part entière; et il est fascinant de constater la diversité des figurations, et dans le temps et dans l'espace, notamment chez les Etrusques, peuple non indo-européen mais grand consommateur de mythes et d'images grecs. On pourra un jour exploiter ces données pour mieux apprécier la réception, la compréhension et l'exploitation de ces créations dans l'Antiquité même.

La mythologie grecque jouit actuellement d'une réelle faveur : dans la masse des ouvrages publiés chaque année, je crois que «L'enfant dans le chaudron» est le premier à prendre au sérieux les données de l'iconographie. Espérons que le livre fera école et que cesseront de paraître les études sur la religion, les "mystères", les mythes, dans lesquelles on se contente d'émailler chaque chapitre de quelques photos dont le texte souvent ne pipe mot.

La force du livre de Monique Halm-Tisserant réside dans la cohérence des explications proposées. De ce catalogue d'horreurs, elle montre la richesse et l'homogénéité sémantique. Inlassablement l'homme cherche à définir sa position dans le cosmos; il explore toutes les relations possibles entre lui et les autres, entre les hommes et les femmes, entre les hommes et les bêtes, entre les hommes et les dieux. Il se souvient de paradis perdus; il rêve à l'immortalité; il souhaite rajeunir, quitte à passer par le feu. Mais il découvre aussi les dangers de toutes les tentatives de transgression. La mythologie est une ample mécanique qui explique par de multiples exemples, et même les plus "sulfureux", que l'univers est structuré, réglé, parfaitement ordonné. En fait, c'est bien la leçon de ce livre, et elle n'est pas paradoxale : rien n'est moins irrationnel que la mythologie.

Claude Bérard

«Le feu ... il est douceur et torture. Il est cuisine et apocalypse.»

G. Bachelard, *La psychanalyse du feu.*

AVANT-PROPOS

Exégètes et historiens de l'art antique ont hérité, et cela depuis les écrits de Winckelmann, une vision idéalisée de la Grèce, pétrie de sérénité et de grandeur (*Edle Einfalt und Stille Grösse*), que la connaissance des grandes oeuvres d'art, statuaires en particulier, n'a pas vraiment démentie. Moins conformes à cet idéal, des témoignages émanant essentiellement de l'artisanat n'ont cessé de nous parvenir depuis lors qui livrent à notre réflexion des compositions étranges, sulfureuses parfois. Elles renvoient à cette fraction irrationnelle de l'âme antique qu'on avait, un temps, souhaité occulter.

De même que l'on a opposé dans la peinture européenne du XIXè siècle un symbolisme "blanc" (incarné par Puvis de Chavannes) à un symbolisme "noir" (celui de Moreau et de Khnopff), de même il semble que, révélant pour le monde grec une dualité comparable, la peinture de vases — un genre mineur, comparé à la grande peinture et à la sculpture — tînt à illustrer les rêves sombres que le grand art choisissait d'ignorer. Or, les pulsions, les phantasmes et les pratiques superstitieuses que ces monuments expriment ou dépeignent paraissent plus proches des préoccupations de notre propre imaginaire que les programmes iconographiques, souvent propagandistes, des cités. Il est vrai que la psychanalyse ainsi que les travaux fondés sur l'anthropologie et le structuralisme ont, depuis quelques décennies, modifié notre approche du monde antique et, dans le même temps, ouvert de nouvelles perspectives à l'analyse. A cette évolution s'ajoute le fait que dans une époque où la création, sans cesse plus individuelle, s'est libérée des dogmes et des techniques, les témoins que nous sommes ont été accoutumés à "regarder l'irrationnel". La rencontre entre nos goûts esthétiques et cette facette plus tourmentée de l'art antique a, assurément, suscité cette enquête axée sur quelques unes parmi ces images marginales, plus précisément agencées autour du chaudron mythique.

S'il n'est pas indispensable de citer *in extenso* la définition, souvent mentionnée de C. Lévi-Strauss (*Anthropologie Structurale* I), selon laquelle «il n'existe pas de version "vraie"» d'un mythe, il convient de l'évoquer. Car, forte du principe que toutes les versions ressortissent au "mythe", j'ai envisagé une approche globale et diachronique des légendes du feu. La mise en parallèle des textes montre que les écarts restent minimes et n'affectent que les éléments secondaires du récit (ex. : mythe d'Itys, voir le tableau n° 6). En dépit de ces variations mineures, le fond qui constitue le tronc commun, ce que L. Gernet appelait le "lien organique" de l'histoire, demeure inchangé. Et des détails, fussent-ils tardivement relatés, sont parfois susceptibles d'enrichir ou d'éclairer les versions plus anciennes, moins développées. Ce lien, garant de l'authenticité, est, en dépit des transpositions et des interprétations, parvenu jusqu'à nous. L'argument des plus grands mythes grecs, vivants encore puisque exploités au théâtre et dans la peinture modernes, est demeuré inchangé depuis l'antiquité. Lorsqu'ils ont conté l'histoire d'Oedipe ou de Penthésilée, les créateurs postérieurs — de Corneille à Cocteau, en passant par von Kleist — se sont référés à cette trame, pérenne en définitive, à partir de laquelle les poètes et les peintres antiques durent eux-mêmes élaborer leurs oeuvres. Cette part, la plus sommaire et la plus profonde à la fois du tissu légendaire constitue, sinon la version "vraie", du moins la version archétype, prégnante de toutes les autres. C'est le témoignage des arts mineurs qui a plus particulièrement focalisé mon intérêt sur le thème du chaudron, avant que de m'inciter à explorer les récits qui lui furent parallèlement consacrés. Peu cultivés et parfois analphabètes — les pseudo inscriptions et les erreurs de graphie l'attestent sur les vases —, les artisans du Céramique n'avaient guère accès à la littérature savante. Ils tenaient oralement leur connaissance des mythes, l'enrichissant de souvenirs visuels, empruntés au théâtre ou au répertoire iconographique en vogue dans les ateliers de leurs maîtres. Assez peu novateurs, du fait de la sujétion aux modèles, ils donnèrent des versions répétitives et naïves, souvent, des légendes qu'ils illustraient. De tradition populaire, les images portées sur la panse des vases reflètent, vraisemblablement mieux qu'aucun texte, la vulgate, c'est à dire cette part la plus authentique des mythes que je souhaite approcher.

Note liminaire

La documentation qui fut à la base de cette étude a été regroupée dans l'ouvrage, en deux catalogues présentés à la fin du volume :

— un corpus d'images, Catalogue 1.

— un corpus des textes, Catalogue 2.

Les références nombreuses aux témoignages littéraires et iconographiques m'ont amenée à adopter un système de conventions spécifique qui fonctionne de la manière suivante :

*1ère abréviation: **(1)***. Les numéros en italique, gras, entre parenthèses, qu'ils soient placés dans le catalogue 1, le texte et les notes, renvoient exclusivement aux monuments de la peinture et de la sculpture, classés de ***(1)*** à ***(39)***.

2ème abréviation : **(T 1)**. Chaque texte ancien classé dans le Catalogue 2 est suivi d'une abréviation entre parenthèses, — composée de la lettre T majuscule, en gras, (pour Texte) ainsi que d'un numéro, allant de 1 à 210 —, évidemment reprise dans l'ensemble de l'ouvrage.

Il doit être précisé encore que j'ai adopté, dans les références aux ouvrages, revues et encyclopédies, le système d'abréviation usuel dans le *BCH* (Bulletin de Correspondance Hellénique) et, pour ce qui concerne les textes littéraires, les auteurs anciens, celui en usage dans le *LIMC* (Lexicon Iconographicum Mythologiae Classicae).

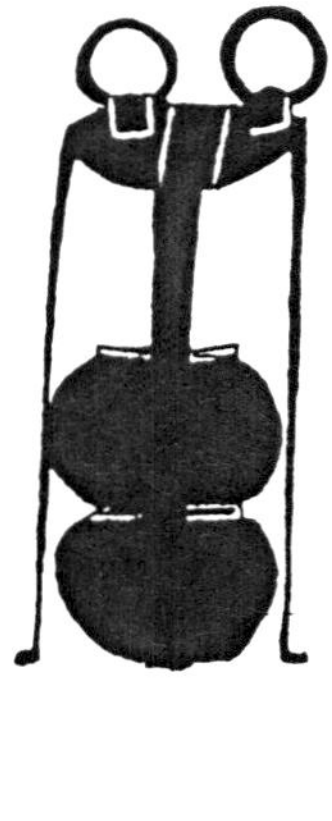

CHAPITRE I

Les images et leur contexte

Trois vases contemporains, décorés en Attique vers 480 par deux peintres, le Peintre d'Haimon et le Peintre de Sappho, plus largement spécialisés dans l'ornementation des lécythes, reproduisent une scène étrange : un enfant ou un jeune adolescent émerge d'un chaudron de bronze, placé sur un trépied au-dessus des flammes. Ce sont les seules images qui donnent à voir avec certitude une scène de coction. (Sur les autres exemplaires classés dans le corpus, aucun feu, en effet, ne brûle sous la vasque de bronze). Avant que de les appréhender, il n'est pas vain de récapituler la place généralement dévolue dans le répertoire à chacun des éléments constitutifs de l'image : à l'enfant, au chaudron et au feu.

L'enfant

L'imagerie antique a, de manière générale, fait peu de cas de l'enfance. La peinture de nouveaux-nés ou de jeunes enfants est demeurée rare dans la narration du quotidien, davantage axée sur l'univers des éphèbes et des adultes (scènes amoureuses, banquets, gynécée, etc.).

Certaines scènes de gynécée ont été toutefois le prétexte à dessiner l'enfant dans les bras de sa mère ou d'une servante[1]. Au temps de la guerre du Péloponnèse les peintres classiques ont, introduisant des notations pathétiques, enrichi le thème banal du départ du guerrier. On a alors montré, entouré de sa famille, le père disant adieu à son fils avant que de partir au combat[2]. Une série, plus tardive, de vases miniatures destinés aux enfants et appelés *chous*, reproduisit encore leurs jeux favoris.

Si l'enfant de condition "ordinaire" n'a que peu mobilisé l'intérêt des imagiers, l'enfant divin (Apollon et Artémis, Dionysos, Hermès) et héroïque (Héraclès, Persée, Achille, Arcas) a, en revanche, bénéficié de leurs faveurs. On raconte volontiers les malheurs, les ruses et les triomphes de ces nourrissons, toujours impliqués dans une action exceptionnelle. L'on voit Persée, dans les bras de Danaé, près d'être enfermés dans le coffre ordalique qui sera jeté à la mer ; Hermès réfugié dans son berceau après qu'il a dérobé le cheptel de son frère; Héraclès étouffant les serpents envoyés par Héra ... Enfin, on s'attache aux enfants distingués par les dieux, conduits à leurs nourrices par un parent ou par Hermès pédophore[3].

En dehors du contexte merveilleux de la fable, l'enfant ou le jeune adolescent, fût-il de lignée héroïque, est toujours un objet de violences. Il introduit dans le contexte dramatique de la guerre et de l'infanticide ; qu'on se rappelle les peintures narrant le sac de Troie (les meurtres de Troïlos et d' Astyanax), montrant le cortège menaçant des ménades pédophores[4] ou la perpétration même du forfait (enfants de Médée, d'Héraclès, de Procné, par exemple).

Le chaudron

L'originalité du décor figuré sur les lécythes paraît d'autant plus marquée que, dans le répertoire traditionnel, la cuve et le trépied restent essentiellement circonscrits à l'espace du sanctuaire, à la mantique et aux jeux athlétiques. En dehors de l'iconographie spécifique de Pélias, l'ustensile intervient dans les contextes suivants :

— trépied oraculaire, delphique

Instrument dans la mise en scène divinatoire, le chaudron, sis sur le trépied le portant, est lié au sanctuaire de Delphes. Apollon *Hyperpontios*, la Pythie et Thémis siègent également dans la vasque[5]. Héraclès lutte avec Apollon pour sa possession[6]. Dans ces images qui expriment la rivalité des deux divinités pour la suprématie du sanctuaire, l'ustensile prend valeur d'indicateur topographique. Déjà sculptée au fronton du Trésor de Siphnos, cette lutte a été plus particulièrement illustrée dans la peinture de vases, par le P. d'Antiménès et par le P. de Berlin.

— Héraclès naviguant dans la cuve du soleil[7]

Sur ces rares représentations, Héraclès, après avoir affronté Emathion, se dirige vers le Caucase, empruntant le chaudron qu'Hélios utilise pour accomplir le trajet de sa révolution nocturne (Hésiode, *Théog.* v. 984-985).

Le récipient demeure plus étroitement associé aux figures mythologiques d'Apollon, d'Héraclès et d'Hélios. Mais il est aussi lié à d'autres cycles, dont les sujets ont inspiré des dithyrambes[8].

— trépied agonistique, chorégique et votif

Rattaché soit à Nikè[9], soit à Héraclès victorieux[10], le trépied est également entreposé durant les concours gymniques[11]. Le motif se trouve reproduit dès l'époque géométrique[12] ainsi que sur le Vase François[13].

— trépied, épisème de boucliers[14]

— trépied d'utilité courante, *apuroi* et *empuroi*[15].

Seuls, dans cette rubrique, le trépied et le chaudron destinés à la cuisson doivent retenir l' intérêt. Alors qu'il est utilisé dans l'opération d'ébullition qui précède ou accompagne le rôtissage des viandes, le chaudron reste peu représenté dans l'iconographie de la cuisine sacrificielle. Les peintres de vases qui illustrent, parfois à la manière d'une bande dessinée, les différents moments du rite, accordent plus d'importance à la seconde phase et laissent plus volontiers voir les pièces découpées et enfilées sur les broches. Le chaudron y apparaît, en outre, exclusivement manié par les hommes. Ecartées de l'alimentation carnée, les femmes — comme l'a noté M. Detienne — «n'ont droit ni au chaudron, ni à la broche, ni au couteau»[16]. Leur irruption dans les peintures qui décorent les lécythes souligne leur caractère marginal et fournit une première indication de sens : l'annexion du chaudron implique la transgression. Celles qui, s'appropriant les accessoires de l'abattage et de la cuisson rituels, font basculer l'action dans le désordre sont légion dans le mythe comme dans l'imagerie. C'est de cette manière, par la manipulation des objets interdits, que s'opère la possession dionysiaque. La métamorphose des femmes thraces en ménades meurtrières s'accomplit par le biais des *obeloi* et du couteau[17]. Dans la fin d'Orphée des ustensiles de cuisine, tel le pilon, viennent s'ajouter aux objets du sacrifice. Sur une coupe à figures rouges, Clytemnestre qui, de la hache, abat sauvagement Cassandre réfugiée à l'autel d'Apollon, renverse dans son égarement le trépied oraculaire[18]. L'objet renversé consomme, en outre, la rupture de l'ordre, ici celui du sanctuaire, ailleurs celui du festin sacrificiel[19]. Toujours, l'intrusion des femmes dans le domaine du sacrifice, introduit l'anomalie, présage ou accompagne la violence et le meurtre.

Mais, vers quel univers surnaturel glissent les images figurées sur les lécythes, sur lesquels, de surcroît, un enfant cuit à feu vif dans le *lébès* de bronze ?

Nombre de représentations des tourments infernaux tels que les ont conçus les sculpteurs et les miniaturistes médiévaux ont été agencées selon une composition symétrique, proche de celles des vases[20]. Les primitifs ont, de la même manière, rendu le supplice des martyrs plongés dans l'huile bouillante[21]. Quantité d'images de référence surgissent qui, apparentées à la sorcellerie ou au démonique, n'ont cessé de hanter l'imaginaire de l'Occident chrétien. Autour de l'ustensile, se profilent aussi la sorcière et l'ogre des contes.

Ce sont les légendes que le monde grec a élaborées autour du *lebès* et du feu qu'il convient d'interroger. L'épopée, le théâtre, la littérature savante et tardive fournissent de précieux témoignages qui, de Phérécyde à Hygin, ont le mérite de refléter la tradition mythologique. La diversité et l'étalement des sources littéraires qui ont été rassemblées attestent la continuité et la vitalité de ces récits que les auteurs chrétiens, puis les grammairiens, ont perpétués jusqu'au XIIè siècle de notre ère.

Il est habituel d'associer ces différents mythes, voire de les interpréter tous comme des histoires initiatiques[22]. En les regroupant, j'ai tenté au contraire de les différencier. C'est en montrant leur richesse et leur disparité qu'on saisit la pluralité des contextes et qu'on parvient à comprendre les images, portées sur les lécythes.

Le feu

C'est bien évidemment autour du feu que gravitent les récits centrés sur le *lébès* de bronze. Les flammes lèchent les flancs de l'ustensile, disposé sur le trépied. Substance divine, le feu fut aux origines la propriété de Zeus fulgurant qui l'avait soustrait aux hommes (*Théog.* v. 563). Mais, l'ayant prélevé au creux d'une férule, le Titan Prométhée eut tôt fait de le leur restituer (*Théog.* v. 566). La pyrphorie prométhéenne a livré aux humains le feu infatigable, instrumental, essentiellement culinaire et technologique.

Une tradition parallèle raconte de quelle manière le feu qui n'a pas été dérobé aux dieux a été inventé par Hermès, l'astucieux protecteur des voleurs, lui-même coupable d'avoir dérobé le bétail d'Apollon. Dans le mythe, le feu reste donc directement (Hermès) ou indirectement (Prométhée) lié au vol. Il se voit conjointement rattaché aux premiers sacrifices. Car, comme le Titan, le dieu cyllénien fonde, à sa manière, le sacrifice qu'il dédie aux douze dieux.

Sous couvert de les honorer, Prométhée les trompe encore. En laissant à Zeus le soin de choisir, parmi les deux lots de *meria*, les ossements et la graisse du boeuf dépecé, l'immolation se révèle essentiellement profitable aux humains qu'elle dote de la viande. Hermès, en revanche, abat, pour les offrir aux Olympiens, deux des vaches qu'il a volées à son frère. Les deux actions relèvent de la tromperie : qu'elle réside, *a posteriori*, dans la répartition des parts du côté de Prométhée, ou, *a priori*, dans le vol des bovidés qui seront consacrés du côté d' Hermès. Mais, pratiqué par ce nouveau-né divin et peu banal, le rite, dépourvu de sens puisqu'il "relie" des divinités entre elles, offre la particularité de n'être ni sanglant, ni consommé. Lui-même membre du panthéon canonique, il ne saurait à la fois offrir et s'offrir un véritable sacrifice.

L'enfant divin a pourtant fait rôtir sur les *obeloi* les parts, composées des viandes mêlées, de l'échine et des entrailles, mais en n'en prévoyant aucune pour les hommes, écartés de ce rituel unilatéral. Sur les destinataires, les deux sacrifices de référence se répondent en quelque sorte, mais de manière antithétique : le rite prométhéen réservant les viandes à la consommation exclusive des hommes, tandis que le mode hermaïque les destine, paradoxalement, aux dieux. Ils diffèrent encore dans la technique de l'abattage. Non sanglante, la mise à mort des vaches dérobées par Hermès s'effectue hors les règles; comme si l'acte avait dans la tradition mythique ignoré, voire précédé, le modèle — canonique — du sacrifice prométhéen. Les anomalies successives visent à invalider l'action, parce qu'il est devenu impensable, aux temps de la rédaction du poème, qu'un dieu ait pu rendre un hommage cultuel à ses pairs. Originellement, l'Hermès cyllénien dont l'*Hymne* a relaté les actions, devenues paradoxales dès lors qu'il avait conquis ses lettres de noblesse, dut appartenir à la race de Prométhée, celle des héros civilisateurs, dispensateurs de feu et instigateurs du sacrifice.

A peine né, Hermès se comporte comme un simple mortel (voleur et pieux en somme!), se mettant, par le vol et par le sacrifice qu'il accomplit, dans un premier temps en marge des divinités. Sa réaction "pavlovienne" (v.132) devant les fumets du sacrifice, alors même qu'il est nourri d'ambroisie, le conforme à la physiologie humaine. En ne touchant pas les viandes consacrées (v. 134), il rétablit l'ordre, recouvrant dans un deuxième temps la place qui était sienne parmi les Olympiens[23]. Cette réinsertion sera d'ailleurs confortée par son "intronisation" définitive, à la fin du poème[24]. Aux ruses qui, dans les deux cas, président au premier sacrifice s'ajoute le fait que les protagonistes outrepassent leurs droits ou se mettent en marge de leur condition. Le Titan, ayant choisi le parti des humains, défie Zeus tandis qu'Hermès, nouveau-né génial, omettant un instant ses origines, imite les hommes. De la même manière, les épisodes du festin cannibale mettront en évidence la concomitance du statut existentiel et du régime alimentaire dans la logique antique.

Les deux figures, Prométhée qui a généré le beaume que Médée remet à Jason (Apoll. Rhod., *Arg.* III, 845) et Hermès qui cueille pour Ulysse le *moly*, l'herbe destinée à le préserver des enchantements de Circé (*Od.* X, v. 289-292), sont, enfin, également tenues pour des magiciens. Dans ces récits génésiaques, les événements tissent des relation entre le feu, la ruse et la magie que la plupart des mythes "autour" du chaudron confirmeront.

La première légende relative à la genèse du feu met l'accent sur son aspect utilitaire. La seconde qui en attribue la trouvaille à Hermès, confère, en revanche, à l'élément un caractère sexuel indéniable que la psychanalyse a décelé dans le feu en général. Le rédacteur de l'*Hymne* (v. 108-112) décrit le fils de Maïa, alors qu'il cherche encore l'art du feu :

> «il prit une belle branche de laurier et, la tenant bien en main, il la fit pivoter sur du bois de faux grenadier; un souffle s'en exhala. C'est Hermès qui, le premier, fit jaillir le feu et révéla les moyens d'en faire».

Les psychanalystes ont comparé le frottement des bois, générateurs de la flamme, à des expériences fortement sexualisées. G. Bachelard a évoqué, dans la *Psychanalyse du feu*[25], à propos des gestes de la main qui opère, des caresses plus érogènes. Rien d'étonnant, donc, à ce que le feu magique et pastoral ait jailli dans la paume de la main (ἐν παλάμῃ) d'un dieu phallique ou ithyphallique, lorsque les hermoglyphes épannellent grossièrement son effigie, à partir d'un pilier monolithe. Sexuellement caractérisé, l'Hermès cyllénien ramène à la fertilité. Il la dispense d'ailleurs, détenant avec Hécate le pouvoir de faire croître les troupeaux au fond des étables[26]. Avec Aphrodite, encore, il préside au mariage; la protection de la relation physique lui étant, plus spécifiquement, échue en partage. Les imagiers le montrent, escortant le char nuptial, ou bien représentent des suppliants, hommes et femmes, jeunes ou âgés, attouchant le membre érigé du dieu-pilier, lorsqu'ils sont venus solliciter puissance ou fécondité. La figure d'Hermès relie indiscutablement le feu à la virilité, une relation que les penseurs, présocratiques notamment, n'ont pas manqué d'établir (*cf.* chap. III, n. 54). Certains, parmi les mythes qui seront abordés, conforteront cette nature sexuelle et fécondante du feu. Comme si l'action mythologique recoupait les connotations perçues dans les récits de sa genèse.

Instrument du foyer sacré ou domestique, le chaudron entraîne d'emblée vers d'autres sphères, celles de l'irrationnel. Mais de même qu'il sert des pratiques nées de la superstition, il suscite les plus hautes conceptions de la pensée philosophico-religieuse, nourrissant jusqu'aux visions d'Empédocle et de Platon. Tour à tour victimes du *lébès*, vieillards et enfants de la légende délimitent de par leur statut excentrique les bornes de la vie : son crépuscule et son aurore. Ce sont les étapes mêmes auxquelles la sphinx thébaine faisait allusion dans l'énigme posée à Oedipe[27]. Dans le récipient, senti comme l'ustensile magique à remonter ou à abolir le temps biologique, l'"animal" du matin et celui du soir se rencontrent. Aussi, nombre de récits autour du chaudron témoignent-ils, comme d'autres mythes grecs, d'inquiétudes existentielles.

Les opérations de régénération et de cautérisation avec lesquelles on abordera cette étude s'attaquent directement à l'ordre chronologique, lui substituant les phantasmes d'un temps "retrouvé" ou infini, dans lequel le nouveau-né et le vieillard se fondraient à jamais ; à l'image d'Aiôn lui-même qu'Héraclite (fr. 52) se représentait pareil à un enfant joueur.

CONSIDERATIONS DE TECHNIQUE ET DE STYLE
Catalogue 1, *(1)* à*(6)*.

Quatre hypothèses de lecture ont été proposées pour les six monuments réunis dans le catalogue iconographique. Tour à tour on y a reconnu le rajeunissement d'Aeson *(1,3,5)* ou de Jason *(6)*, la mort de Pélias *(5)* et la renaissance de Pélops *(4, 5)*[28]. L'on peut s'étonner que, fondées sur des compositions aussi proches, les exégèses aient à ce point divergé. Les plus anciennes représentations de la cuisson, qui apparaissent dans la statuaire du milieu du VIè siècle sont, l'une de provenance inconnue *(6)*, l'autre originaire de Lucanie *(5)*. La plus récente, une composition étrusque, orne un miroir nettement plus tardif *(4)* puisque daté du IIIè siècle. En sorte que, sur les six monuments regroupés, trois seulement — les peintures de vases (Pl. III) — émanent de l'artisanat attique. Avant que de s'interroger sur la signification de la composition portée sur les lécythes, il convient de la replacer d'emblée dans le contexte artistique et thématique qui fut le sien. Car, la connaissance du milieu où elle fut conçue explicite nombre de ses traits, apparemment déroutants.

Ces trois images sont l'oeuvre d'artisans que les conquêtes de la figure rouge ne semblent guère affecter et qui, dans le premier quart du Vè siècle, pratiquent encore la technique à figures noires. Avec d'autres compagnons, ils perpétuent une production, devenue sérielle et hâtive, de vases vraisemblablement peu coûteux. Les exigences d'une demande massive les ont contraints à la plus grande rapidité d'exécution possible. Aussi atteignent-ils à l'économie des moyens techniques en schématisant le décor figuré, jusqu'à la "typisation"[29]. Ce langage, parfois pictographique, susceptible de charmer les spectateurs accoutumés à la modernité, aurait dû — dut ? — paraître choquant aux yeux d'un acheteur athénien du Vè siècle ... [30]. Peut-être le système graphique découlait-il d'une démarche mentale comparable à celle qui conduisit à user de pseudo inscriptions sur le champ des vases. De même que l'illusion de l'écriture tenait lieu de médiation textuelle, de même la qualité de l'ornementation aurait été subordonnée à la possession d'un support peu coûteux et médiocre, pourvu qu'il fût orné. Une telle perception de l'objet et de son décor s'inscrirait bien dans la logique de la production de masse.

Ces artisans composent à partir d'un répertoire de types restreint et archaïsant. L'homme appuyé sur le bâton (A1,*(1)*), l'homme et la femme assis sur le *diphros* (A2, A4, *(1)*), la femme en fuite (A1, A3, *(3)*), présents sur nos exemplaires, restent les schémas les plus couramment employés sur les lécythes de cette période[31]. A1, *(3)* trouve aisément des parallèles en A3 des lécythes H 10 1235 et 74. 16 de Tübingen, par exemple[32]. La gestique, également répétitive, donne aux mains et aux doigts, démesurément allongés, des poses affectées (A1, A3, *(3)*) qui ne sont pas sans évoquer celles de la danse[33]. C'est précisément grâce à ce langage des mains que les peintres suggèrent le mouvement et allègent les silhouettes massives qu'ils plaquent sur le champ. L'économie affecte jusqu'aux coiffures des personnages. Et le traitement sommaire et mécanique des crobyles peut parfois faire songer aux casques les plus étranges[34] ! Les figures, interchangeables dès lors qu'elles sont dépourvues de caractéristiques — et toujours adventices — sont disposées symétriquement, de part et d'autre d'un motif central. La modification de ce seul motif autorise à varier les contextes thématiques. Chez le Peintre d'Haimon comme dans son entourage, cette disposition conventionnelle sert aussi commodément la représentation de l'enfant dans le chaudron que celle de la sphinx sur l' Agora de Thèbes. Bien que les hasards des découvertes n'aient porté à notre connaissance qu'un faible nombre d'exemplaires, on a le sentiment que les images de coction appartenaient à une véritable série, comparable à celles que le P. d'Haimon a parallèlement consacrées à la sphinx et à l'effigie dionysiaque[35]. Chez cet artisan, en tous cas, l'image de l'enfant dans le *lébès* répond aux conventions de la production massive. Et les lécythes de Leyden et de Chiusi sont, à l'évidence, des répliques d'un même modèle. Jusque dans l'animation des champs le peintre cède à la facilité, disposant des branches feuillées, entrecroisées, afin de lier visuellement les figures, paratactiques. Eléments structuraux de fait, les végétaux tissent un espace abstrait qui n'indique pas obligatoirement l'extérieur. Leur fonction, essentiellement rythmique, évoque le rôle dévolu à l'écriture ou aux *Klecks Palmetten* dans la céramique corinthienne. Plus rarement, sur des lécythes particulièrement bâclés, on voit même les personnages promus motif axial, assis sur les *diphroi*, de part et d'autre de ces branchages[36]. Le Peintre de Sappho **(Pl. III, fig. 8)** qui, ailleurs, rythme le champ de traînées, tracées au vernis dilué, confère aux flammes sinueuses du brasier le rôle de coordination, habituellement dévolu aux rinceaux[37].

La nature quasiment pictographique de ce langage doit être prise en compte. Les formes atteignent à une schématisation telle qu'elles pourraient favoriser des erreurs d'interprétation, si l'on omettait de considérer leur caractère signalétique. Certaines représentations, provenant de l'entourage du Peintre d'Haimon, confinent à l'illisible[38]. C'est l'association de signes (colonne + sphinx; colonne + masque de Dionysos; chaudron + enfant) qui, à la manière d'un déterminant, tire le contexte de son imprécision. Il serait donc aussi vain de rechercher Médée (qu'on a cru identifier en A2, *(1)*, à cause d'une soi-disant baguette) parmi les femmes, assises ou en mouvement auprès du *lébès*, que de reconnaître, ailleurs, Oedipe parmi les citoyens groupés autour de la sphinx[39]. Le motif axial seul exprime le signifié. Aussi est-ce le noyau de l'image, porteur du sens, qu'il convient d' expliquer.

L'absence de parallèles iconographiques ainsi que la symbolique primaire des représentations imposent de les analyser à la lueur des grands mythes. Leur approche nécessitera d'effectuer un tour d'horizon des récits consacrés à la cuisson d'un enfant.

LA THÉMATIQUE
Catalogue 1, (1) à (3).

Paradoxe ou, précisément, compensation à la précarité de leur expression graphique, les peintres de lécythes puisent souvent à une veine étrange. Le phénomène qui n'est pas limité à la figure noire finissante, affecte les grands ateliers de céramique à figures rouges (celui de Polygnotos, par exemple) où l'on constate que le répertoire des maîtres demeure conventionnel, tandis que les artisans mineurs qui gravitent autour d'eux illustrent des thèmes plus audacieux et parfois uniques. Ces choix sont vraisemblablement dictés par les rapports commerciaux. Soucieux de sauvegarder leur notoriété et leur clientèle, plus prestigieuse, les peintres en vue se devaient de rester conformes à un genre. Moins sollicités, les petits maîtres qui travaillaient sur des supports moins onéreux ou qui produisaient massivement bénéficiaient d'une plus grande autonomie de création. Au plan thématique, donc, ils firent preuve d'une originalité et d'une richesse d'invention telles que certains sujets, isolés, sont demeurés incompris. Des thèmes tels que :

— Héraclès ou Hermès tenant en laisse des satyres
— Héraclès ramenant un hybride gorgonéen qu'il vient de capturer (*ABV* 508; 524, 1; 528, 44)[40]
— la sphinx ravisseuse, emportant "sous elle" un jeune Cadméen[41]

restent spécifiques au Peintre d'Haimon, au Peintre de Sappho ainsi qu'à leurs proches compagnons. Les liens que le Peintre d'Haimon entretint avec le Peintre de la Mégère pourraient rendre compte, en partie, de ses choix peu communs. Le répertoire de ce chef d'atelier compte, en effet, des scènes rares, insolites et morbides (des noyades, par exemple) et révèle son intérêt pour le mythe de Pélias, dont il a laissé plusieurs représentations[42].

En définitive, le Peintre d'Haimon et le Peintre de Sappho affichent des goûts et des habitudes stylistiques en harmonie avec ceux de leur environnement. L'image de l'enfant dans le chaudron est conforme au climat particulier à la peinture de lécythes à figures noires, tout à la fois hâtive et marginale, populaire et diversifiée.

Si les représentations d'Héraclès, menant l'hybride femelle, ou celle des noyades collectives restent insolubles, faute d'être rattachées à un mythe précis, celles de l'enfant dans le *lébès* ne devraient pas susciter la même perplexité. Car, inversement, les légendes abondent qui content l'histoire d'un personnage plongé ou cuit dans la cuve d'un chaudron.

Notes

1. L'identification de la figure avec l'enfant ne fait aucun doute. Il ne s'agit pas d'un homoncule, entité iconique exprimant généralement l'âme et le sommeil, toujours ailée et représentée de petite taille, accusant une forte différence d'échelle avec les autres personnages. On se reportera à l'iconographie des *eidôla* (G. Siebert, "Eidôla", *Méthodologie Iconographique*, Strasbourg,1981, p. 63-74, pl. XVI à XIX ; E. Peifer, *Eidola*, 1989), du sommeil (B. Andrene, "Herakles und Alkyoneus", *JdI* 77 (1962), p. 130-210). On reverra aussi les images de la naissance d'Athéna et de la double naissance de Pégase et Chrysaor (compositions du Peintre C, vers 590), certainement à l'origine de ces schèmes ultérieurs.

Pour l'enfant dans les bras de la servante : tesson de *Mégara Hyblaea, La Céramique archaïque*, T. 2, n° 7 (Groupe E ou Exékias) ; fr. 446, Acropole, *Graef-Langlotz*, Band II, Heft 1, 1929, pl. 33; le Peintre d'Achille, *ARV* 995, 118, par ex, pour la figure rouge.

2. Le Peintre du Dinos, *ARV* 1152, 7 b.

3. Voir *infra*, p. 75 et chapitre III, note 95. Outre Léto qu'on montre ses enfants dans les bras, Aphrodite, parfois, porte les siens : fragment inscrit (Himeros), *in* A. Greifenhagen, *Griechische Eroten*, 1957, p. 39, fig. 29 et *infra*, chap. VI, n. 94.

4. *ARV* 1151, 1; couvercle de pyxide, Musée Britannique E 775 et fragment de Samothrace 65. 1041 *in* J. R. Green, *RA* 1982, p. 240-241, fig. 3-5.

5. Apollon, *ABV* 685, 8, (suiveur de Lydos) ; *ARV* 209, 166 (P. de Berlin) in D. Plaquette, *L'Instrument de musique dans la Grèce antique*, 1984, p. 162, L 30. La Pythie, *DA, s.v. tripous*, fig. 7070. Thémis, *ARV* 1269, 5 (P. de Codros). Le trépied delphique *BCH*, Suppl. I, (1973), p. 34.

6. Ex: (nous avons choisi de ne donner que les oeuvres des meilleurs peintres pour cette iconographie particulièrement riche) P. d'Amasis, *ABV* 152, 27 ; P. de Lysippidès, *ABV* 255, 8; 287, 16 ; P. d'Antiménès, *ABV* 268, 24 ; 269, 39; 277, 16; 279, 52; 284, 8; 287, 16 ; P. de Madrid, *ABV* 329, 2; P. de Rycroft, *ABV* 335, 2; 336, 8; 337, 31; Gr. de Léagros, *ABV* 360, 8, 9; 370, 127; P. d'Edimbourg, *ABV* 485, 15; P. de Marathon, *ABV* 488; P. d'Haimon, *ABV* 538, 4; 566, 615; 569, 661; P. de Pholos, *ABV* 572, 3; P. d'Emporion, *ABV* 586, 13. Fr. : P. d'Andocidès, *ARV* 3, 1; 1617; Psiax, *ARV* 6; Phintias, *ARV* 23, 2; 24, 12; Oltos, *ARV* 66, 135, 136; P. de Kléophradès, *ARV* 183, 13; 189, 70; P. de Berlin, *ARV* 197, 8; 199, 30; 202, 86; 204, 111; P. de Copenhague, *ARV* 256, 4; Gr. du P. de Brygos, *ARV* 410, 60; Douris, *ARV* 429, 20; P. d'Alkimachos, *ARV* 530, 20.

7. Gr. de Léagros : *ABV* 378 (*ABL*, pl. 17, 3); Douris, *ARV* 449, 2.

8. Les légendes d'Apollon et de Marsyas p. ex.; Thésée chez Amphitrite, Dionysos et Ariane, Créuse et Hippothès, Apollon et Dionysos. On verra, d'une manière générale: *DA, s. v. tripous*, col. 74; *JdI* 36 (1921), p. 98-185; *ABSA* 25 (1935), p. 74-130; *DHA* 10 (1984), p. 229.

9. *ARV* 1036, 5 p. ex.

10. *ABV* 299, 17; *ARV* 450, 1.

11. Pyxide d'Orvieto, *CVA* Italie 41, Coll. Faina 1, pl. 4, 2. Voir encore la frise de cuves empilées et de trépieds, alternés, sur un tesson à figures noires de l'Acropole : *Graef-Langlotz*, Heft I, 1909, pl. 41 (b 654).

12. *CVA* France 18, Louvre 11, pl. 14, 8.

13. Il s'y trouve figuré lors des jeux funéraires célébrés en l'honneur de Patrocle : A. Minto, *Il Vaso François*, 1960, pl. 25.

14. Voir H. Chase, "The shield devices of the Greeks", *HSCP* 13 (1902), p. 61-89. Athéna, notamment, porte le trépied sur son bouclier, *ibidem*, CCLVII, 2.

15. Hydrie de Caere, Musée de la Villa Giulia, P. Vernant *et al. La Cité des images*, 1984, p. 51 et fig. 74; fr. de l'Acropole a, *Graef-Langlotz*, Heft I, 1909, pl. 42; Coupe du Louvre C 109. 18, *ARV* 467, 130.

16. (hormis dans le culte de Déméter), M. Detienne, "Violentes eugénies", *La cuisine du sacrifice* , 1979, p. 189 .

17. Orphée déchiré par les Ménades thraces : F. M. Schoeller, *Darstellungen des Orpheus in der Antike*, Friebourg, 1969; M. Schmidt, "Der Tod des Orpheus in Vasendarstellungen aus schweizer Sammlungen", Zur Griechischen Kunst. Hansjörg Bloesch zum Geburtstag am Juli 1972, *AntK Beiheft* 9 (1973), p. 95.

18. Coupe du Musée de Spina, Ferrare 2482, P. de Marlay; *ARV* 1280, 64, vers 430 *ca.*

19. *Infra*, p. 101.

20. Relief de l'église paroissiale de Chaldron (Surrey) ou du portail du dôme de Ferrare, vers 1200 : des démons, au faciès gorgonéen sur la

sculpture anglaise, emplissent à coups de fourches le chaudron où s'entassent des damnés. J. Evans, *Histoire des Civilisations*, Le Moyen-Age, 1966, p. 236 (10); miniatures : *Hortus Déliciarum*, vol. III dans la restitution colorée de C. Tisserant-Maurer, éd. du Mont St. Odile, 1988.

21. Rome, puis l'art roman, ayant assuré dans l'ornementation architecturale et dans les réalisations des arts mineurs la transmission des motifs antiques, il n'y eut jamais, à vrai dire, de véritable rupture iconographique. Ainsi les sphinx et les sirènes ont tôt orné les chapiteaux des églises. Rien n'interdit donc de croire à la même pérennité pour la figure cuisant dans le chaudron, venue en droite ligne de l'imaginaire attique. Sphinx sur les chapitaux romans, par ex. : H. Demisch, *Die Sphinx*, 1977, chap. VII, p. 132-152; fig. 378 à 396.

22. Sur l'initiation, voir les ouvrages de H. Jeanmaire, *Couroi et Courètes*, de A. Brelich, *Paides e Parthenoi*, de J. M. Harrison, *Thémis*, mentionnés dans la bibliographie. Toutefois, il faut se souvenir de la formule de M. Detienne, *in Dionysos mis à mort*, 1977, p. 136 : «la signification de ce qui semble se donner pour une conduite anthropologique relève, chaque fois, d'un contexte qui peut seul décider de son véritable sens».

23. *Hymne homérique à Hermès*, v. 130-134. L'envie de viande est exprimée au vers 132 : «leur odeur agréable (celle des viandes) le troublait, tout immortel qu'il fût».

24. Les rédacteurs de l'*Hymne* ont assurément projeté d'anciens récits de pasteurs arcadiens sur la personne d'Hermès. Et le jugement final, lorsque Zeus le recevant parmi les Olympiens définit ses fonctions, achève, comme le rejet de la viande, de le replacer dans le milieu où, de part sa naissance, il avait d'emblée sa place.

25. G. Bachelard, *La Psychanalyse du feu*, 1937, p. 49.

26. *Théog.*, v. 445.

27. *Cf.* J. M. Moret, *Oedipe, la Sphinx et les Thébains*, 1984, vol. I, chap. III, p. 47; p. 51 et n. 5 et vol. II, pls. 51, 1 et 23, 1, 2, 4; sur les tessons de Bâle l'énigme a été rédigée à la manière d'une "bulle" de la BD d'aujourd'hui!

28. L. Séchan, *Etudes*, p. 467, n. 3; *DHA* 10 (1984), p. 247, n. 72. Se reporter encore, Cat. I, p. 1, à l'hypothèse (Agamemnon) proposée par Van Keuren.

29. J.M.Moret, *op. cit.*, évoque à propos des lécythes du P. d'Haimon et de ses contemporains, p. 45, "la vitesse de production" et celle de "la consommation". «Les fouilles ont, en effet, révélé qu'en certaines occasions au moins les lécythes avaient été hâtivement et massivement entassés dans une même sépulture d'Athènes et dans l'un des dèmes urbains». *Ibidem*, p. 46 : «ce parti pris d'abstraction ... conduit à une symbolique élémentaire». Le terme de "typisation" a été emprunté à cet auteur.

30. Il est certain que quelques peintures réalisées dans l'entourage du P. d'Haimon préfigurent le graphisme d'un Picasso (dans la série des corridas

particulièrement). Curieusement, à deux mille quatre cents ans de distance, les contraintes et les limites de l'artisan rencontrent la démarche intellectuelle du peintre contemporain. Par ex. : lécythe du Musée de Vérone 21Ca, *CVA* Italie 34, Museo del teatro romano 1, ol. 3, 2a,b; *CVA* Italie 61, Agrigente 1, pl. 57, 3; 66; 81; 83 etc. Un artisan de la figure rouge des années 500, le P. du Pithos, atteint à la même schématisation (F. Lissarague, Actes du Convegno internazionale, *I vasi attici ed altre ceramiche coeve in Sicilia*, 28-31 mars 1990, à paraître).

31. Chez le P. d'Haimon, ils sont répétés sur les lécythes de : Francfort VF 305 (Moret, pl. 27, 1), Berlin 4526 (Moret, pl. 27, 3), New York 41. 162. 236 (Moret pl. 27, 4), Athènes Agora P 25. 511 (Moret pl. 27, 5), Athènes 12. 481 (*ABL*, pl. 41). Dans le Gr. du P. de Sappho : lécythes d'Athènes 615 (*ABL*, pl. 38), Athènes Céramique (*ABL*, pl. 38, 3), Louvre F 234 (*ABL*, pl. 39, 2). P. du Diosphos : lécythes de Syracuse 26 750 (*ABL*, pl. 25, 1). Pour des raisons de commodité, j'ai recouru à des abréviations, usuelles, p. ex. (A 1); (B 4) : les chiffres, répartis de la gauche vers la droite, indiquent l'emplacement des figures dans une composition; la lettre A désigne l'avers du vase (c'est à dire à la face principale), alors que B fait allusion au revers.

32. *CVA* Allemagne 47, Tübingen 3, pl. 42; pl. 44.

33. On songe aux attitudes raffinées des danseuses de l'*Héraion* du Silaris (A1, *(3)*) ou à celles figurées sur les métopes du sanctuaire de Déméter *Malaphoros* à Sélinonte (A3, *(3)*) pourtant sculptées vers 510 *ca*.

34. La coiffure compacte est disposée comme un casque. P. ex., voir sur d'autres lécythes, Hécate ou bien Apollon : C. Mainoldi-Marelli, *L'image du loup et du chien*, 1983, p. 46, pl. V, 13; L. Kahil, *Mél. Michalowski*, 1966,pl. II.

35. On comparera le lécythe de Leyden à celui d'Heidelberg L 82. Pour la série du P. d'Haimon, consacrée à la sphinx : J.M. Moret, *op. cit.*, cat. n° 10-17; 41-46; pour la danse des ménades autour du mannequin dionysiaque, M. Halm-Tisserant, "Autour du mannequin dionysiaque", *Hephaïstos* , 10/1, 1991, p. 63-88.

36. *CVA* Italie 48, Ferrare 2, pl. 30, 3.

37. Lécythe du Louvre CA 111 (*ABL*, cat. 10); léc. de Syracuse 12085 (cat. 11), Athènes 12. 954 (cat. 12), Vienne 190 (cat. 13), Athènes Canellopoulos (cat. 15), Munich 1900 (cat. 18), Athènes, *Para* 279 (cat. 17).

38. P. ex. : *CVA* Leiden 2, pl. 63; *CVA* Italie 56, Gela IV, pl. 29, 1 et pl. 33, 11.

39. Médée a été identifiée en A1 du lécythe, cat. *(1)*, parce qu'elle mélange le philtre qui cuit dans le chaudron, à l'aide d'un bâton ... comme dans le texte des *Métamorphoses*, (VII, v. 277), en somme! L'adéquation est trop belle et l'observation attentive de la peinture révèle que la ligne , prise à tort pour une baguette, passe à l'arrière plan de la main de la magicienne et du chaudron. Il s'agit plus vraisemblablement d'un trait malencontreux

ou d'un repentir. Lorsque de tels objets sont manipulés (scènes de cuisson sacrificielle), ils sont plongés dans la cuve et servent à mêler les ingrédients : par ex. tesson de fabrication sicilienne, *Mégara Hyblaea, La céramique archaïque* 2, p. 168 et 170; pl. 185, 4; 216; fin du VI è siècle.

40. P. d'Athéna : Héraclès tenant en laisse un monstre hybride, mi -sphinx et mi-gorgone, E. T. Vermeule, "Heraklès bringt a Tribute", *Festchrifft F. Brommer* (1977), p. 297; M. Reho-Bumbalova, "Un vaso inedito del Pittore di Theseus", *BABesch* 58 (1933), p. 53-60, pl. 1-8.

41. *Cf.* n. 27.

42. P. de la Mégère: mythe de Pélias, *infra*, p. 38 et *ABL*, p. 269, 57; 58. Tortures : *ABL* 170, pl. 49 ; M. Halm-Tisserant, "Lamia torturée", *Kernos* 2, 1989, p. 67-81; pl. I, a-b. Noyades : *ABL*, 171, pl. 150.

CHAPITRE II

Le chaudron de jouvence

«Et y a-t-il dans cette cuisine quelque breuvage qui puisse m' ôter trente ans de dessus le corps ?»

Goethe, *Faust* (trad. G. de Nerval).

Il pourrait sembler paradoxal, alors que les images du corpus montrent "l'enfant dans le chaudron", d'aborder d'emblée un thème qui touche à la sénescence. Il n'en est rien puisque la réjuvénescence du vieillard devrait logiquement correspondre à une seconde naissance : un enfant se substituant à l'homme âgé qui a été plongé dans le bassin. C'est d'ailleurs ainsi que Cicéron, dans le *De Senectute*, imagine le rajeunissement. L'évoquant, il précise qu'au crépuscule de sa vie, il ne souhaiterait guère retrouver "les vagissements du berceau"[1]!

En fait, et contrairement à l'opinion exprimée par l'auteur latin, les mythes de rajeunissement ressortissent à un phantasme universel[2]. On se souvient que, dans l'art et dans la littérature médiévaux et modernes, la réjuvénescence s'effectue par le baptême immédiat dans l'eau (la Fontaine de jouvence[3]) ou par l'absorption d'un philtre.

C'est un verre de liqueur qu'elle a concoctée dans la marmite, bouillonnant sur le feu et surveillée par des animaux singuliers, qui doit rajeunir le docteur : «cuisine de sorcière. Dans un âtre enfoncé, une grosse marmite est sur le feu ...» etc.

Cette quête de la jeunesse répond aussi à des préoccupations philosophiques, liées à la perception du temps. Alors qu'il a décrit les cataclysmes qui accompagnent les cycles cosmiques, Platon qui connaît l'histoire de Pélias, puisque Socrate la mentionne dans l'*Euthydème*, songe à de telles régénérations régressives[4] :

> «En cette alternance de l'Univers, qui tourne tantôt dans le sens de son mouvement actuel, tantôt dans le sens opposé ... ceux-ci (les êtres vivants) éprouvent toutes sortes d'accidents étranges et insolites ... Pour les animaux, leur âge, quel qu'il fût, arrêta tout d'abord son cours, et tout ce qu'il y a de mortel cessa d'offrir aux yeux le spectacle d'un vieillissement graduel, puis, se mettant à progresser, mais à rebours, on les vit croître en jeunesse et en fraîcheur. Chez les vieux, les cheveux blancs se remirent à noircir; chez ceux dont la barbe avait poussé, les joues redevinrent lisses, et chacun fut ramené à la fleur de son printemps; quant aux imberbes, leurs corps, se faisant plus lisses et plus menus de jour en jour et de nuit en nuit, revinrent à l'état de l'enfant nouveau-né, et leur âme s'y conforma aussi bien que leur corps ...»

L'utopie platonicienne dépeint les phénomènes surnaturels que la tradition mythique a investis dans la personne de Médée. Ces thèmes se situent, en fait, aux confins de la fable et de la réflexion philosophique. Le mythe y apparaît comme le vecteur de la pensée métaphysique dont il alimente parallèlement les paradigmes et le discours métaphorique.

Toujours, l'eau et le feu, l'immersion et le philtre, président à ces pratiques. On les retrouve dans les récits de rajeunissement transmis par la mythopée grecque et menés à bien par Médée. Qu'il serve à confectionner la drogue, à tromper et à recueillir les chairs dépecées du vieil homme, le chaudron est l'instrument fondamental de l'opération rajeunissante.

LA CUISSON PARODIQUE des Nourrices de Dionysos : DIONYSOU TROPHOI

Corpus des textes: (T 1 à T6; T 31).

L'unique témoignage qui soit contemporain de nos vases, un fragment d'Eschyle, provient d'un drame satyrique perdu dont on peut supposer qu'il tournait en dérision et le cortège dionysiaque et les enchantements de Médée. Il faisait, en effet, allusion à la régénération collective des compagnes de Dionysos et de leurs maris, un événement qui, de par la promiscuité qu'il supposait, devait être propice à déclencher le rire !

Ovide a relaté rapidement l'histoire, obscure et peu connue, à la fin du poème qu'il a consacré à Æson.

Pure fiction théâtrale, comme la parodie d'Aristophane dans *les Cavaliers*, l'épisode ne répond cependant à aucune des structures des mythes du feu. Car, toujours, on le constatera, ces pratiques magiques concernent des mâles et restent strictement individuelles. Il y a de fortes chances pour que le mythe de Pélias, déjà illustré au VIè siècle et suffisamment diffusé pour inspirer ensuite Sophocle et Euripide, ait suggéré au dramaturge l'adaptation, sur le mode comique, du thème de la cuisson aux nourrices de Dionysos.

Peut-être existe-t-il une illustration de cet événement parodique ? La peinture qui décore un cratère en cloche d' Ancone — ici **pl. I, fig. 2** — semble évoquer cet épisode[5]. Exhorté par une femme qui, dans cette optique, pourrait être Médée, un vieux satyre affaibli s'approche du chaudron. Membre du cortège des ménades que la magicienne cuit pêle- mêle, le personnage, chenu, prend appui sur un bâton coudé, identique à celui de Geropso et de Géras[6]. Dans l'imagerie antique il est évident que l'objet exprime métaphoriquement la faiblesse et le grand âge du porteur.

Au revers (**pl. I, fig. 1**) une ménade, portant le thyrse et la pardalide, tend le bras en direction d'un satyre aux cheveux encore noirs. Bras abaissés, il donne la main à un satyreau qui, pour s'amuser, s'est hissé, les deux jambes reposant sur son pied gauche (le jeu, bien connu, consistant à "marcher", immobile, installé sur les pieds de qui vous porte). Ne devrait-on pas, si toutefois les deux faces du vase font allusion à une même histoire, voir logiquement dans l'enfant satyre le vieillard figuré sur l'avers, tout juste régénéré?

Mais la composition agencée sur la face principale, en ce cas dépourvue de lien avec l'autre scène, peut aussi faire allusion au pseudo rajeunissement de Pélias et avoir été inspirée par un drame satyrique perdu.

L'absence de flammes sous le chaudron ainsi que le geste drastique de la femme, en ce cas Médée ou une Péliade, font songer aux conventions propres à l'iconographie du meurtre du vieux roi (Pl. V et *(28)*).

LE PHILTRE DE JOUVENCE : *LE RAJEUNISSEMENT D'AESON*

Corpus des textes: (T 7 à T 9; T 25).

On considèrera plus particulièrement ce rajeunissement, la seule opération réussie que le texte fondamental des *Métamorphoses*, VII, relate, par ailleurs, dans le détail. Racontant le prodige, Ovide décrit longuement la manière dont la magicienne prépare le philtre de jouvence qu'elle destine à Æson, son beau-père. C'est dans la cuve du «chaudron de bronze, placé sur la flamme», que Médée fait réduire le *pharmakon* qu'elle mélange à l'aide d'un rameau d'olivier. Le chaudron intervient, exclusivement, en tant qu'instrument de la coction. A aucun moment Æson ne sera immergé dans le récipient, la réjuvénescence étant déclenchée par le philtre. D'ailleurs, l'écume tombée à terre durant la préparation suscite aussitôt renouveau et floraison (v. 287). Le poète nomme chaque ingrédient et informe que la potion mêle les graines aux racines, aux fleurs et aux sucs (v. 266-267). C'est en Thessalie, sur l'Ossa et sur le Pélion, sur l'Othrys, le Pinde et l'Olympe, puis en Eubée, à Anthédon, que la magicienne a, au préalable, effectué sa cueillette (v. 22-234). Sacrifiant néanmoins à son imagination ou désireux de garder à Médée qui est parente d'Hécate et de Circé[7] une part de sa réputation, Ovide (v. 270-276) adjoint au mélange quelques substances surnaturelles : des pierres de lune, des ailes et de la chair de striges, des entrailles de loup-garou notamment. Parmi ces éléments maléfiques ou merveilleux, empruntés à la magie noire et à la superstition, figurent les striges — ces croquemitaines liés aux terreurs de la petite enfance — qui reportent vers le monde des nourrices, tandis que le loup-garou évoque, évidemment, la lycanthropie[8]. Ingérer les chairs de ces monstres mutants ou sujets à de constantes métamorphoses revient à assimiler une parcelle de leur substance. Les adjonctions étranges qui doivent favoriser le processus visent encore à accentuer le caractère fabuleux de la régénération qui "dépasse le pouvoir d'un mortel" (v. 280). La confection des drogues funestes, ce que n'est pas dans sa destination le *pharmakon* de Médée, reste néanmoins attachée dans l'esprit du poète à la sorcellerie. L'Erinys qui, à la façon de Lyssa, vient dans un autre récit des *Métamorphoses* (IV, v. 413-574) frapper Inô de folie, concocte, elle aussi, dans un *lébès* de bronze la potion vénéneuse qui confèrera la démence. Il est tout à fait remarquable qu'un phénomène aussi caractérisé que la possession passe, chez l'auteur latin, par le chaudron magique. Déjà, dans les textes homériques, la frontière entre magie et pharmacopée paraissait ambiguë. A partir d'une même base chimique, définie par un même formulaire dans les deux passages, Hécamédé (*Il.* XI, v. 631) et Circé (*Od.* X, v. 212-234) élaboraient, chacune, le philtre qui guérit et celui qui métamorphose[9].

Même si l'opération a été précédée d'un sacrifice à Hécate ainsi que de purifications par le feu, l'eau et le soufre (v. 261), la constitution du mélange dénote combien les compétences de la Colchidienne relèvent de la pharmacopée[10]. A l'inverse de l'*epsandra,* "la cuiseuse de vieillards", Médée opère directement. Après avoir plongé le vieillard en léthargie et avoir effectué une saignée à la carotide, elle pratique une véritable transfusion. Les sucs distillés dans le *lébès* remplacent, dans les veines du roi, le sang qu'elle a auparavant laissé s'échapper (v. 289) :

> «Médée ... ouvre la gorge du vieillard et après avoir laissé s'écouler le vieux sang, elle remplit les veines de sucs».

Dans la technique de la rénovation, comme dans l'élaboration du philtre, c'est en guérisseur, en médecin, que Médée opère. Elle se voit hissée au rang d'Hécamédé, d'Agamédé (*Il.* XI, v. 624; *Il.* XI ,v. 740) et d'Asclépios avec qui elle a en partage d'autres dons. La théâtrale incantation à Hécate et à la Terre, par laquelle débute le poème, enumère ses pouvoirs paraphysiques sur la lune, les marées, les nuages, les vents, les forêts, les tremblements de terre. Elle révèle que Médée possède aussi, comme le dieu médecin, celui de «commander aux Mânes de sortir des tombeaux»[11]. Ses capacités l'apparentent au thaumaturge et la distinguent de la sorcière. Ces pratiques orientent, de surcroît, vers un centre géographique précis qu'Ovide mentionne allusivement, par les différents toponymes, dans le passage qui décrit la récolte des plantes : la Thessalie. D'Hécamédé à Asclépios, en passant par Agamédé et par Médée, il est notable que les guérisseurs ramènent, directement ou indirectement — puisque Médée n'est thessalienne que par son mariage avec Jason —, à cette région où d'autres mythes du feu ont été par ailleurs localisés[12]. Carte, en fin de volume.

LA COCTION TRUQUEE OU
LE PSEUDO RAJEUNISSEMENT DE PELIAS.

Corpus des textes : (T 10 à T 23).

Le second volet, qui relate la mésaventure de Pélias, présente une facette négative de la figure, complexe et antithétique de Médée[13].

Le contexte circonstanciel comme ses conséquences situent le rajeunissement sur un tout autre plan. Il apparaît lié à une occurrence événementielle qui préside à d'autres mythes, développés autour du chaudron. S'il fait encore une large place à la magie et à l'illusionnisme, c'est davantage l'assouvissement d'une vengeance, consécutive à une rivalité dynastique, que l'histoire raconte[14].

Il convient de retracer, dans leurs grandes lignes, les événements qui ont conduit à cet épilogue. La tradition s'accorde sur le fait majeur : la mort de Pélias. Très précis, le poème d'Ovide reste une fois encore le texte de référence. Il est d'autant plus révélateur qu'il suit immédiatement, dans *les Métamorphoses*, la réjuvénescence d'Aeson, rendant plus aisée la comparaison des deux épisodes.

Rappel des faits : averti par l'oracle de Delphes que son neveu risquait de le détrôner, Pélias a écarté Jason d'Iolcôs, l'envoyant conquérir la toison d'or. Selon une tradition qui s'éloigne des données homériques, le roi, pour assurer son pouvoir, aurait profité de l'expédition des Argonautes pour supprimer Æson et son autre fils, provoquant le désespoir et la pendaison d'Alcimédé, la mère du héros. De retour avec Médée, Jason décide d'éliminer son oncle. Médée imagine alors la parodie de rajeunissement qui coûtera la vie au vieux souverain.

Le pseudo rajeunissement intervient au retour des Argonautes. Accompagné de la Colchidienne, Jason entend punir la mort de ses parents et recouvrer du même coup le pouvoir[15]. Médée, se faisant passer tantôt pour une magicienne et tantôt pour une prêtresse d'Artémis (Diodore, Hygin), imagine alors de s'introduire dans le palais et propose de rajeunir Pélias. Et peut-être l'a-t-on représentée sous ce déguisement, sur une amphore du Groupe de Médée, sur laquelle elle porte le *polos*, la coiffure habituellement réservée à la déesse **(Pl. V, fig.12)**. La tradition orale, tenace, a pu suggérer aux auteurs plus tardifs un détail déjà connu des imagiers du VIè siècle .

Dans ce contexte, il ne s'agit plus de conférer la jeunesse mais de tendre un piège mortel à l'oncle de Jason. Aussi, la ruse de Médée se fonde-t-elle sur une utopie, très humaine : le rêve d'immortalité; la promesse du rajeunissement étant évidemment destinée à appâter l'usurpateur qu'elle entend châtier. La vengeance devient l'élément moteur du récit qu'elle apparente au festin tecnophagique, également suscité par la vindicte[16]. Afin de perpétrer le crime dont Jason l'a chargée, Médée use à la fois de ses dons de persuasion et de ses pouvoirs magiques. C'est d'abord par le pouvoir des mots avant que par la suggestion qu'elle convainc le roi et ses filles. Cette coïncidence entre la force de la parole et la magie n'est pas insignifiante. Parce que la maîtrise du feu et l'acquisition du langage distinguent l'humanité des animaux, la psychanalyse assimile les mots à l'élément igné[17]. De fait, dans l'*Hymne homérique* qui lui a été dédié, Hermès, dieu de la persuasion, est tenu pour ignifère[18]. Médée persuade donc aux filles de Pélias, dont elle a décidé de faire l'outil de son crime, de consentir à la réjuvénescence de leur père. Evoquant ses précédents succès (le rajeunissement d'Aeson <v. 303>), la magicienne donne encore la preuve de ses capacités en opérant devant les Péliades ou en réalisant des prodiges devant le vieux souverain lui-même. Après avoir saigné et dépecé un vieux bélier, Médée plonge les parts de l'animal dans le *lébès* où cuit le philtre de jouvence; le même théoriquement qui dut servir à rajeunir Æson :

> «alors la magicienne fouilla la gorge flétrie d'un couteau d'Hémonie ... puis aussitôt plonge tout ensemble les membres de la bête et des sucs efficaces dans un chaudron de bronze», *met.* v. 313-316.

L'animal, plongé dans la cuve cette fois, renaît immédiatement :

> «le philtre réduit les proportions du corps, détruit les cornes, et les ... années; et au milieu du chaudron, on entend sortir un timide bêlement».

Sur les plus anciennes représentations picturales, Pélias, assis, assiste à la démonstration qui doit le convaincre. Mais s'il faut en croire le résumé de Mosée de Chorène, selon la version plus subtile d' Euripide, la rénovation même du bélier aurait été truquée. Le nom de l'héroïne, "celle qui ourdit", "qui trame", exprimant à lui seul la *métis* et la ruse, a pu suggérer de tels prolongements. Dans les *Péliades*, en effet, Médée aurait usé des clapotis de l'eau bouillante pour suggérer la présence de l'agneau (*"utque fervente cum motibus lebete viventis arietis speciem ostenderit"*). Diodore aussi, lorsqu'il évoque cette cuisson, emploie le terme ambigu d'*eidôlon;* comme si la forme émergeant du chaudron tenait davantage d'un simulacre, d'un fantôme. Selon cette variante, Médée ourdit, par deux fois, la perte du roi grâce à ses talents d'illusionniste. L'historien a auparavant expliqué comment la magicienne, grâce à une simple toilette, avait déjà fait croire à sa propre métamorphose[19].

La technique de régénération devait être identique à celle qui avait été mise au point pour Æson : l'exsanguination. C'est donc encore sous l'aspect du thaumaturge que Médée est initialement présentée dans le poème d'Ovide :

> « Tirez, dit-elle (aux Péliades), vos épées et versez ce sang vieilli pour que, les veines vidées, je les emplisse d'un jeune sang ».

Que l'opération liminaire sur le bélier eût été réelle ou feinte importe peu en définitive. Il reste que la méprise des Péliades, qui n'ont pas décelé le trucage, provoque le dérapage. Devenues objets et acteurs de la terrible vengeance, celles-ci mettent leur père à mort.

Mais sans même chercher la gorge, pour la saignée préliminaire, elles frappent aveuglément :

> «les yeux ailleurs, sans regarder, c'est en tournant la tête que, de leurs mains cruelles, elles criblent le vieillard de blessures».

Femmes manipulées, elles gardent de leur sexe la faiblesse et la répugnance à manier l'épée. Il en va autrement de Médée qui, sentant le courage des jeunes filles vaciller devant les plaintes du vieillard, assène à la trachée le coup mortel qu'Ovide rend dans un raccourci saisissant :

> «La Colchidienne lui coupa la parole et la gorge et après les avoir déchirés, plongea les membres dans l'onde bouillante».

La magicienne accomplit l'acte jusqu'au bout, démembrant le cadavre, comme l'avait été celui du bélier, mais pour une cuisson dérisoire qui ne sera pas de résurrection. L'eau qui bout dans le *lébès* ne renferme, à dire vrai, que "des herbes sans vertus" (v. 327). Médée reste étroitement associée, dans la mentalité gréco-latine, au schème du démembrement. Hormis Pélias, elle a auparavant déchiré le corps de son frère Absyrtos (clairement dénommé "l'écorché") dont elle a dispersé les membres afin de protéger sa fuite de Colchide et, dans des rituels d'approche magiques, elle offre à Hécate les membres de Typhon[20]. Dans la pièce d'Euripide comme dans les récits de Diodore, en revanche, une fois le forfait perpétré et sous prétexte d'incantations à la lune, elle délaisse le mort qui ne sera ni dépecé, ni cuit. Vraisemblablement soucieux de peindre les caractères, l'historien comme le tragique insistent sur les machinations et relativisent la portée morbide de l'événement. C'est effectivement l'intention, la promesse de l'acte, qui vaut à la Colchidienne l'épithète *epsandra*, puisque la régénération est devenue inutile dès l'instant que le roi a été frappé. Dans toutes les variantes néanmoins, le rajeunissement s'est fait piège : l'épilogue confond les chaudrons du guérisseur et du sacrificateur. L'égorgement de Pélias et la cuisson finale (Ovide, Pausanias) apparentent la régénération truquée à un sacrifice humain. L'enchaînement des faits est calqué sur le modèle du sacrifice de substitution, mais les données mythiques se trouvent inversées. Qu'on se rappelle l'issue heureuse des immolations d'Iphigénie, ou mieux, de Phrixos[21]. A l'instant fatal, la victime humaine, épargnée par les dieux, est remplacée par un animal, une biche, un bélier. Ici, en revanche, c'est le roi qui, dans le chaudron, vient se substituer à la bête. Juste retour des choses, le bélier,trop convaincant, cause la mort de Pélias. Le roi ne s'était-il pas rendu coupable d'envoyer Jason au bout du monde, conquérir la toison dorée de l'animal qui avait, auparavant, sauvé Phrixos de la mort ? On atteint vraisemblablement à un élément structural du mythe. A plusieurs reprises, le bélier qui intervient par deux fois dans l'histoire de Pélias est associé aux légendes du feu. Présent dans les aventures de Pélias et de Phrixos (une figure également liée au meurtrier de Mélicerte), ce même animal provoque aussi la haine qu'Atrée voue à Thyeste[22]. La quête de la toison d'or ressortit aux rites d'investiture royale. Mais dans le mythe péloponnésien, on s'apercevra que le bélier d'or du troupeau d'Atrée, générateur de la querelle entre les Pélopides, n'est plus qu'un avatar de l'animal magique à l'origine de cette épreuve.

S'il est assurément emprunté au folklore, le thème du rajeunissement peut aussi perpétuer d'anciennes traditions funéraires, comparables à celles que les Méssagètes (*Hdt.* I, 216) et les Issédons (IV, 62) pratiquaient encore en pays scythe, à l'époque d'Hérodote. L'auteur parle de la cuisson, avec des viandes animales, suivie de la manducation du cadavre du vieux père. Sorte d'euthanasie, ces sacrifices étaient destinés à soustraire les vieillards aux effets de la sénescence. Ces coutumes ont pu, par l'intermédiaire de régions comme la Thessalie, c'est à dire selon l'itinéraire même de Médée, venue de Scythie, pénétrer l'imaginaire grec.

Le récit évolué qu'Ovide transmet du rajeunissement d'Aeson a probablement été contaminé par les exploits d'Asclépios. Enrichissant le personnage, le poète a doté la Colchidienne des pouvoirs surnaturels que la tradition grecque avait conférés au médecin mythique. Mais, en dehors des écrits tardifs, la tradition reste pauvre. Connus par des fragments , les textes les plus anciens ne rendent pas la substance d'un récit et ne disent rien du processus de la régénération[23]. Même s'il avait été évoqué au VIIè siècle dans des oeuvres perdues (Eumolpos de Corinthe, Stésichore), le thème ne devait connaître de développement qu'à l'époque romaine. Aussi n'est-il pas exagéré de penser, à la suite de D. Rebuffat- Emmanuel, "qu'il n'existe pas de texte ancien sur ce sujet"[24]. Cet intérêt limité contraste avec la popularité de l'histoire de Pélias qui inspira tant les tragiques que les artisans. La régénération réussie ne passe pas par le *lébès* . Or, c'est ce récipient qui, à l'évidence, a conféré à la mort de l'usurpateur son ressort tragi-comique et rendu compte de sa notoriété[25].

La seconde entreprise, évinçant jusqu'au souvenir bénéfique de la rénovation d'Aeson, a mis l'accent sur la facette négative de Médée : sorcière avant que guérisseuse. Une exclusion semblabe s'est d'ailleurs produite dans la perception de ses réactions maternelles qui, en occultant son aspect initialement positif, contribua à faire de la Colchidienne une figure toute en contrastes .

— Voir le tableau n° 1 : chronologie des textes de référence.

LA CUISSON DE JASON ?

Corpus des textes : (T 25 à T 30).

Les mentions du rajeunissement de Jason restent problématiques à bien des égards. S'il faut en croire les commentateurs tardifs qui les transmettent, les plus anciens témoignages connus (Simonide, Phérécide) faisaient état d'une cuisson de Jason dans le chaudron[26].

Deux versions parallèles, concurrentes et contradictoires — celle de la rénovation d'Aeson, le père, au moyen d'un philtre et celle de la cuisson de Jason, le fils — auraient alors coexisté aux VIIè et VIè siècles. A moins, et en dépit de la distinction établie entre les modes de régénération (transfusion/coction), que l'une de ces figures, logiquement la seconde, n'ait été qu'un doublet de l'autre ?

Dans ce contexte les poèmes récents, précieux et énigmatiques, ne renseignent guère sur le déroulement de l'opération. On ne peut rien tirer de l'épigramme de Dosiadas qui évoque seulement une seconde jeunesse. Celle-ci est rendue par l'image de la double naissance, dans la devinette de l'*Anthologie Palatine*. L'énigme joue sur un cliché qui assimile le chaudron au ventre féminin[27]. Seule une scholie, glosant le vers 1315 de l'*Alexandra* de Lycophron, précise que, "découpé dans le lébès", Jason redevint jeune. Doit-on pour autant déduire que la réjuvénescence s'est effectuée dans la "matrice de bronze"?

Divers arguments parlent contre l'éventuelle cuisson du héros :

— son âge, d'abord. Il n'appartient pas à la même génération qu'Aeson et Pélias, son père et son oncle. Or, la réjuvénescence s'opère sur des vieillards. Au vers 104 de la IVè *Pythique* de Pindare, Jason, partant à la conquête de la toison d'or, fait savoir qu'il vient juste "d'accomplir ses vingt ans". Et l'on sait qu'il arrive en Thessalie, en compagnie des Argonautes, marié à Médée[28].

— hormis dans la parodie théâtrale, le motif de la cuisson dans le chaudron n'intervient pas dans le rajeunissement réussi. Image fictive dont la finalité est plus esthétique que chronologique (Démos plongé dans le *lébès*, en ressort "plus beau" nous dit Aristophane) ou prétexte à une promiscuité burlesque dans le drame satyrique (fr. d'Eschyle), c'est le passage du thiase et de l'allégorie du peuple d'Athènes dans la marmite qui, sur scène, provoquait le rire. L'immersion n'a aucune raison d'être, selon la logique interne du processus de rajeunissement, fondée sur l'exsanguination. Ignorée par Diodore notamment, elle demeure même un élément secondaire dans une variante de l'aventure de Pélias, où la cuisson du bélier constitue le moment crucial. C'est d'ailleurs autour d'elle, prétexte et moteur de la mort du roi, que s'articule le mythe. Les imagiers ne s'y sont point trompés puisqu'ils ont accordé une place substantielle à ce thème (catal.1*(11)* à *(23)*). Ailleurs, nous verrons que la coction dans le chaudron demeure négative, lorsque le *lébès* n'est pas, aussi, de résurrection.

Une hypothèse hardie, puisque fondée sur un indice, permet de résoudre une part des incohérences que suscite le rajeunissement de l'Argonaute. En mentionnant la cuisson de Jason, les auteurs n'auraient-ils pas confondu l'opération avec une autre pratique magique, à savoir l'immortalisation par le feu, pratiquée sur des nouveaux-nés débiles, issus de couples hybrides (humain/divin) ou âgés ? Pour pouvoir associer le héros, qui n'est pas d'essence semi-divine, à cette autre catégorie, il faudrait s'assurer qu'il fût né de parents déjà d'un certain âge. Loin de relever de l'invention, la particularité se trouve indiquée chez Pindare :

«Quelle femme t'as mis au monde de son ventre chenu?»[29],

s'écrit Pélias à l'adresse de Jason !

La question ne manque pas de susciter la perplexité. Et seule l'allusion à la naissance de Jason, tard venu dans le couple, permet de lui donner un sens. Difficilement compréhensible hors de ce contexte, l'épithète — chenue —, une discrète notation à la blancheur de la toison, devrait suggérer l'âge avancé d'Alcimédé[30]. (Voir le tableau généalogique, n°I).

Comme Démophon, comme Achille et comme Orthopolis, Jason serait un *têlugetos* , c'est à dire un nourrisson fragile ou inespéré[31]. En tant que tel, il aurait fait l'objet d'un rite d'immortalisation, pratiqué à sa naissance par sa nourrice ou, plus sûrement, par sa mère. La finale même du nom de la mère, Alcimédé ou Polymédé selon les traditions, renvoie d'ailleurs à la famille onomastique des *pharmakides* thessaliennes de type médéen[32].

Un autre événement, l'éducation initiatique auprès de Chiron, apparente encore Jason à Achille qui, exposé au feu, a manqué être, lui-aussi, selon une variante tardive, plongé dans le *lébès* avant que d'être mené au centaure[33].

Ces pratiques immortalisantes, dont les textes les plus anciens gardaient peut-être le souvenir, durent ensuite être assimilées à la cuisson de type Pélias et confondues avec le rajeunissement réussi d'Aeson. Sous l'influence conjointe de l'imagerie et du théâtre, le motif de la cuisson a progressivement envahi les différentes légendes : jusqu'à l'épisode de Scylla. On décèle des contaminations du même ordre dans d'autres mythes d'immortalisation, où l'immersion dans le *lébès* vint concurrencer la technique, traditionnellement relatée, du séjour dans le brasier.

L'hypothèse conduit à exclure Jason du cycle du chaudron de jouvence, pour l'insérer dans une autre catégorie, celle de la cryptie dans le feu (chap. III).

Considérer sa coction comme une version altérée et superfétatoire du mythe paternel, revient à réduire à deux le nombre des héros du rajeunissement mythique : Æson et Pélias. Volets antithétiques du mythe médéen, les figures complémentaires des demi-frères évoluent et se répondent. A la réjuvénescence accomplie d'Aeson correspond l'opération truquée; à la sollicitude de Médée pour son beau-père, sa haine pour Pélias; au philtre de jouvence, la parodie du bélier ; à la jeunesse retrouvée, le parricide. La rénovation d'Aeson fournit en fait le prétexte du pseudo rajeunissement de Pélias. Au plan structural, elle n'existe que pour permettre la transgression du procédé, dont elle constitue le modèle idéal.

On trouvera, résumés, les éléments structuraux du mythe : tableau n° 2.

L'ICONOGRAPHIE.

LES LECYTHES ET LE RAJEUNISSEMENT D'AESON.
Catalogue 1*(1-3)*

L'événement qui n'avait que peu mobilisé l'intérêt des auteurs de l'époque archaïque, puis classique, n'a pas été exploité dans l'iconographie. Au fait que ce récit reste un thème secondaire et tardivement développé, s'ajoutent assurément des questions d'ordre technique. On conçoit que la représentation de la transfusion, suggérée dans les *Nostoi* et décrite par Ovide, aurait posé de nombreux problèmes aux artistes désireux de la montrer. Ou bien eût-il fallu la formuler d'une manière tellement allusive (le coup d'épée dans la gorge?) qu'elle aurait risqué, renvoyant à n'importe quelle scène d'égorgement, d'être inintelligible.

Confrontés à ces difficultés, les artistes qui illustrèrent ce sujet du XVIè au XIXè siècles, durent recourir à une formulation simplifiée. Adhérant en cela au témoignage d'Ovide, tous ont mis en scène le moment qui précède l'exsanguination. Ils ont placé Æson, nu et étendu sur le sol, endormi par les sortilèges de Médée, à côté du chaudron où celle-ci fait réduire le philtre : (Catalogue 1, p. 5). Cette disposition qui permettait de résoudre les questions de figurabilité, servit aussi à conter la pseudo régénération de Pélias. Il est intéressant, pour la suite, de se souvenir que l'art moderne utilisa le même schéma formel dans la narration des deux épisodes concernant Æson et Pélias .

La peinture qui décore une hydrie du Musée Britannique, *(16)*, inscrite IASON, a été considérée, parfois, comme une illustration de cet épisode. Mais on a dû, pour conforter l'hypothèse, substituer le nom d'Aeson à celui de Jason, pourtant porté sur le vase. Imputable à l'imagier, l'inversion involontaire des deux premières lettres du nom, aurait entraîné la mention — erronée — de celui du fils[34]. La scène, formulée selon une composition spécifique, représente, en fait, la cuisson du bélier dans le *lébès*. Elle appartient, à l'évidence, aux images les plus courantes (*schéma* 2) de l'épisode de Pélias[35]. De sorte que l'inscription, quelle que soit l'orthographe envisagée, ne constitue pas un argument dirimant à cette lecture[36]. La mention de Jason peut suggérer sa présence, toute proche, comme dans la version euripidéenne de la mort de Pélias où, caché à proximité, il attend — courageusement ! — l'issue du forfait et le signal de Médée ; des détails qui ont été repris dans le récit de Diodore.

Selon le poème d'Ovide, la source la plus détaillée dont on dispose, la régénération qui s'effectue indirectement relègue le chaudron à l'instrumental pharmaceutique. Le vieillard ne saurait donc, logiquement, émerger d'un *lébès* dans lequel la tradition ne l'a jamais plongé. Un autre passage du récit interdit de reconnaître Æson sur les trois lécythes. Ovide y évalue avec précision les effets chronologiques du rajeunissement :

> «La maigreur disparaît ... les sillons des rides sont comblés ... Æson s'émerveille : il se revoit tel que jadis; quarante ans auparavant»
>
> *met.* VII, v. 294 *sq.*

Le poète fournit un repère supplémentaire, nous apprenant que la barbe et la chevelure du vieux roi recouvrent leur noirceur d'antan :

> «A peine les eut-ils absorbés (les sucs) ... sa barbe et ses cheveux devinrent noirs».

Il est évident qu'Aeson, rajeuni et barbu, retourne à l'âge d'homme; comme le docteur Faust et comme Jason, si l'on suit à la lettre la tradition marginale qui veut, qu'après l'opération, il ait épousé la magicienne! La régression jusqu'à l'état de nouveau-né ne se rencontre guère qu'à propos de Pélias et surtout dans des récits ironiques (Cicéron, par exemple). Æson ne saurait donc correspondre physiquement à l'enfant ou à l'adolescent, reproduit sur les trois vases. L'idée d'une transposition, selon laquelle l'enfant symboliserait la jeunesse retrouvée ne me paraît pas tenable[37]. Trop sophistiquée, elle aurait engendré l'incompréhension et la confusion avec d'autres mythes du feu auxquels le schéma du chaudron convient mieux[38].

LES LECYTHES ET L'ICONOGRAPHIE DE PELIAS
Catalogue 1 ***(1-3)***

Tôt, puisque les premières images remontant au VIè siècle sont antérieures aux témoignages littéraires importants, l'art grec s' empara du thème de Pélias. Et la représentation de la rénovation truquée allait perdurer pendant une centaine d'années dans la peinture de vases. Si la réjuvénescence d'Aeson soulevait des problèmes de figurabilité, il était aisé, en revanche, d'illustrer métaphoriquement, par la cuisson du bélier, l'atroce fin du vieillard. Les peintres ont néanmoins élaboré trois types de compositions qui illustrent trois moments successifs de l'histoire : la préparation de l'opération, la cuisson du bélier, l'exhortation à Pélias qui précède immédiatement le meurtre[39].

Schéma 1.

La préparation : absence du chaudron ; ustensiles du sacrifice (phiale, épée).

Cet instant, assez peu reproduit sur les vases, fut illustré dans d'autres techniques (relief, toreutique). Les filles de Pélias, portant l'épée et la phiale*(8)*, s'apprêtent pour l'opération magique. Le chaudron n'est pas représenté sur les peintures. Porteurs du sens, les accessoires dont sont pourvues les Péliades (l'épée, la phiale) confirment de surcroît l'identité de la régénération truquée et du rituel sacrificiel, suggérée par les textes. Les artisans ajoutent parfois, à cette funeste *pompè*, le bélier allusif qui, à la manière de la victime dans les images du sacrifice, paraît être conduit à l'abattage. Ni prêtre, ni *mageiros* toutefois, pour escorter l'animal : de façon prémonitoire, les filles de Pélias jouent elles-mêmes ces rôles. Relativement banales, les compositions, mettant en scène des femmes en lieu et place des sacrificateurs, répètent les types usuels de l'iconographie du gynécée : on retrouve ainsi sur la coupe du Vatican **(Pl. V, fig. 13)**, figurant l'une des Péliades, la traditionnelle porteuse de *larnax*.

Schéma 2.
La cuisson du bélier dans le lébès : manipulation d'ustensiles de magie.

Les imagiers n'ont pas manqué de focaliser l'histoire sur le chaudron. Il était parfaitement naturel de cristalliser le mythe sur cet accessoire qui permettait d'exprimer simultanément le prétexte et le modèle de la fausse régénération. Dans cette mise en scène, la plus répandue mais aussi la plus ancienne, le nombre et l'identité des personnages regroupés autour du *lébès* varient. Mais toujours, ils assistent au rajeunissement du bélier qui bondit dans la cuve, centrée au-dessus d'un grand feu. Parfois, un acolyte, non identifié, attise le brasier *(11)*. Ni l'épée ni la phiale ne sont alors introduites dans l'instrumental. Les peintres mettent l'accent sur la nature magique de la cuisson. Elle est rendue, ostensiblement, soit par la gestique emphatique de Médée (dans la cuisson fictive ?) **(Pl. V, fig.12)**, soit par la manipulation de récipients particuliers aux magiciennes, destinés à contenir les herbes et les sucs, tel le skyphos[40]. Le motif central, évidemment conçu pour l'illustration de cet épisode, demeure tout à fait original. Il porte une charge sémantique telle qu'il ne saurait être ni modifié, ni adapté, à d'autres contextes[41].

Schéma 3.
L'invitation au rajeunissement : chaudron vide; accessoires sacrificiels (phiale, épée).

Dans cette scénographie, plus rare, Médée et les Péliades — ou les Péliades elles-mêmes — entraînent Pélias vers le *lébès* fatal. Le chaudron représente le lieu du meurtre, vers lequel ses filles l'aident ou le forcent à se diriger. C'est, en effet, la contrainte que les gestes, souvent drastiques, suggèrent. On a le sentiment face à ces images que, contrairement aux données mythiques, le roi apeuré, devinant l'instrument de mort, gagne néanmoins la cuve. Placée à proximité, Médée, munie de l'arme*(8)*, attend la victime.

On a cru pouvoir déceler dans les peintures les plus récentes des réminiscences des drames perdus de Sophocle et d'Euripide[42]. Il est certain qu'ayant renoncé au caractère surnaturel de l'opération, les artistes en ont modifié le climat. Influencés tant par les tragiques que par la peinture pariétale classique, ils ont choisi de privilégier le thème du parricide dont on pressent l'horreur à la vue du chaudron vide, sous lequel aucun feu ne brûle[43]. L'événement mythologique a basculé dans l'univers tragique. Les peintres suggèrent alors plus qu'ils ne donnent à voir. Et le tondo d'une coupe de l'entourage du P. d'Euaion *(27)*, sur lequel la scène a été réduite à l'affrontement du vieillard affligé et de la magicienne, atteint à une densité dramatique rare. L'économie des figures et le caractère statique de la composition confèrent à l'oeuvre son exceptionnelle qualité émotionnelle. Alors que sur la frise extérieure les Péliades, munies du skyphos et de la phiale, s'affairent tranquillement auprès du récipient, dans le médaillon se noue la relation psychologique. Face à l'épée qui, théoriquement, servira à pratiquer la transfusion, le geste de Pélias, main portée au front, trahit l'hésitation et le désir conjugués devant la jeunesse promise (**Pl.V, fig. 14**).

L'épée, qui se fait menaçante, réapparaît dans ce schéma ainsi que la phiale. Sur la pyxide du Louvre *(26)* , l'une des Péliades éparpille même un mélange de grains, semblable aux *oulai* sacrificielles (**Pl. V, fig.13**). Le chaudron associé à l'épée *(27)*, l'épée seule *(24)* , les grains d'orge et la phiale, qui d'ordinaire président aux rites sacrificatoires, laissant présager le dénouement, livrent les clés de ces représentations.

Tabou majeur avec le matricide, le parricide, perpétré qui plus est par des femmes, ne pouvait être crûment représenté. Dans le cas d'Oreste, matricide type, il est révélateur que les représentations du meurtre de la mère soient demeurées rarissimes (un exemple douteux : chap.IV, n. 83), alors que celles de la mort d'Egisthe, à qui profitèrent ces réticences, furent si nombreuses. Sans pour autant innover au plan des schémas, les artisans furent contraints de contourner la difficulté que présentait cet "interdit". Ils choisirent de caractériser, grâce aux accessoires manipulés, des figures banales du répertoire : types du vieux roi assis, tenant le bâton ou le sceptre; du personnage affligé, main au front; de la jeune fille à la phiale, au coffret, etc. Toujours allusive, cette iconographie rigoureuse et structurée fonctionne donc par la seule permutation d' instruments, essentiellement empruntés au contexte sacrificiel mais dotés d'une valeur signifiante précise. C'est la présentation conjointe ou alternée de l'épée, de la phiale, du skyphos, du chaudron, du bélier, qui rend intelligible la juxtaposition des personnages et qui renvoie immédiatement à l'une des phases opératoires.

Il se trouve que le thème de Pélias a particulièrement intéressé les décorateurs de lécythes à figures noires. Sept versions, sur les vingt sept monuments globalement recensés, émanent de cet environnement stylistique, oeuvres du Peintre de la Mégère, du Peintre d'Athéna et d'artisans anonymes reliés au Groupe du Peintre d'Haimon. S'ils avaient souhaité illustrer cette même histoire, exploitée autour d'eux, le Peintre d'Haimon comme le Peintre de Sappho auraient spontanément recouru à ces modèles. Aussi, s'ils ont installé un enfant, en lieu et place du bélier, dans le *lébès* de bronze, était-ce certainement avec l'intention de raconter un autre mythe[44].

L'ARCHETYPE ICONOGRAPHIQUE ?

La métope Nord 32, du Trésor du Silaris : catalogue *(5)* ; **Pl. IV, fig. 9.**

La présence, sur une métope voisine, de deux jeunes filles identifiées avec les Péliades, — parce que l'une d'elle tient la phiale, habituelle dans ce contexte, — a naguère incité à ranger la composition de la plaque N. 32 parmi les représentations du pseudo rajeunissement de Pélias[45]. P. Zancani-Montuoro qui revint ensuite sur l'interprétation, a considéré dans la publication des métopes du Trésor qu'il s'agissait du plus ancien monument consacré à ce thème, le seul qui ait montré Pélias dans le chaudron. A côté du vieillard, une figure très lacunaire, dans laquelle on a donc reconnu Médée, devait brandir l'épée[46]. Dépourvue de parallèles, l'image reste marginale à plus d'un titre. Antérieure aux premières versions qui, dans la figure rouge *(6;16)* opposent dramatiquement le roi à la magicienne, elle émane d'une autre technique — la sculpture — et d'une aire culturelle différente — la Grande Grèce —. Dans cette ambiance particulière, l'immersion du roi semble avoir précédé le motif de la cuisson du bélier, si répétitive dans la série de vases grecs. Ensuite, et selon une progression qui culmina avec la pièce d'Euripide, la ruse devait l'emporter sur la magie, rendant même inutile la coction du vieillard et celle, liminaire, du vieux bélier.

La représentation lucanienne de la "cuisson" de Pélias demeure donc un *hapax*.

Certains textes tardifs (Pausanias, Ovide, Hygin) nous apprennent que le roi, mis en pièces, aurait été plongé dans le *lébès*, pour une vaine cuisson. Mais contrairement aux données mythologiques, sur le panneau sculpté bien antérieur, Pélias gesticule tandis qu'il est train de cuire. Toujours en vie, il émerge du récipient dans son intégrité physique. Nous serions confrontés ici à une version différente qui illustrerait la fable sur un autre mode. Souvent l'imagerie provinciale fonctionne de manière autonome, sans références ni concessions à la tradition littéraire[47]. Tant qu'elle demeure intelligible, l'image peut effectivement s'affranchir de la logique narrative propre à un texte. Ignorant la métaphore du bélier et le climat tragique de la scène, le sculpteur aurait alors, comme le firent pour d'autres thèmes les artisans béotiens du *Cabirion* , tourné l'épisode en dérision? Il est certain qu'un événement aussi négatif que la régénération truquée pouvait engendrer le rire[48]. La mort du méchant roi, mijotant dans le chaudron, avait de quoi réjouir! En outre, Pélias dans la marmite, devenait au plan formel, le pendant d'Eurysthée, caché à mi-corps dans le pithos, sur une autre plaque de la frise de l'*Héraion*. L'interprétation, truculente et naïve, conviendrait au programme ornemental du Trésor qui, au demeurant, mêle les genres, juxtaposant récits burlesques et scènes tragiques[49].

Les hésitations que l'observation de la métope suscite tiennent en partie à la complexité de la tradition écrite à laquelle on doit se référer. Car on relève des incohérences entre les différents récits de rajeunissement. Les auteurs latins, en particulier, confondent la réjuvénescence réussie (Æson) et la coction truquée (Pélias). Cicéron et Plaute racontent comment, après avoir été plongé dans le chaudron, le vieux Pélias redevint "jouvenceau dérechef". Evoquant la cuisson du vieillard, Cicéron et Plaute, ont d'ailleurs, comme Aristophane dans la parodie qu'elle lui inspira, gardé à leurs allusions, la saveur de la farce. Peut-être a-t-elle encore donné le ton à la parodie d'Eschyle qui, dans un drame satyrique perdu, contait la cuisson des nourrices de Dionysos[50] ?

Les contaminations reflèteraient-elles l'existence d'une veine parallèle et populaire (?), selon laquelle Pélias aurait été également régénéré ? Cela paraît d'autant plus vraisemblable que, faisant tache d'huile, le motif du rajeunissement a en définitive affecté tous les mâles de la famille de Jason.

Détournant les difficultés techniques que soulevait la pseudo exsanguination ou se référant à une tradition marginale, le sculpteur de Paestum a agencé une scène qui ne devait, paradoxalement, connaître aucune postérité. On ne doit toutefois pas perdre de vue qu' au XVIè siècle la même composition permettait de narrer les épisodes, pourtant distincts, des rajeunissements d'Æson et de Pélias. Rien n'interdit de supposer que les artisans antiques, confrontés à des questions de figurabilité semblables, aient pu recourir au même type de commodité. La polysémie du schème rendrait, en partie, compte des contaminations advenues ensuite entre les deux thèmes dans la littérature.

Mais, quel que puisse être le personnage représenté, — Pélias cuisant selon toute vraisemblance, ou Pélops renaissant, si l'on suit l'hypothèse de E. Simon —, il reste que la composition est le paradigme formel de toutes les images postérieures, montrant l'enfant dans le chaudron. A ce titre, elle devait figurer dans notre catalogue.

Notes

1. (T 18).

2. Sur la question de la régénération du temps, on consultera M. Eliade, *Le mythe de l'éternel retour*, 1969, p. 65-90.

3. On se rappelle, par exemple, le bain dans la fontaine de jouvence, imaginé par Lukas Cranach l'Ancien, en 1546, et conservé au Musée Dahlem, à Berlin (H. Kuenzel, *Cranach*, 1967, p. 38-39). Ignoré des imagiers grecs, la fontaine de jouvence a toutefois été mentionnée par Hérodote (III, 123) et située quelque part en Ethiopie.

4. *Pol.* 270c. Les problèmes évoqués par Platon ont aussi préoccupé ses contemporains et ses prédécesseurs. Chez Théopompe (*Philippiques*), l'arbre de jouvence rajeunit quiconque goûte à ses fruits; tandis qu'Empédocle, fr.17, pensant que la "réunion engendre et tue" imagine la double naissance et le double évanouissement des mortels; *Les Penseurs grecs avant Socrate*, traduction J. Voilquin, Garnier-Flammarion, 1964, p. 123 : "Double est donc la naissance des choses périssables, double aussi leur disparition".

5. E. Simon, *Gymnasium* 61(1954), p. 209, qui, contrairement à Brommer (*Satyrspiele*, p. 44) reconnaît dans l'image l'épisode du rajeunissement des nourrices, privilégie cette hypothèse.

6. Geropso : skyphos de Pistoxénos, *in* E. Simon, *Die Geburt der Aphrodite*, 1959, p. 66, fig. 39; Géras : skyphos fragmentaire d'Oxford 1943, *ARV* 627, 46; *JdI* 67 (1952), p. 68, fig. 8. Sur la vieillesse en général, B. E. Richardson, *Old Age*, 1933, chap. V.

7. Selon une autre généalogie, transmise par Diodore de Sicile, IV, 46 (d'après Dionysos de Mytilène dit Skytobrachion), Médée serait la nièce d'Aiétès et la fille d'Hécate. Elle deviendrait ainsi la petite fille de Persès. On la voit aussi appariée à Thétis, soit en tant que sa belle-fille (*Anth Pal* XIV, 27), soit en tant que sa rivale pour la couche de Jason (*cf.* D. Mimoso-Ruiz, *Médée antique et moderne*, p. 15), soit, enfin, comme sa nièce, par sa mère Idyia (Tableau généalogique II).

8. *Infra*, p. 130. Les striges, comme les Lamies, se repaissaient du sang des enfants que leurs nourrices avaient abandonnés. Voir le récit d'Ovide, *fast.* VI, v. 107 et, chap. VII, note 63. Soucieux d'innover, Sénèque dans *Médée*, v. 730 sq, évoque "le coeur lugubre du hibou et les entrailles arrachées à la hurlante chouette" que la magicienne mêle "au venin des reptiles".

9. La potion servie aux compagnons d'Ulysse se compose de miel, de mouture de blé, de vin et de fromage de chèvre, auxquels Circé adjoint quelques substances maléfiques, destinées à susciter les métamorphoses mais dont la nature n'est pas précisée. Le breuvage s'apparente encore à la

boisson offerte aux vainqueurs des courses -les *pentaploa* - qui se déroulaient pendant les fêtes de *Pyanopsion* (H. Jeanmaire, *Couroi et Courètes*, p. 338) ainsi qu'au *kykéion* éleusinien; A. Delatte, *Le Cycéion*, 1955 et R. Triomphe, *Le lion, la vierge et le miel*, 1989, p. 100 et n. 12.

10. *Cf.* D. Mimoso-Ruiz, *Médée antique et moderne*, p. 90-91, sur ces rituels d'approche, liminaires au rajeunissement d'Aeson.

11. Apollod. I, 9, 16; III, 10, 3. Inô, impliquée elle aussi dans une affaire de chaudron (voir p. 179), avait été associée au culte d'Asclépios à Leuctres : Paus. III, 23, 8 et E. Will, *Korinthiaka*, 1955, p. 173, n. 4. Sur les connaissances botaniques également prêtées à Médée : Pindare, *P.* IV, v. 233; Apollod. I, 9, 23; Diod. IV, 48, 55. Asclépios, quant à lui, aurait été foudroyé par Zeus pour avoir exercé des activités paraphysiologiques (Hésiode, fr. 51, Merkelbach-West; Eschyle, *Ag.*, v. 1021-1024; Euripide, *Alc.*, v. 125). Les dons attribués au médecin mythique se trouvent mentionnés encore chez Paus . III, 19, 7; Pindare, *P.* III, v. 5-7; Hygin, *Astr.* II, 14, 5 (résurrections de Capanée, de Lycurgue, de Tyndare, d'Hyménée, d'Hippolyte et de Glaucos). Voir, enfin, A. Moreau, "La race de Méduse", *Mort et fécondité dans les mythologies*, 1986, p. 11; B. Sergent, *L'Homosexualité dans la mythologie grecque*, 1984, p. 162.

12. Thétis, voir p. 53; Athamas et Inô, p. 175; Déméter, p. 66 et, *supra*, n. 7.

13. E. Will, *Korinthiaka*, p. 88-89, p. 103, s'étant attaché à l'élaboration du mythe médéen, a mis en évidence la complexité de la nature de la Colchidienne. On consultera aussi, H. Meyer, *Medea und Peliaden*, Göttingen, 1978. Voir enfin, p. 58, les manifestations contradictoires de son comportement maternel.

14. *Infra*, p. 90, Thyeste et Atrée. Médée, aux côtés d'Egée qu'elle souhaite rajeunir, est encore indirectement mêlée à la crise dynastique qui, repoussée d'une génération à Athènes, oppose les Pallantides, petits-fils de Pandion et fils de Pallas, à leur cousin Thésée.

15. Pindare, *P.* IV, v. 150.

16. *Infra* , p.103.

17. **(T13).** G. Jung, *Métamorphoses de l'âme et ses symboles*, 1967, p. 279-289.

18. *Supra*, p.11.

19. Diod. IV, 51, 5 **(T 16)**, confère à Médée des pouvoirs de suggestion consciente, proches de ceux des hypnotiseurs. Sur ces questions, p. ex., P. C. Jagot, *Magnetisme, Hypnotisme, Suggestion*, (chap. IV : l'action télépsychique), 1985, p. 53-59.

20. <u>Absyrte</u> : Apollod . I, 9, 24. 1; Ovide, *trist.* III, 9, v. 26-34; <u>Typhon</u> : Sénèque, *Medea*, v. 773-784.

21. A. Brelich, *Paides e Parthenoi*, 1969, p. 362 et n.130; *infra*, p. 173; A. Henrichs, "Human Sacrifice in greek religion", *Le sacrifice dans l'Antiquité*,

1980, p. 198. L'iconographie de cet épilogue : Phrixos, amphore nolienne (*cf.* chap. VI, n. 43); Iphigénie, amphore apulienne du Musée Britannique, *in* J. Prieur, *Les animaux sacrés dans l'antiquité*, p. 185.

22. *Infra*, p. 173, p. 90; D. Mimoso-Ruiz, *Médée antique et moderne*, p. 90.

23. Transmis par des grammairiens et des mythographes tardifs, et connus par des scholies, les fragments littéraires les plus anciens sont susceptibles, au demeurant, d'avoir été corrompus **(T7).** On peut toutefois supposer que Médée opère une transfusion "faisant cuire dans le lébès d'or quantité de drogues", comme l'indique le fragment des *Nostoi*.

24. D. Rebuffat-Emmanuel, *Le Miroir étrusque*, 1973, p. 447.

25. Quelle que soit la crédibilité que l'on puisse accorder au fragment des *Nostoi* **(T7)**, il apparaît que la régénération d'Aeson, à laquelle il était fait allusion, ne s'accomplissait pas par le biais d'une immersion. La médecine moderne a gardé le souvenir d'opérations semblables, mais réelles. L'une d'elles fut même pratiquée sur la personne d'un Pape à qui l'on tenta d'injecter, au moyen d'une plume d'oie taillée, le sang d'un jeune garçon. Lors de la première tentative de transfusion, réalisée à Montpellier au XVIIè s., c'est -bien sûr!- le sang d'un agneau qui fut injecté dans les veines du patient, préalablement saigné ...

26. Médée a fait cuire Jason : **Μήδεια ἀνεψήσα τὸν Ἰάσονα**; L. Séchan, *Etudes* , p.467, n. 3.

27. **(T30)**. Hdt. I, 59. Voir, p. 144, 166 et p. 192, les analogies entre la naissance et l'épreuve du chaudron (Arcas, Dionysos, Pélops et Mélicerte).

28. Apollod. IV, 1130.

29. *P.* IV, v. 99 : *καὶ τίς ἀνθρώπων σε χαμαιγενέων πολιᾶς ἐξανῆκεν γαστρός;* L'adjectif usité, *polios*, signifie littéralement gris, blanc. L'acception blanc étincellant, lumineux, parfois donnée à des images atmosphériques ou célestes, ne convient pas ici. On relèvera l'homophonie plaisante, dans la bouche du roi, entre cet adjectif et le nom même de Pélias. D'autres jeux, fondés sur l'étymologie, éclairent le mythe : Jason signifiant le "guérisseur" et Æson "l'âge".

30. L'embarras des traducteurs est manifeste, par exemple A. Puech, *Pindare* I, Les Belles Lettres, 1931, p. 73, n. 3.

31. *Infra*, p. 56. Reste que la tradition prête à Jason un frère, vraisemblablement plus âgé. Ceci paraît d'autant plus plausible que Démophon (*cf.* p. 56), l'enfant tard venu, naquit longtemps après quatre soeurs. Ce frère serait demeuré à Iôlcos et aurait été tué par Pélias durant l'expédition des Argonautes.

32. E. Will, *Korinthiaka*, p. 121-124.

33. Pindare, *P* . IV, v. 183; *N* . III, v. 92-93. Les témoignages tardifs (Sch. à Apoll .Rhod. IV, 815 et *Anth. Pal.* XIV, 27, 2) nous apprennent encore que Médée, après son mariage avec Jason aurait pris Achille pour époux.
On retrouve donc la magicienne auprès de Jason et d'Achille. Sur l'association de ces héros, Th. Zielinski, "Achille et Jason", *Mél. Glotz* II, p. 925-935.

34. L. Séchan, *Etudes* , p. 167, note 3. Pour J. D. Beazley (*ARV* 363, 42), l'image montrerait le rajeunissement de Jason. A. B. Cook, *Zeus* II, 1925, p. 210-221, pl. XV.

35. *Cf.* p. 39 et **pl. V, fig.12.**

36. A condition d'admettre que l'inscription ne se réfère pas à la victime : Æson est le demi-frère de Pélias, Jason son neveu et l'époux de Médée.

37. L. Séchan, *Etudes*, p. 467.

38. *Infra*, p. 143; p. 178.

39. Sur l'iconographie de Médée, on consultera E. Simon, *loc. cit.*, *Gymnasium* 61 (1954), p. 203-227 ainsi que K. Schefold, *AntK* 21 (1978), p. 100. Pour les peintures modernes, représentant Médée et Pélias, *cf.* A. Pigler, *Barokthemen* II, 1956, p. 161.

40. On associe, semble-t-il, ce récipient aux pratiques magiques. Sur les peintures de vases et spécialement dans les caricatures provenant du *Cabirion*, Circé tend le skyphos à Ulysse qu'elle espère métamorphoser à son tour. Ex. : lécythe Musée National d'Athènes 1133, P. d'Athéna, *ABL* 45, 6. De façon générale, voir O. Touchefeu, *Thèmes Odysséens*, 1968, pls. XIII et XV.

41. En revanche, le nombre des Péliades varie, comme il change d'ailleurs d'un texte à un autre. On en dénombre de trois à cinq dans les récits de Diodore, d'Hygin (**(T21)** qui les nomme : Alceste, Pélopia, Méduse, Pisidicé, Hippothoné) et d'Apollodore. Elles n'auraient été que deux dans les tragédies ainsi que sur la fresque de Mikon (note 43); L. Séchan, *Etudes* , p. 473.

42. L. Séchan, *ib.*, p. 475. Sur le sarcophage, découvert dans les Catacombes de Ste Prétexte, l'une des Péliades tire le roi par la main, pour l'entraîner — dirait-on — vers le récipient ; catalogue 1,*(28)* .

43. Fresques de Mikon dans l'*Anakéion*; Paus. VIII, 13, 3.

44.*CVA* de Leyden, cat. *(1)*. On a voulu aussi reconnaître Pélias sur cet exemplaire alors que H. Meyer, *op. cit.*, pense plutôt à Jason.

45. P. Zancani-Montuoro, *Heraion alle Foce del Sele* II, 1974, p. 353. *Cf.* catalogue 1, p. 3, pour les autres références bibliographiques.

46. Il n'est pas impossible, quand bien même l'état lacunaire de la plaque interdise de s'en assurer, que la figure représentée dans le *lébès* soit barbue.

47. L'iconographie laconienne, par exemple, provinciale et spécifique : C. M. Stibbes, *LakVas* ,1972.

48. «Dans l'imagerie, le travesti se situe au niveau de la forme, non du fond; c'est moins le mythe que l'image du mythe qui est parodiée» écrit très justement J. M. Moret à propos des scènes parodiques de la rencontre d'Oedipe et de la sphinx, *op. cit.*, p. 148.

49. Cependant la totalité des scènes représentées sur le temple de Paestum (Ajax, Cercopes, Eurysthée, Troïlos) répond aux conventions de l'iconographie "canonique".

50. Le thème de la cuisson paraît intimement lié à la comédie et à la parodie. Et peut-être l'ornement sculpté a-t-il été suggéré par un drame satyrique, narrant la coction de Pélias, comparable par le ton à celui qu'Eschyle consacra aux *Nourrices de Dionysos* ? L'image reproduite sur un vase attique, ici **pl. I, 2**, pourrait, si tel était le cas, illustrer la même anecdote, en ne retenant que le moment qui précède la cuisson. Si la tradition littéraire a perdu jusqu'au souvenir d'une telle comédie, l'iconographie pourrait bien, par deux fois au moins — sur la métope et sur le cratère attique —, nous l'avoir transmise.

CHAPITRE III

Le feu d'immortalité

« Les nounous sont à l'honneur. Elles ont en partage un pouvoir divin, celui de "guérisseuses du mal des Corybantes" »

M. Detienne
(*Dionysos à ciel ouvert*, 1966, p. 91)

LA CRYPTIE DANS LE FEU ET L'ONCTION D'AMBROISIE

Cette seconde catégorie de mythes, centrée autour du don d'immortalité, atteste encore de préoccupations temporelles et communes à de nombreuses mythologies[1]. Dans la légende grecque, le rite d'immortalisation oriente vers la petite enfance et, à l'inverse du précédent, s'effectue sur les nouveaux-nés. Plusieurs enfants, parmi lesquels Achille, ont subi à la naissance cette pratique magique. L'un des témoignages littéraires qui relate avec précision l'opération nous vient de la poésie archaïque. Ecrit à la fin du VIIè siècle, l'*Hymne homérique à Déméter*, qui narre l'épisode relatif à Démophon, se révèle être l'archétype de la série des textes réunis dans le corpus. L'analyse des structures du rituel d'immortalisation par le feu sera, par conséquent, fondée sur ce récit, évidemment comparé aux autres mythes[2].

Cf. tableau n°3 : chronologie des différents textes.

DEMOPHON, ACHILLE

Corpus des textes (T 32 à T 52).

Nature de la cryptie

Alors que Corè lui a été ravie, Déméter éplorée et errante, se rend à Eleusis à la cour de Célée. Aux quatre filles du roi qu'elle rencontre sur sa route, la déesse, s'étant fait passer pour une nourrice crétoise, propose de s'occuper de leur jeune frère Démophon :

> «Volontiers je tiendrai dans mes bras un enfant nouveau-né et serai pour lui une bonne nourrice»
>
> *Hymne hom.*, v. 140-142.

Mais à peine s'est-elle chargée de l'enfant, qu'il se met à grandir "comme un être divin" (v. 235). Apollon nouveau-né qui n'a pas été confié au sein de Léto, mais abreuvé de nectar et d'ambroisie par Thémis, stupéfie, de la même manière, par la rapidité de sa croissance[3]. Hermès aussi, qui, "né du matin, ... jouait de la cithare dès le soir", a été caché dans un antre où, à cause de la fâcheuse réputation qui le précède, les réduits contenant ces substances avaient été, au préalable, fermés à clé[4]! Ces aliments, dispensés à la progéniture divine, ne sont qu'un succédané de l'allaitement. Ne charriant pas de sang dans leurs veines, mais l'ichôr, les déesses ne peuvent prétendre à la galactopoïèse. L'affabulation trouve sa pleine justification dans les connaissances de la science moderne. Car, biologiquement, le lait est en effet du sang, dépourvu de globules rouges, enrichi en calcium, qui a conservé son potentiel immunitaire (immunoglobulines). En absorber équivaut sinon au cannibalisme, du moins à un acte d'*anthropopieîn*. Ni lait, ni sang, ne devant intervenir dans le cycle alimentaire des Olympiens, on accoutume le nouveau-né divin aux nourritures usuelles des dieux.

Prodigué à l'enfant humain, ce même traitement provoque, mais seulement en partie, ce développement prodigieux. En rendant compte, la suite de l'*Hymne* révèle les méthodes étranges de Déméter qui, la nuit, cache encore l'enfant dans le feu du foyer.

> «Déméter le frottait avec l'ambroisie, comme s'il fut né d'un dieu et soufflait doucement sur lui, en le tenant sur son coeur. Durant les nuits, souvent elle le cachait dans le feu ardent, comme une torche, à l'insu de ses parents»
>
> (v. 235-240)

Il est malaisé de comprendre si l'opération était épisodiquement pratiquée ou si, au contraire, elle était répétée plusieurs fois chaque nuit. Peu importe la cadence, en fait; seules les modalités de l'immortalisation comptent. Triple, le processus destiné à soustraire l'enfant "à la vieillesse et à la mort" (v. 242) conjugue le souffle divin ([elle] soufflait sur lui), l'onction ([elle] le frottait d'ambroisie) et la cryptie dans les flammes (elle le cachait dans le feu). La déesse est, plus qu'aucun Olympien, liée à l'ambroisie qu'elle utilise dans ce mythe à la manière d'un onguent. Cette boisson divine, proche de la bière, serait à en croire les Orphiques, son invention[5]. Et la Mixture "d'eau, de farine et de tendre pouliot" qu'elle fait préparer (v. 208-209), à la place du vin rouge que lui proposaient ses hôtes éleusiniens, s'apparente au même type de breuvage[6]. L'opposition Mixture/vin vise au passage à distinguer le *kykéion*, mélange fermenté propre aux rites d'Eleusis, de la boisson dionysiaque, par excellence, dont on sait l'importance lors des libations. On reconnaît, par ailleurs, au mélange divin des vertus roboratives qui conviennent au contexte qui nous intéresse : dans la *Théogonie*, v. 639-643, les dieux revigorent les Hécatonchires, venus leur prêter main forte lors de la Titanomachie, en leur dispensant le nectar et l'ambroisie. L'ambroisie détiendrait même, à elle seule, des vertus immortalisantes. Selon Hésiode, Artémis qui a épargné Iphigénie, promise au sacrifice, en a enduit le corps de la jeune fille afin de lui conférer l'immortalité[7]. Elle suscite d'ailleurs le cycle physiologique, générateur de la divinité. Réalisant une variante de l'hématopoïèse, elle dispense dans les veines l'ichôr qui, pour les dieux grecs, pourvus d'un corps anthropomorphe calqué sur l'anatomie humaine, correspond au sang. Comme lui il s'écoule des plaies, lorsque, guerroyant, les dieux (Aphrodite, Héra, Hadès, Arès) ont d'aventure été blessés. Ces analogies qui accentuent, paradoxalement, l'antinomie profonde entre hommes et dieux n'ont pas manqué de soulever des incohérences. Ainsi, de la plaie *sanglante* de Ciel mutilé (*haimatoessai, Théog.* v. 183) — car il n'est pas question d'ichôr — naîtront, chez Hésiode, les Erinyes et les Géants. Le liquide spécifique, devenant alors un analogue de l'ambroisie, conserve ses pouvoirs immortalisants, même quand les divinités ont été déchues ou humanisées. On attribua de telles propriétés au "sang" qui s'échappait du cou tranché de Méduse, la seule des Gorgones qui fût mortelle. Créuse, dans *Ion* (v. 1024-1026), révèle que des deux gouttes de sang recueillies après la décollation et offertes, jadis, par Pallas à son père Erichthonios, l'une donne la mort et l'autre, prélevée à la veine cave, "entretient la vie". Apollodore (III 10, 3), pour qui elle furent données à Asclépios, précise que la goutte qui guérit détient aussi le pouvoir de ressusciter les morts[8]. Ces différentes légendes montrent la corrélation de l'alimentaire et du physiologique, tant chez les dieux que chez les hommes, instaurée par la pensée antique : à l' ambroisie divine s'oppose l'allaitement humain; à l' ichôr, lui-même immortalisant, le sang; à l'immortalité la mort.

L'immortalisation nécessite, en fait, trois opérations complémentaires dont deux sont homologues (le souffle, l'onction) qui divinisent. Elles opèrent toutefois sur des niveaux différents. L'onction, une pratique en usage dans d'autres civilisations et notamment dans le rituel d'investiture pharaonique, fonctionne à la manière d'une transfusion. Etant entendue la consubstantialité de l'ichôr et de l'ambroisie, c'est un "sang" divin qu'on entend, par voie percutanée, faire couler dans les veines de l'enfant. Par l'exhalaison, en revanche, la déesse insuffle sa propre haleine dans le corps du nourrisson. On se souvient qu'à l'époque archaïque, ainsi chez Homère, la *psychè* est censée résider dans le corps et s'en échapper, sous la forme d'un *eidôlon* à l'image du mort, avec le dernier souffle. Epidermique, l'onction diffuse le breuvage immortalisant; intangible, le souffle fait pénétrer dans le *sôma* l'âme divine. Encore médicale par sa technique, la première opération est d'ordre physiologique; la seconde davantage d'ordre métaphysique. Quand bien même au moment où fut rédigé le poème l'opposition n'était pas réellement perçue, le concept de survie de l'âme était inhérent aux cultes à mystères. En regard de quoi la cautérisation ou le séjour dans le brasier paraissent des pratiques préliminaires. Véritable exérèse, ils sont plus spécialement destinés à détruire les parties mortelles du corps de l'enfant; celles qu'il a héritées de ses parents (Démophon) ou de son père (Achille).

Malgré l'étymologie, transparente, du nom de Démophon, l'auteur de l'*Hymne* précise que l'enfant passé par le feu devient aussitôt éclatant (v. 233). La lueur qui l'auréole, la comparaison avec la torche (v. 239), tout comme l'allusion à l'ambroisie, soulignent l'appartenance de Démophon au cycle éleusinien[9]. Les torches ardentes, brandies par Déméter et par Hécate, sont évoquées à trois reprises dans le poème (v. 48; 53; 61), alors que la boisson des dieux s'y trouve mentionnée une autre fois (v. 49). Le poète a certainement veillé à calquer la structure du mythe sur des éléments du rituel des mystères. Sans en dévoiler les secrets, le récit fait assurément allusion à des étapes de l'initiation.

Thétis tente, de la même manière, d'immortaliser Achille :

> «elle détruit les chairs mortelles du nouveau-né en l'exposant chaque minuit à la flamme du feu»

tandis que le jour,

> «elle oint d'ambroisie le corps délicat, pour le rendre immortel et écarter de ses chairs l'odieuse vieillesse»
>
> (Apoll. Rhod.).

Les auteurs tardifs, même s'ils se réfèrent à l'*Hymne homérique*, colorent le rite de notations magiques. Apollodore et Apollonios de Rhodes distinguent plus systématiquement deux phases opératoires, l'une diurne — celle de l'onction et l'autre nocturne, la cryptie —, naturellement située à l'heure ambiguë de la minuit[10]. Les sources divergent aussi quant aux modalités de l'expérience. Lycophron et Hygin évoquent un ensevelissement sous la cendre (φεψάλω; obruebat) tandis qu'Apollonios de Rhodes suggère une cautérisation (ἔδαιε). La différence tient à la durée de l'exposition. Il s'agit d' une opération

lente lorsque le corps couve sous la braise; rapide si, comme les chairs sacrificielles, il rôtit dans les flammes. L'épreuve des flammes n'est pas indolore puisque le nourrisson, ainsi exposé, se tord et se convulse dans le foyer (Apollonios).
L'*Hymne*, moins précis, rend à la fois l'idée de l'ensevelissement (κρύπτεσκε) et du séjour dans le feu ardent (πυρὸς μένει, v. 239).

La cryptie ne nécessite donc aucun instrumental, ni chaudron, ni philtre. Flammes ou cendres, elle suppose un contact direct du corps de l'enfant avec le feu qui, comme l'ambroisie, fortifie et immortalise[11]. En Grèce, comme dans d'autres civilisations d'ailleurs, les légendes révèlent la proximité du breuvage divin et du feu[12].

Le fait qu'Achille nouveau-né nécessite des pratiques identiques à celles que subit Démophon, issu de parents mortels, tendrait à démontrer que, dans la pensée mythique, la divinité n'était pas sentie comme un facteur dominant de l'hérédité. Hybride, divin par sa mère, Achille reste constitué des mêmes éléments mortels que Démophon; de ces substances qu'il convient de brûler, faute de quoi l'onction d'ambroisie réservée aux enfants divins serait, sur un tel terrain, inopérante. En dépit de son ascendance, il est perçu et soigné comme un nouveau-né, non seulement humain, mais fragile. Implicitement, donc, on ne naît dieu que lorsqu'on est issu d'un couple divin. Le métissage est senti comme inconcevable parce qu'il nécessiterait la synthèse de deux physiologies distinctes et inconciliables — mortelle/immortelle —, entre lesquelles il n'y a pas de nature intermédiaire possible. Les limites rationnelles que le poème homérique a imprimées à l'hérédité des dieux et des hommes préfigure peut-être dans la conscience collective les tendances protectionnistes que les Athéniens afficheront à l'encontre des mariages mixtes, voire l'eugénisme platonicien.

Mais la portée de cette cautérisation, destinée à détruire les chairs mortelles de l'enfant, déborde le cadre de la légende. Elle reflète assurément une croyance inhérente à la pensée philosophique et qui constituera même une idée force du platonisme : celle d'opposer en l'homme les éléments divins, immuables, aux matières corporelles, sujettes au changement et à l'entropie[13].

Comme l'indiquent le verbe (κρύπτω) ainsi que les adverbes (*clam*) utilisés dans les différents textes, l'opération se déroule secrètement, à l'insu des parents (c'est le cas pour Démophon et Triptolème) ou à l'insu du père (Achille, Médéides), lorsque la mère de l'enfant officie elle-même. L'immortalisation par le feu qui est censée bouleverser l'ordre humain est encore l'affaire des femmes[14]. Mais, en raison même de sa clandestinité, elle s'apparente aux opérations manquées. Dans tous les cas, l'intervention intempestive d'un parent y met fin, brisant du même coup le rêve d'éternité :

> «l'Etrangère te cache dans ce grand feu, et, moi, me fait pleurer ... amèrement»
>
> s'écrie Métanire.

Irritée par le comportement de la mère, la déesse arrache définivement l'enfant hors du foyer (*Hymne homérique*, v. 251). Eleusis, le roi éponyme ou Célée, selon les versions, compromet de la même manière l'immortalisation de Triptolème (Servius, Hygin).

Apollonios de Rhodes raconte également que Thétis opère sans être vue, mais finit par être découverte. Elle quitte alors définitivement Pélée, tout comme Jason s'en retournera à Iôlcos, lorsqu'à son tour il aura surpris Médée[15]. L'auteur a insisté sur la séparation ("depuis ce jour-là, elle ne revint plus") ainsi que sur la douleur éprouvée par le père d'Achille. L'interruption de la cryptie se répercute tant sur le couple que sur l'enfant : Achille est confié à Chiron et Démophon (ou Eleusis) meurt, selon une variante du récit. Les versions récentes modifient par deux fois l'issue de l'épreuve puisqu'à Eleusis l'enfant succombe calciné (Apollodore), ou bien est tué par Déméter courroucée d'avoir été découverte. Le parent mortel, entravant le processus que la mère ou la nourrice — divine — a inauguré, rétablit l'ordre biologique.

Parce qu'elle doit se conformer à cet ordre et demeurer du domaine de l'utopie, l'imaginaire grec s'ingénie à contrarier toute immortalisation. La légende de Tydée, celle de Tithonos, par exemple, répondent à la même exigence. Les modalités sont chaque fois différentes qui font avorter le processus, l'entravant avant qu'il n'ait été amorcé (Tydée) ou en déviant le cours logique (Tithonos)[16]. Dans le cas de la cryptie, l'interruption s'accompagne de manifestations brutales : retiré du brasier, l'enfant est jeté à terre par la divinité surprise. La chute du nouveau-né sur le sol marque le terme de l'opération, que ce soit dans l'*Hymne homérique* ou dans le récit d'Apollonios de

Rhodes. Quittant le feu immortalisant, il reprend contact avec la terre, sous laquelle sa condition inéluctable de mortel le fera, un jour, s'étendre à jamais. Mais le geste violent consomme aussi la rupture avec le divin. Formulée de façon spectaculaire, le lancer de l'enfant n'est pas sans rappeler le renversement de la table dans les mythes de cannibalisme[17].

L'enfant immortalisé

Il semble que le séjour dans le feu n'était pas destiné à des enfants ordinaires. Certes l'opération, pratiquée par des déesses, était exclusivement réservée à des nouveaux-nés royaux[18]. Mais, par-delà leur rang, un trait réunit et distingue les enfants passés dans le feu : ils sont tous des *têlugetoi*, c'est à dire des nourrissons faibles ou issus de parents âgés[19]. Lorsque Démophon vient au monde, ses soeurs sont déjà nubiles et dans la fleur de leur jeunesse[20]. Le texte insiste sur la grande différence d'âge. Le fait d'être un enfant mâle, tard venu de sucroît après une série de filles, était considéré comme un handicap, en Grèce. Ainsi Homère n'avait-il pas souligné, dans l'*Iliade*, "l'aspect fâcheux" de Dolon, en ajoutant, comme si cela devait en rendre compte, qu'il était "fils unique, à côté de cinq soeurs"[21] ? La fragilité de Démophon est évoquée dans l'*Hymne*. Il est présenté comme un enfant tardif (v. 164, τηλύγετος), longtemps désiré et souhaité (πολυεύχετος, πολυάρητος v. 165; 220)); bienvenu, tard venu et inespéré (ἀσπάσιος, ἀέλπτος, ὀψίγονος, v. 220). Peut-être son entourage craint-il même de le perdre, puisqu'on prie Déméter de le «conduire pendant la durée de son enfance» (v. 166; 221). On se lamente aussi d' «endurer ce que les dieux ... donnent» (v. 217) ; encore que cette formule de résignation ambiguë fasse aussi allusion aux souffrances de la déesse, en quête de Perséphone[22]. Par deux fois, enfin, Métanire et ses filles insistent sur le montant considérable des gages que Déméter recevra, si elle parvient à élever le nouveau-né[23]. L'importance de la somme proposée ne fournit-elle pas une preuve supplémentaire de la difficulté à mener à bien la tâche et donc, par voie de conséquence, de la faible viabilité de Démophon ?

Le poème de Lycophron conforte cette interprétation, en nous donnant des informations complémentaires sur l'environnement familial d'Achille. Il est, en fait, le septième enfant auquel Thétis ait fait subir l'épreuve du feu; les précédents, trop fragiles, n' ont pas survécu à la puissance des "cendres ardentes".

Orthopolis, le doublet de Démophon à Sicyone, a été confié à Déméter qui, selon le schéma topique du mythe de fondation démétriaque, s'était présentée au roi sous les traits d'une nourrice étrangère[24]. Palaemnaeos a souhaité bénéficier de ses services parce que, jusqu'alors, tous ses enfants avaient rendu l'âme avec le premier cri (ὁπότε πρῶτον κλαύσειεν ἠφίει τὴν ψυχήν, Paus. II, 5, 8). On ne saurait expliquer plus clairement par une métaphore qu'une lignée de mort-nés avait précédé la venue de ce fils tardif.

LES MEDEIDES

Pour les rendre immortels, dès leur naissance, Médée "cache" aussi dans le temple de Héra *Acraia* chacun des quatorze enfants qu'elle a eus de Jason (*Cf.* Tableau généalogique I)[25]. Il est question de sept fils et de sept filles, soit, pour chaque sexe, un nombre comparable à celui des enfants de Thétis et un chiffre dont Jeanmaire a souligné, naguère, la valeur orchestrique[26]. Lorsqu'il cite le poème d'Eumolpos — *Korinthiaka* —, Pausanias (II, 3, 8-10) remploie, dans la narration de cet épisode, le verbe (κατα)κρύπτειν, usité dans l'*Hymne homérique* à propos de Démophon (v. 239).

On a voulu, alors même que le préfixe κατα- renforce, mais ne modifie pas le sens du verbe, introduire l'idée d'un séjour sous la terre et démarquer l'histoire des médéides des modèles mythiques que constituent celles de Démophon, d'Achille[27]. Rencontrer un composé de κρύπτω paraît signifiant, puisque le verbe sanctionne tant les modalités du séjour dans le foyer (cacher, en couvrant) que l'opération immortalisante elle-même, toujours dissimulée.

La forme différente qu'Euripide a imprimée au mythe, dans sa *Médée*, a pu parallèlement répandre l'idée de l'ensevelissement[28]. Car le dramaturge, qui introduit le thème de l'infanticide dans le dénouement de la tragédie, fait dire à l'héroïne qu'elle ensevelira elle-même, sitôt le meurtre perpétré, ses enfants dans le *téménos* de Héra. La référence au sanctuaire de Héra a pu favoriser les confusions entre ces funérailles et la cryptie, pratiquée au même endroit sur les nouveaux-nés. Elle rend en partie compte des réticences des exégètes qui, influencés par la littérature théâtrale, ont hésité et hésitent toujours à créditer d'un comportement bénéfique (que la cryptie suppose) la figure paradoxale et extrême de la Colchidienne. Au fur et à mesure que, par le biais du théâtre, s'enrichissait la figure de Médée, celle-ci tendit à se dénaturer. Parce qu'on dénonçait ses outrances, il devint inconcevable d'attribuer à l' infanticide le rôle de courotrophe, reliquat de ses fonctions premières dans l'Isthme.

Les données structurales qui rattachent pourtant l'épisode corinthien au mythe archétype (tentative d'immortalisation secrète — opérée par la mère ou par une divinité courotrophe — compromise par un parent ou par les deux) semblent suffisamment claires pour qu'on assimile le processus à la cryptie dans le feu. L'identité de la situation et la proximité du vocabulaire employé dans le texte de Pausanias excluent toute autre éventualité. L'ensevelissement n'est pas incompatible, au demeurant, avec le rite d'immortalisation qui peut aussi être pratiqué sous la cendre chaude[29].

MYTHE ET RITUEL

Série d'enfants mort-nés (Orthopolis), grossesses tardives (Démophon) ou répétées et consécutives à des morts en bas-âge (enfants de Thétis, de Médée), laissent à penser que ces récits font allusion à la mortalité infantile ainsi qu'aux craintes que ce fléau engendrait auprès des mères et des nourrices. La fragilité du nouveau-né est justifiée par ses origines, puisqu'il s'agit parfois d'enfants hybrides, mi-humain, mi-divin (Achille et, à l'origine, les enfants de Médée), dont les chairs mortelles doivent être calcinées[30]. L'opération génératrice d'immortalité est l'écho mythique de soins et de rites destinés aux enfants chétifs ou malades.

Dans l'*Hymne homérique,* Déméter qui s'exprime avec une surprenante familiarité, se souciant même des parasites intestinaux, tenus pour responsables en Grèce des maladies de la petite enfance, vante ses connaissances :

> «Je sais un antidote bien plus fort que le Perce-bois (un vers); je sais un bon remède qui écarte les maux malfaisants» (v. 228-230)

En superposant le vocabulaire de la superstition et celui de la guérisseuse, le poète archaïque ravale le rite d'immortalisation au rang de remède de bonnes-femmes! Par le ton comme par le fond, l'intervention de Déméter nous entraîne vers l'univers familier des servantes et des nourrices. Tout comme dans un autre passage truculent de l'*Hymne* où Iambé déride la déesse affligée par quelque plaisanterie obscène, on atteint à cette veine populaire qui resurgit, ailleurs, dans l'iconographie et dans les mystères éleusiniens[31].

Si Médée reparaît dans cette catégorie, ce n'est pas en tant que guérisseuse mais davantage en tant que courotrophe; encore que ces fonctions se soient recoupées. Sont mères et/ou/ nourrices, toutes les figures mêlées à des titres divers aux cycles du chaudron : de Thétis à Déméter, Thémis, Inô, Sémélé, Rhéa et Gaia[32].

Substitué à des remèdes familiaux, le rite thérapeutique a suscité ces récits dont il demeure l'*aition*[33]. Celles que l'on célèbre dans le mythe sont celles que dans, le rituel, on implorait.

L'histoire complexe des enfants de Médée reste, à ce point de vue, éclairante, même s'il convient pour la restituer de recourir à des sources disparates et tardives, dont certaines nous sont parvenues sous forme de scholies[34]. Pausanias ainsi qu'une scholie à Euripide qui apporte une variante au récit déjà cité, informent qu'après la mort de Glaucé, les enfants de Médée — l'auteur du crime — ont été lapidés par les Corinthiens[35]. Aussitôt une maladie se propagea qui décima la population infantile de la cité, nécessitant d'interroger l'oracle. Il fut décidé, après consultation, qu'un service annuel d'expiation devrait être organisé dans le sanctuaire de Héra *Acraia*. Sept garçons et septs filles firent dès lors l'objet d'une réclusion d'une année dans le temple[36].

Voici établi le lien entre les morts mythiques (les quatorze enfants de Médée), l'épidémie infantile survenue après la lapidation (phénomène historique) et l'instauration du rituel qui, dans ses modalités — la séclusion dans le sanctuaire —, reproduit la cryptie immortalisante. Les enfants de Médée sont sentis à la fois comme le prétexte (schème de la lapidation) et le modèle archétype (mort dans le sanctuaire) de cet isolement expiatoire. Leur nombre a d'ailleurs été calqué sur celui du collège rituel mixte, rencontré lors de la fête des *Acraia* ainsi que dans d'autres contextes cultuels[37]. Car, les textes littéraires qui divergent avec ces données ont transmis les noms de deux fils, chez les tragiques, de trois chez Diodore[38].

Contrairement aux enfants requis annuellement, "ceux", nettement moins nombreux, de Médée venaient de naître et n'appartenaient pas à une même classe d'âge. Logiquement, comme dans le mythe d'Orthopolis, les morts durent se succéder, au rythme des naissances. Originellement et conformément à la structure de la cryptie dans le feu, l'opération ne devait affecter qu'un nourrisson à la fois, traité comme Démophon et Achille. Il est vraisemblable que ce Médéios, connu seulement d'Hésiode, en fut le premier l'objet avant que d'être, comme Achille et Jason, confié au centaure Chiron :

> «Elle (Médée) subit la loi de Jason, pasteur d'hommes, et lui donna un fils Médéios que, dans les montagnes nourrit Chiron»[39].

On se souvient que l'interruption de la cryptie dans le feu, consécutive à l'intervention du père, avait pour conséquence la séparation du couple, clairement attestée pour Jason et Médée, ainsi que la remise de l'enfant au centaure. Le poème hésiodique ne transmettrait que partiellement des faits anciens, ne mentionnant que la phase consécutive à la tentative avortée.

Bien que le rituel des *Acraia* ne correspondît pas à une probation d'adolescence, puisqu'on y chantait le thrène comme dans le culte de Mélicerte, un autre enfant mort dans le chaudron[40], on a voulu parfois considérer la réclusion dans le temple de Héra comme une initiation. Pausanias, insistant sur leur nature funèbre, indique que, pourtant, durant les *Acraia*, les enfants corinthiens allaient têtes rasées et vêtus de noir.

L'interprétant comme un rite probatoire, A. Brelich qui avait pourtant tissé les connexions entre l'accident mythologique (mort des enfants de Médée), ses conséquences (l'épidémie à Corinthe) et son remède (la réclusion rituelle), doit constater que, paradoxalement, la claustration des enfants n'est suivie d'aucune résurrection finale et noter que l'épreuve ritualise "une condition négative"[41]. Il ne faut pas omettre, pour se convaincre du caractère funéraire du rite, que la cryptie archétype s'apparente à une opération manquée. Le rituel originel a dû subir, à un moment indéterminé, correspondant probablement à la période où le culte de Héra a supplanté le rituel chthonien aux enfants de Médée, un glissement, du funéraire vers l'initiatique[42]. En sorte que les fêtes de deuil, initialement instaurées pour juguler l'épidémie de peste, ont adopté la structure d'une probation[43].

MANQUEMENTS CULTUELS ET CHÂTIMENT DIVIN

Qu'il se fût agi de stérilité, de naissances d'enfants mort-nés ou non viables, les calamités évoquées dans les différents récits de cryptie touchent à l'hérédité et, menaçant la race des hommes, les inquiètent[44]. Elles vont de pair, dans la mentalité antique, avec les naissances monstrueuses, également perçues comme un *loimos* , envoyé par les dieux. Il est frappant, qu'évoquant dans la *République,* 460, l'exposition des enfants anormaux, considérée comme une mesure eugénique pour la sauvegarde des Gardiens, Platon ait utilisé la formule ἐν ἀπορρήτῳ τε καὶ ἀδήλῳ κατακρύφουσιν. Le philosophe emploie le verbe κατακρύπτειν qui définit ailleurs l'action de Médée, de Déméter et de Thétis. Le vocabulaire de l'exposition coïncide avec celui qui dépeint l'action médico-magique. L'exil en montagne qui sanctionne l'épreuve manquée n'évoque-t-il d'ailleurs pas l'abandon[45]? L'occurrence se trouve confortée dans un autre discours, où Platon oppose l'exposition à la course autour du foyer, l'amphidromie[46]. La reconnaissance, sanctionnée par ce rite domestique, et l'abandon constituent pour lui les comportements juridiques qui s'offrent au père à l'égard du nouveau-né. Au plan du mythe, la cryptie ouvrirait une troisième voie, intermédiaire entre ces pôles. L'enfant fragile, accepté par sa seule mère, serait plongé dans le feu revivifiant. Avortée par le père, l'immortalisation déboucherait alors sur l'abandon, exprimé par la métaphore du séjour de l'enfant chez le centaure.

Lorsque la cryptie n'est pas pratiquée par la mère, mais par une divinité courotrophe (Déméter pour Démophon et pour Orthopolis), elle ne provoque aucun bouleversement familial, mais affecte plus largement l'ordre socio-religieux. Une transgression initiale a probablement motivé la colère de la déesse qui a suscité directement (à Corinthe) ou indirectement l'épidémie infantile. Il s'agit, car d'autres parallèles autorisent à le supposer, d'un manquement aux règles cultuelles. Ainsi, à Eleusis et en raison d'une telle omission, (*Hymne homérique* v. 311-315) Déméter se propose d'anéantir la race humaine. Ailleurs, elle menace des pires famines qui entraîneront jusqu'à l'allélophagie la plus féroce les Arcadiens qui l'ont négligée[47]. La famine, la stérilité des femmes et la mortalité infantile restent généralement des phénomènes corrélatifs en pareille circonstance. Dans le prologue d'*Oedipe Roi*, par exemple, (v. 24), mais déjà chez Hésiode (*Erga*, v. 244-245), la cité «périt dans la semence de la terre, dans les troupeaux, elle périt dans le ventre des mères». Les colères divines frappent à la fois la terre et la descendance des hommes. Si elle était consécutive à une telle situation, qui aurait le mérite de rendre compte de la stérilité de Métanire et de la faiblesse de l'enfant, la naissance de Démophon, contée au vers 163 de l'*Hymne*, devrait se placer après le courroux de Déméter, seulement exprimé au vers 305. L'ire, parce qu'elle établit la jonction entre les épisodes du rapt de Perséphone et de l'immortalisation de Démophon, a été en fait démultipliée. Le motif est utilisé une première fois, au vers 254, après l'intervention de Métanire qui interrompt la cryptie et réapparaît, paradoxalement, après l'édification du sanctuaire éleusinien, au vers 300 :

> «ils bâtirent, suivant ses ordres, le temple qui grandissait selon la volonté divine...la blonde Déméter vint s'y installer.»

> «ce fut une année affreuse entre toutes qu'elle donna aux hommes qui vivent sur le sol nourricier» v. 305.

Courroucée, la déesse punit les hommes :

> «qu'elle aurait sans doute anéanti (s) dans une triste famine» v. 310 [48]

Situé après l'érection du temple, le courroux n'a pourtant plus de raison d'être. Il devrait intervenir initialement, dès le rapt de Coré, avant l'édification expiatoire et avant la famine et la stérilité éventuelles. Prenant en charge le fils de Célée, la déesse réparerait une part des maux envoyés aux habitants. A Eleusis, selon un schéma que les parallèles structuraux autorisent à restituer à Sicyone, elle interviendrait dans un deuxième temps pratiquant, pour garder en vie les enfants chétifs qui sont nés depuis lors, les crypties de Démophon et d'Orthopolis.

De même, qu'à Corinthe, Médée jugule d'abord la famine dispensée par Déméter. Une scholie à Pindare qui reprend en substance un fragment d'Eumolpos, complétant ainsi la version relatée par Pausanias, apprend, en effet, que Médée, arrivée à Corinthe, a fait cesser la famine en honorant cette déesse ainsi que les Nymphes Lemniennes. Comme à Eleusis, la divinité agraire a suscité la pénurie et, du fait de la malnutrition qui en a découlé, la stérilité et la mortalité infantile.

On conçoit mieux, sur une telle toile de fond, les efforts de la Colchidienne pour garder en vie les enfants qui lui naissent successivement de Jason[49]. A Corinthe, cependant, Déméter n'agit pas directement, pour atténuer, comme à Sicyone et à Eleusis, une part des préjudices infligés. La figure divine, laissant la place à une autre déesse, s'efface, sitôt le fléau déchaîné; en sorte que Médée opère elle-même (Pausanias). C'est Héra qui toutefois, lui assurant l'immortalité pour ses enfants, a incité la Colchidienne à pratiquer la cryptie[50]. Nouvelle venue, elle contribue, par ses conseils et par l'hospitalité qu'elle offre dans son sanctuaire, à mettre fin à ces morts d'enfants. Par-delà les rejetons de Médée, l'acte se répercute sur l'ensemble de la population infantile qui, selon la variante de la lapidation, périt de la peste. Rattaché au mythe de Glaucé[51], l'événement qui répond à l'état le plus ancien de la légende, a imposé de concilier les différentes séquences mythiques. Dans la version relative à la lapidation, également perpétrée sur l'autel de Héra, Déméter a perdu de son importance en sorte que la mortalité infantile découle directement de la mise à mort de la jeune fille. Le service expiatoire, calqué cependant sur le modèle de la cryptie, a alors été instauré.

S'il n'est fait aucune allusion à un quelconque fléau dans le mythe d'Achille, les morts précédentes des six frères appellent, de manière transparente, un contexte similaire. La progéniture de Thétis atteint d'ailleurs le nombre orchestrique (sept) du collège d'enfants doublé, parce que mixte, et reclus annuellement dans l'*Héraion* de Corinthe. Et le ton endeuillé qui présidait aux fêtes thessaliennes en l'honneur du héros dénote le caractère funéraire du culte, proche de ceux que l'on rendait à Mélicerte et aux Médéides[52].

Restitution du canevas structural des différents états du mythe :

CORINTHE

1	: **FAMINE**, suscitée par Déméter —>	**honneurs cultuels**
		⇓
2	: **MORT** des fils de Médée	**cryptie** dans le temple
		‖
3	: **MEURTRE** de Glaucé	‖
		‖
4	: **LAPIDATION** des fils de Médée	‖
		⇓
5	: **EPIDEMIE** infantile	**réclusion** expiatoire

Cryptie et mythes de fondation .

Des éléments empruntés aux mythes de type agraire transparaissent dans les récits corinthien et éleusinien. L'*Hymne homérique* toutefois établit plus étroitement la relation entre la prospérité agricole et la fécondité; une association qui, par ailleurs, n'est pas étrangère aux fêtes démétriaques[53]. Zeus qui apaise finalement la déesse courroucée (v. 468), l'invite à «faire croître pour les hommes le grain de vie». Or ce germe, elle l'a caché dans la terre (v. 306 : **κρύπτεν γὰρ**), comme elle a caché l'enfant Démophon dans la cendre du foyer. Existait-il, aux yeux des poètes et des lecteurs antiques, un lien allégorique entre l'enfant *têlugetos* et le grain? Le très jeune enfant, qu'il se soit nommé Démophon, Eleusis, Brimos ou Ploutos, est une figure intimement associée aux croyances et au rituel éleusiniens. Le rapprochement se verrait renforcé par le fait que l'épi de blé, un accessoire majeur de l'époptie, également soustrait par Zeus après la fraude prométhéenne (Hésiode, *Erga*, v. 47 : **ἔκρυψε**), est désigné par le terme "vie" (v. 42). Commentant le passage hésiodique, J. P. Vernant a souligné la consubstantialité entre l'aliment céréalier et la vie humaine. Les céréales, avec l'asphodèle et la mauve auraient même constitué, aux origines, la base de l'alimentation divine et restaient considérées comme une nourriture d'immortalité[54]. Zeus a aussi caché le feu (*Erga*, v. 50 : κρύψε δὲ πῦρ), afin de punir le Titan et les hommes; comme si leur proximité de nature commandait de les associer dans le châtiment. L'enfant fragile objet d'une cryptie, comme le grain et le feu, se trouve assimilé aux éléments immortalisants, dans l'un desquels on l'immerge[55].

A Eleusis, comme à Corinthe, l'intervention de Déméter résume, au plan mythique, une réalité historique, vécue à une plus vaste échelle. C'est sur un fond rituel ancien, comparable à celui de l'*Héraion*, qu'a été construit l'*Hymne homérique à Déméter*. Le sacerdoce des mystères s'est d'ailleurs superposé à un culte réservé aux femmes[56]. Et les rites du feu ne sont pas demeurés étrangers au cérémonial éleusinien[57]. Dans d'autres lieux, tel que le *Pyraea* de Déméter *Prostasia*, entre Sicyone et Phlionte, des fêtes pyrrhiques étaient encore attestées à l'époque tardive[58]. Mais Triptolème, roi fondateur avant que d'être promu adolescent nourricier et qui fit aussi, dans une phase intermédiaire du mythe de cryptie l'objet d'un transfert, a finalement supplanté l'enfant Démophon[59]. Dans le nouveau temple, le héros civilisateur a, à la faveur d'un culte recentré autour du blé, occulté la nature thérapeutique des rites antérieurs dont l'*Hymne à Déméter* nous fait, fort à propos, nous ressouvenir. Tout au plus l'entretien annuel d'un adolescent, appelé l'enfant au foyer (*pais aph' hestias*), évoque-t'il une coutume comparable à la séclusion du collège mixte dans l'*Héraion* corinthien.

D'autres occurrences entre les légendes et les cultes de Déméter et des Médéides indiquent leur appartenance à un substrat mythique et rituel commun. Les nourrices ou les mères impliquées dans la cryptie ramènent, plus ou moins directement, à la Thessalie. Thétis est une figure de cette région, tout comme Médée à l'issue de son mariage avec Jason[60]. Dans l'*Hymne homérique*, Déméter qui se prétend crétoise usurpe un pseudonyme, Dôs, qui évoque un toponyme thessalien (v. 122), alors que le sanctuaire d'Antrôn est mentionné, associé à celui de Paros à la fin du poème[61]. Comme le chaudron de jouvence, l'immortalisation des nouveaux-nés semble remonter à une tradition thessalienne du feu.

Ces récits, qui prennent valeur de mythe de fondation, marquent également l'instauration d'un culte ou d'un rituel héortologique. Les Corinthiens élèvent un monument et instituent des sacrifices annuels aux enfants de Médée. Héra vient occuper un site antérieurement démétriaque, puis médéen. De même, l'itinéraire de la Colchidienne, jalonné de cuissons et de *diasparagmoi*, a pu correspondre à des implantations cultuelles progressives, de l'Asie vers la Grèce. Chacun de ses crimes est en effet lié au départ d'une région, vers une autre contrée : «c'est ainsi (par un meurtre) que j'ai coutume de fuir» dit-elle dans la pièce de Sénèque, v. 1023. De fait, son frère Absyrte a été demembré alors qu'elle fuyait la Colchide ; Pélias a été dépecé tandis qu'elle quittait la Thessalie et ses enfants ont été "ensevelis" lorsque, abandonnant Corinthe, elle se rendait en Attique. L'immortalisation d'Orthopolis intervient dans un contexte mythologique qui commémore l'arrivée de Déméter à Sicyone. Celle de Démophon, enfin, entraîne l'édification du sanctuaire d'Eleusis (*Hymne homérique*, v. 288-301) puisque, dans l'état final du poème, Célée ordonne la construction du temple afin d' honorer la déesse que Métanire, en surprenant la cryptie, a cruellement irritée.

Une dernière coïncidence, dont on doit rendre compte mais qui nécessiterait une enquête plus approfondie, fait que, par deux fois, l'on rencontre le motif de la lapidation dans ce contexte. A Corinthe, elle provoque la mort des Médéides et, immédiatement après, la séclusion expiatoire dans l'*Héraion*. A Eleusis, elle a pris la forme d'une étrange bataille rituelle — la *ballètus* — à laquelle Déméter fait évasivement allusion dans l'*Hymne*, v. 266 :

> Quand avec les heures auront tourné les cycles des années, les fils d'Eleusis déploiront les uns contre les autres des combats et d'horribles luttes sans interruption à jamais[62].

Aux témoignages écrits qui attestent qu'à Corinthe la lapidation des enfants de Médée est devenue l'*aition* du rite des *Acraia*, répondent à Eleusis les allusions, explicitées par les commentateurs de l'*Hymne*. Mais tant ont tourné les cycles des années que seul est demeuré le vague souvenir de ces pierres, sans que l'on sache si elles furent, ou non, associées à un rituel à Démophon, l'enfant malade. Si dans le scénario sacré d'Eleusis qui s'apparente à d'autres fêtes du jet, telles que les *Lithobolia* ou les *Tuptai*, le sens de l'action a été atténué, initialement, du moins, la lapidation des enfants malades put jouer un rôle catharchique qu'elle a conservé, ailleurs, dans l'explusion du *pharmakos*. La mise à mort d'un bouc-émissaire, comme cela a été attesté plus tard à Ephèse, dut originellement viser à mettre fin à une épidémie[63]. Toujours imprécis dans le mythe corinthien, le sort des enfants de Médée, tantôt cachés dans l'*Héraion* (implicitement confondus alors avec les petits pestiférés) et tantôt lapidés, n'exclut pas de telles pratiques. La mort sous les pierres ressemble d'ailleurs à l'ensevelissement. Dans ses modalités, cependant, le jet de pierres substitue à l'unique acteur du rite immortalisant et prophylactique la communauté toute entière.

L'initiation aux mystères d'Eleusis prenait la forme d'une nouvelle naissance (Pindare, fr. 137). La mort corporelle de l'initié comme la crémation des chairs de l'enfant marquait l'accès à une vie nouvelle. Cette seconde naissance, certainement un moment majeur de l'époptie, était parallèlement proclamée par le Hiérophante qui, sans que l'on sache aujourd'hui à quelles divinités il était fait allusion, annonçait la venue de Brimos. Brimo, la Forte, avait "enfanté Brimos", le Fort; antithèse, à en croire le qualificatif usité, de Démophon, le *têlugetos*, pris en charge par Déméter.

Cf. tableau n° 4. Structures des mythes d'immortalisation par le feu.

Autres figures mythiques, objets d'une cryptie dans le feu?

Corpus des textes, p. 9 à 10.

Plusieurs personnages ressortissant à différents cycles et dont la légende a pu perdre jusqu'à la trace de l'événement, attestent néanmoins d'anciens liens avec les rites d'immortalisation par le feu. Il est hors de propos de reprendre, pour chaque cas, l'ensemble de la tradition légendaire. Je me bornerai à mettre en évidence les faits saillants qui, à partir des différentes versions, permettent d'établir les analogies ou les parentés ponctuelles que ces récits présentent avec les mythes de référence (Démophon, Achille).

PYRRHOS ?

Aucun texte ne fait allusion à l'éventuelle immortalisation de Pyrrhos. L'ignorance des détails relatifs aux enfances de cette figure mythique tient au fait qu'ils ont été obturés par les récits de celles d'Achille, son père[64].

La première scholie citée dans le corpus des textes glose un passage de l'*Iliade* dans lequel Achille se lamente et espère que son fils Néoptolème vit encore, à Scyros, où il l'a laissé. En dehors de ce témoignage évasif, qui laisserait tout juste à penser que le héros s'inquiète de la santé de son fils, l'hypothèse, établie naguère par M. Delcourt, repose essentiellement sur un vers du *Philoctète* de Sophocle, commenté par Eusthate. Le tragique y aurait joué de l'homophonie existant entre la formule *pur su*, lancée à l'adresse de Néoptolème, et le substantif *pursos* (πυρσός), torche allumée[65].

Grâce à certains recoupements M. Delcourt a tenté de démontrer que, Néoptolème, comme Achille, a pu faire l'objet d'une tentative d'immortalisation par le feu[66]. Toujours nommé Pyrrhos dans la tradition delphique, le surnom qu'on lui attribue a pu découler du passage par la flamme. Tardivement, certes, mais en raison de la cryptie à laquelle il a survécu, Achille est appelé *Purisoos*. Parallèlement Thétis, l'aïeule qui a pratiqué les rites de cryptie sur sept de ses enfants, a été surnommée *Pyrrhaiê*[67]. On décèle, derrière ces épiclèses, la persistance d'une tradition qui associait le feu à cette divinité marine et à sa descendance mâle. A cela rien d'étonnant, lorsqu'on se souvient que les Telchines, auprès desquels Héphaïstos apprit les arts du feu, étaient, comme généralement les démons forgerons, des divinités de la mer. L'affectation repose sur une coïncidence, bien établie et déjà relevée, entre l'eau et le feu ; peut-être née initialement de l'observation du volcanisme en Méditerranée.

Compte tenu de l'étymologie du nom (Pyrrhos) ainsi que des indices fournis par les scholiastes, il serait tentant de rapprocher le père et le fils et de supposer qu'ils furent confrontés successivement à la même situation mythique.

PYRRHA, AITHALION ?

Je n'adjoindrai pas, pour ma part, la figure féminine de Pyrrha à la liste des enfants passés par le feu; même si l'étymologie de son nom — un critère de sélection pour ce qui concerne Pyrrhos — incite logiquement à l'y porter. Hormis dans le rituel corinthien des *Acraia*, où interviennent des collèges mixtes, les tentatives d'immortalisation relatées dans les mythes concernent exclusivement des mâles. L'imaginaire reproduit un réflexe, propre aux civilisations méditerranéennes anciennes, pour lesquelles la naissance de filles n'était pas ressentie comme un bienfait. Il était naturel, fussent-ils chétifs, que seuls les enfants mâles eussent mérité de survivre et que la cryptie, destinée à les y aider, leur eût été réservée. On a, en outre, souligné plus haut les connexions qui, dans la mentalité antique, unissaient le feu et la virilité[68].

Pyrrha doit plus vraisemblablement son nom à une association primitive avec Pyrrhos, une figure également liée au sanctuaire de Delphes. La tradition en aurait perdu jusqu'au souvenir. M. Delcourt a néanmoins relevé des occurrences, dont certaines sont troublantes, pour annexer plus largement cette héroïne aux mythes du feu[69].

On serait davantage tenté de rattacher au cycle de la cryptie l'un de ses descendants, Aithalion. L'enfant que Protogénie, la fille de Pyrrha, met au monde des oeuvres de Zeus, porte le surnom étrange — si l'on adopte toutefois la forme nominale privilégiée par M. Delcourt — de «celui qui a été noirci à la flamme». Le rapprochement a été essentiellement fondé sur le témoignage d'Hygin qui, en nommant ainsi l'enfant de Protogénie dans l'une de ses fables, se démarque des mythographes traditionnels pour lesquels Aithalion aurait été un pirate tyrrhénien. Faut-il se défier du texte, fautif peut-être, puisque le fabuliste y mentionne encore Hélène qu'il confond avec Hellen ?

Il ne semble pas que ce nom puisse, comme c'est le cas pour les épiclèses de Dionysos, *Pyrigénès, Pyrisporos*, faire allusion à la foudre paternelle[70]. L'enfant de Zeus et de Protogénie n'est pas né d'une fulguration. Faute d'informations complémentaires on ne peut que s'étonner de la signification, très suggestive, du surnom qu'il porte.

L'onomastique peut renvoyer à une anthropogonie locale, marginale et concurrente du mythe des hommes semés, situé juste après le déluge delphique. Si tel était le cas, elle ne serait pas sans évoquer la cosmogonie orphique, dans laquelle le créateur Eros-Prôtogonos est lui-même nommé Phanès (de *phanê*, torche)[71]. Force est de constater dans les deux contextes mythiques la coïncidence entre la primogéniture (Protogénie/ Prôtogonos) et la lumière du feu.

Mais il convient de s'en tenir à la plus grande prudence. Si les parallèles établis inclinent à prendre en compte la figure d'Aithalion, on ne saurait sur la seule foi de l'étymologie l'insérer catégoriquement dans les légendes d'immortalisation par le feu.

MELAMPOUS ?

"L'homme aux pieds noircis" suscite des interrogations du même ordre, à la différence près que sa légende inverse les données structurales du mythe de cryptie. Mélampous, nouveau-né, a été malencontrement exposé aux rayons du soleil (*cf.* Corpus des textes, p. 10).

Contrairement au corps de l'enfant plongé dans le brasier, la majeure partie des chairs de Mélampous qui a heureusement bénéficié de l'ombre est demeurée intacte. Les pieds, en revanche, ont été à jamais noircis. Les feux du soleil ont remplacé les flammes du foyer pour une crémation accidentelle, en apparence.

Comme pour Aithalion, l'onomastique a gardé ici la trace d'une calcination, totale ou partielle.

Le cas de MELEAGRE

Même liée au thème de "l'âme extérieure", la saga de Méléagre reflète structuralement la cryptie dans le feu[72]. Cette âme, symbolisée par un brandon, aurait pu être cristallisée sur un objet moins révélateur. D'ailleurs dans la variante byzantine de Malalas, il s'agit d'un rameau d'olivier. Le choix de ce support renvoie à la magie immortalisante, comme l'âge de l'enfant et l'étymologie du nom de sa mère, Althaia. Ce nom qui (d'après ἄλθομαι) signifie être guéri ou se guérir, la range, en effet, parmi les guérisseuses de type médéen.

Homère et Sophocle ignorent pour leur part le thème du tison et font mourir Méléagre, adulte, à la suite des malédictions que sa mère avait proférées contre lui[73]. Les autres témoignages, qui retiennent l'épisode de la petite enfance, reprennent en l'altérant la trame d'un mythe d'immortalisation manquée. Mais le récit perd de sa cohérence dès lors qu'il s'agit de raccorder l'épisode dénaturé aux exploits cynégétiques du héros[74]. Méléagre tombe tantôt sous les flèches d'Apollon, est victime des Erinyes, ou bien brûle dans l'âtre par brandon interposé.

La disparité des épilogues trahit l'hétérogénéité des apports, greffés sur le thème populaire du tison qui, lui, renvoie à l'univers superstitieux des nourrices. Car, au moment où la mère retire le bois de l'âtre, le nourrisson, né de sept jours, a l'âge de Démophon et d'Achille, nouveaux-nés eux aussi, lorsqu'ils subissent chaque nuit l'épreuve du feu. Il se pourrait même que l'histoire de Méléagre ait été contaminée par la cryptie d'Achille. Entre les deux épopées, qui reproduisent notamment les thèmes de la colère du héros et de la ville assiégée, on relève nombre de coïncidences. Chez Xénophon (*Cyn.* I, 1), de surcroît, Méléagre passe pour un élève de Chiron, un statut souvent lié au séjour dans le feu.

Parallèlement les auteurs tardifs ont conservé le souvenir de l'immortalité de Méléagre (Apollod., I, 5, 1). D'ailleurs, les descendants d'Oinée dont il est le fils se sont vus, à un moment donné de leur histoire, confrontés à l'immortalisation. Tydée, son frère, la compromit, parce qu'il dévora la cervelle de Mélanippe à l'instant où Athéna s'apprêtait à la lui conférer. Diomède, le neveu, l'obtint, en revanche, en devenant le commensal des Dioscures[75]. Le schème, relaté de différentes manières, a gagné la lignée calydonienne, tout comme la réjuvénescence s'était propagée dans la famille des héros thessaliens d'Iôlcos[76].

La consubstantialité entre le tison et la vie de Méléagre est clairement exprimée dans les textes. Le mot δαλός — traduit par tison — signifie aussi torche[77]. C'est le substantif utilisé dans l'*Hymne homérique à Déméter* lorsque la déesse cache Démophon dans le brasier, "comme une torche"[78]. L'image poétique a pu mener, dans le cas du héros de Calydon, à dissocier l'enfant passé par le feu du brandon métaphorique. La distinction s'efface dans le récit d'Ovide qui rétablit la superposition. Lorsque le poète conte la scène où Althaia, décidant la mort de son fils meurtrier, jette le tison au feu, n'écrit-il pas :

> qu'on l'entendit, ou alors qu'on crut l'entendre pousser un gémissement, ce tison.

L'intervention pathétique des Moires, qui représentent la destinée, résulte vraisemblablement d'une adjonction imaginée par les tragiques[79].

Leur prédiction, élément de raccord entre les époques de la naissance et de l'âge adulte, inverse l'opération magique. Puisque l'enfant périra lorsque le brandon se sera consumé, Althaia, bravant le destin, le retire de l'âtre (*met* v. 502). Le geste est analogue à celui de Déméter qui, surprise par Métanire, arrache l'enfant hors du foyer, le vouant ainsi à la mort (*Hymne homérique*, v. 251). Le retrait du tison, motivé par la connaissance de la destinée du nourrisson, répond à la découverte de la cryptie dans les mythes de référence. Le père (Pélée, Jason) ou la mère (Métanire), en le soustrayant au brasier, entend sauver l'enfant. On peut considérer l'action d'Althaia comme une perversion de l'instant où, dans le rite d'immortalisation, le parent compromet le processus[80].

Précédant la naissance du héros et consécutif à un manquement cultuel, on découvre en filigrane du récit, le schème du *loimos* qui, exprimé ici par la métaphore du sanglier, se traduit par la stérilité et la famine (Antoninus Liberalis). L'animal détruit la terre aussi bien que les hommes, faisant :

> choir de toute leur hauteur nombre de grands arbres avec leurs racines, avec leurs fruits épanouis (*Il.* IX, v. 542-545).

On ne manquera pas, comme pour l'épisode relatif à Démophon, de rapprocher le fléau et la venue de l'enfant, assurément fragile. Le fait d'avoir donné au désastre naturel l'aspect d'un animal sauvage a permis d'articuler la séquence aux exploits cynégétiques de Méléagre adulte (à la chasse de Calydon).

Les fouilles archéologiques du sanctuaire du *Laphryon*, à Calydon, ont révélé que le culte consacré à Artémis, l'instigatrice du fléau, comportait une facette thérapeutique. Aux origines peut-être, la Létoïde tint-elle un rôle comparable à celui de la Déméter éleusinienne, avant que d'être découverte ou remplacée par Althaia dans le mythe ?

VARIANTE DU RITE D'IMMORTALISATION : LA COCTION DANS LE CHAUDRON.

LES FRERES D'ACHILLE

La scholie qui glose un fragment d'une épopée perdue publiée dans le Corpus hésiodique, l'*Aegimos*, indique que l'opération pratiquée chaque fois par Thétis sur ses enfants nouveaux-nés se serait effectuée dans un chaudron. Ce témoignage substitue la cuisson dans l'eau bouillante à la cryptie dans le foyer. L'immersion dans le *lébès* est assurément synonyme du séjour dans le feu. Mais l'épisode relaté, ne concernant que les aînés du couple Thétis-Pélée, est distingué de la cryptie d'Achille. Selon Lycophron, qui lorsqu'il y fit allusion mentionnait aussi six enfants, ils auraient été, comme leur prestigieux frère, successivement ensevelis sous la cendre.

Calquée sur l'ordalie, l'épreuve du chaudron sert à tester la nature de l'enfant hybride, né de la déesse et d'un père mortel s'opposant, par l'esprit, à l'immortalisation. Cette pratique a d'ailleurs fait périr un grand nombre d'enfants qui, en dépit de leur ascendance maternelle, n' y ont pas résisté[81]. Mais quel crédit apporter à cette variante? Le scholiaste ne s'est-il pas laissé influencer par le motif de la cuisson, caractéristique et de l'histoire de Pélias et du festin cannibale[82]? Ou bien s'est-il inspiré de la tradition tardive du baptême d'Achille dans l'eau du Styx ? On ne doit pas perdre de vue, qu'à l'époque hellénistique et romaine, le bain du nourrisson a définitivement évincé la crémation dans le brasier[83].

JASON

Les arguments qui m' ont incitée à ranger l'opération pratiquée sur Jason dans cette catégorie, plutôt que dans celle de la réjuvénescence, ont été, en partie exposés[84].

D'autres traits du héros thessalien répondent encore à des constantes structurales du cycle de l'immortalisation. Comme Achille, après que Pélée eut découvert Thétis, Jason reçut l'éducation initiatique auprès de Chiron[85]. Or, il existe un rapport de causalité entre l'immortalisation interrompue et l'éloignement de l'enfant, indiscutable pour ce qui concerne Achille.

Au plan du mythe, la mère qui confie l'enfant entend compenser la cryptie manquée par le séjour chez le centaure médecin[86]. Conformément au même schéma, Aristée a tout d'abord été "immortalisé" par les Heures avant que d'être conduit à Chiron, par Hermès[87] (Tableau n° 5). Mais le récit qui conte l'événement ignore la cryptie, ne relatant qu'une phase de l'opération : l'onction de nectar et d'ambroisie.

L'éducation sauvage de Jason dut être précédée d'une cryptie préalable que la tradition, sous l'influence du mythe d'Aeson et de Pélias, confondit avec le rajeunissement.

Elément plus remarquable, qu'il convient de mettre en parallèle, le fils unique de Jason et de Médée a été, selon la tradition hésiodique, lui-aussi confié au centaure (*Théog.* v. 1000-1001). On se souvient que les enfants du couple, démultipliés parce qu'assimilés aux officiants du rituel de l'*Héraion* de Corinthe, avaient été l'objet d'une tentive d'immortalisation sous la cendre[88]. Rien n'interdit de supposer, à condition de relier ces variantes, que Médéios, élevé par Chiron fut, initialement, l'enfant immortalisé dans le sanctuaire de Héra[89]. *Cf.* (Tableau généalogique n°I). Pour la seconde génération seulement les textes auraient gardé le souvenir conjoint de la cryptie et de l'initiation chez le centaure, mais fractionnées : le feu pour "les enfants" de Médée; le séjour en montagne pour le seul Médéios.

Jason interviendrait, impliqué par deux fois dans le cycle d'immortalisation : objet de la cryptie, dans son enfance; acteur dans celle de son fils, à l'âge adulte. Interrompant le processus, il aurait imposé à Médéios l'éloignement chez Chiron qu'on (Aeson?) avait décidé à son égard.

Les événements se répètent de père en fils. A l'immortalisation de Jason succède celle de Médéios, comme probablement, à la cryptie d'Achille, celle de Pyrrhos[90].

AUTRE VARIANTE : LA CAUTERISATION.

SCYLLA

Fille de Phorkys et de Crataïs, Lamia ou Hécate, Scylla fut tuée par Héraclès[91]. Son père l'aurait toutefois rappelée à la vie, cautérisant ses chairs. Vraisemblablement conditionné par le thème du chaudron de résurrection, Tzetzes, commentant un vers de Lycophron (*Al.*, v. 47), associe la cuisson aux brûlures. Phorkys l'aurait ranimée, «l'ayant brûlée et fait cuire (ἀφεψήσας) au moyen de torches».

Cette palingénésie fondée sur l'inversion systématique des structures de l'immortalisation par le feu demeure exceptionnelle :

— elle fait revivre un monstre cynomorphe, compagnon des *poneroi daimones* qui escortent Hécate[92].

— c'est une créature, hybride certes, mais féminine qui bénéficie de ces pratiques immortalisantes.

— le père, en lieu et place de la mère ou d'une nourrice, procède à la cautérisation qui ne vise pas à rendre immortel, mais à redonner vie.

— la cuisson, clairement mentionnée, ne s'effectue pas dans un chaudron, mais paraît pratiquée à l'aide de torches.

— l'opération réussit, alors que le propre du passage par les flammes est d'être toujours compromis par un parent.

L'ébullition dans le *lébès*, empruntée aux récits de la mort de Pélias et du festin tecnophagique, ne ressortit pas au contexte de la cryptie, occultée et caractérisée par l'enfouissement sous les cendres du foyer. Les torches, à l'aide desquelles Phorkys ressuscite sa fille, renvoient à l'instrumental cultuel d'Hécate dont Scylla est, non seulement parente, mais compagne. Ces extrapolations dans lesquelles on reconnaît des scories de la tradition, introduisent dans la légende des accessoires de la magie et du culte.

Ces variantes résultent de contaminations tardives entre les figures de Jason, Aeson/Pélias ainsi qu'entre les différents types de récits situés autour du chaudron : cryptie dans le foyer, vraie et fausse réjuvénescence/cuisson cannibale, la seule opération qui se déroule effectivement dans le chaudron.

L'ICONOGRAPHIE.

On conçoit que, du fait même de sa nature secrète, il n'existe pas de représentation de la cryptie dans le feu. Les artisans pouvaient difficilement figurer l'enfant caché sous la cendre ou dans les flammes vives et suggérer, dans l'image, la durée ou la répétitivité de l'opération nocturne. Aussi est-il impossible de reconnaître, sur un relief de Petau qui donne plutôt à voir une scène d'amphidromie, un baptême dans le feu[93]. Logiquement, le nourrisson devrait être brandi par les pieds, comme sur une fresque de la Villa Farnesina à Rome qui, dans une scène de magie, montre un nouveau-né maintenu, tête en bas, au-dessus d'un bassin[94]. Cette prise expliquerait, mieux que la mésentente des parents invoquée par Ptolémée Héphestion, la vulnérabilité du talon d'Achille, un détail tardivement relié à la tentative d'immortalisation[95].

A en juger par l'iconographie achilléenne, les peintres de vases ont préféré illustrer l'épisode de l'éducation auprès de Chiron qui, selon notre hypothèse, suivait immédiatement l'immortalisation manquée. Cependant, dissocié de la cryptie, le thème relève d'une catégorie mythologique plus vaste, comptant d'autres enfants qui comme Héraclès, Aristée, Asclépios, ne furent pas passés par le feu[96]. L'iconographie à figures noires, la plus ancienne, a souvent montré Achille, nouveau-né, mené à Chiron, dans les bras de Pélée ou d'Hermès pédophore. C'est un nourrisson et non pas un adolescent qu'accueille le centaure. Selon une variante, fondée sur Homère et qui établit une relation d'équivalence plus que de continuité entre les deux épisodes, Thétis conduisit elle-même son fils dans la montagne[97]. Consciente de la fragilité de l'enfant dont on a malencontreusement compromis l'immortalisation, la mère, effectuant un transfert ou passant le relais, le mène aussitôt au guérisseur sauvage. Selon cette version, qui diffère de l'exil décrété par le père, le centaure médecin se substitue à la courotrophe pour des soins thérapeutiques, à défaut d'être immortalisants. Une coupe à figures rouges d'Oltos relate cette version, sur laquelle le peintre a toutefois choisi de représenter Achille sous les traits d'un éphèbe[98].

Seul Héraclès nouveau-né a été, comme Achille, peint dans les bras d'Hermès le conduisant à son éducateur. D'autres épisodes de pédophorie, narrés dans la littérature, sont restés ignorés (Jason, Médéios, Aristée nourrissons) ou ont été modifiés par les peintres qui, tel Oltos, influencés par les récits d'initiation, a corrigé l'âge de l'enfant.

Le motif, tardif, du bain d'Achille, plongé dans l'eau puis dans l'onde du Styx, connut un vif succès auprès des artisans romains[99]. De nombreux reliefs ont été consacrés à ce thème. Dans ces séries, l'eau a supplanté l'élément igné, pour une lustration qui reste immortalisante.

On a cru reconnaître encore, sur une ciste de Préneste, une scène d'immortalisation par le feu et par l'ambroisie[100]. Effectuant, sur le récipient, un geste comparable à celui d'Isis dans le récit de Plutarque, Minerva frotte les lèvres d'un enfant en armes, assis au-dessus d'un *dolium* : Mars (les inscriptions ne laissent aucun doute sur l'identité des personnages). Si l'onction d'ambroisie est certaine, en revanche, aucun détail ne suggère le feu, ni sous la jarre, ni au-dedans. Le toreute évoque davantage, par les lignes ondulées qu'il dispose dans l'embouchure du récipient, la surface de l'eau. La position du dieu paraît contraire aux conventions de la cryptie et de la cuisson qui impliquent, chacune, un contact direct avec l'élément igné ou liquide[101]. Il émerge d'un récipient qui ne s'apparente ni au chaudron (festin cannibale et immortalisation), ni au *lavacrum*, propre aux scènes du bain d'un nourrisson. Mars est peint sous les traits d'un adolescent; c'est à dire situé dans la tranche d'âge qui convient aux victimes du festin cannibale.

Ni le mythe des Aloades (E. Simon), ni le récit des résurrections du centaure Maris (Hermansen), récemment évoqués, n'expliquent de manière satisfaisante la représentation. Vaguement inspiré par un modèle grec, l'artisan étrusque a gravé une scène marginale qu'on devrait plutôt rapprocher, formellement, de l'iconographie du bain d'Achille; même si certains éléments ne paraissent pas logiques dans une telle représentation.

Cf. tableau n°5. Relations entre l'immortalisation et le séjour du nourrisson chez Chiron.

Notes

1. Voir Apollod. II, Collection Loeb, Appendix I, 1979, p. 311. Pour d'autres exemples de crémations, N. J. Richardson, *The Homeric hymn to Demeter*, 1974, p. 231-235.

2. L'épisode de l'immortalisation tient une large place dans le poème qui ignore encore la figure de l'adolescent nourricier et qui mentionne simplement son nom parmi les rois mythiques d'Eleusis. *Hymne homérique à Déméter*, v. 153 : "le sage Triptolème".

3. *Hymne hom. Apollon* (I), v. 128- 130.

4. *Hymne hom. Hermès* , v. 245- 247.

5. Proclus, *in Crat.*, p. 161; G. Dumézil, *Le festin d'immortalité*, 1924, p. 86.

6. *Cf.* chapitre 1, n.9.

7. = Fr. *Merkelbach-West* 232 (*P. Oxy.* XXVIII (1962), 2482 *Lobel*).

8. Ce sont des croyances du même ordre qui ont motivé le thème de la quête du Graal. Toutefois, dans cette légende, christianisée dès lors que Joseph d'Arimathie l'eût empli du sang du Christ, le récipient a gardé de l'état païen du mythe sa forme et sa nature : celles d'un chaudron-talisman. P. Grimal *et alii*, *Mythologies des peuples lointains et barbares*, 1963, p. 26-27.

9. Sur l'importance des torches dans ce rituel, O. Walter, *OJh* 30 (1935-37), p. 58 et n.15. C'est aussi le sentiment de A. Motte ("Mort et renaissance dans les mystères d'Eleusis", *in Mort et fécondité dans les mythologies*, 1986) qui, voyant dans la poussée du narcisse, la croissance de Démophon et l'*anodos* de Corè (p. 80) le reflet d'une même puissance vitale, pense que "les séquences de l'*Hymne* convergent, de toute évidence, vers l'évocation de la fondation de ces mystères et des espérances qu'ils faisaient naître".

10. **(T 42, T 43)**. Les zones de passage, dans le temps comme dans l'espace, les carrefours notamment, ont toujours été considérées comme dangeureuses, parce qu'on les tenait pour des limites, au seuil de la religiosité et du surnaturel (*Cat. Cod. Med.* 23). Comme devant les portes, on y plaçait d'ailleurs les hermès, statues piliers du dieu de la médiation et du passage chthonien, par excellence.

11. Apollodore insiste sur le caractère secret de l'opération, associant le verbe ἐγκρύπτω (cacher dedans) à l'adverbe κρύφα (en secret). L'association du feu et de la cendre, dans l'*Hymne*, répond à certains des couples antithétiques - ténèbre/lumière; clos/ouvert; secret/dévoilement etc., que A. Motte a clairement appariés en analysant le poème homérique, *loc. cit.*, *Actes du Colloque de Liège* et de Louvain, nov. 1984, 1986, p. 239.

12. Dans les mythes indiens, par exemple, le breuvage d'immortalité (*Amrta*) est battu au moulinet par les dieux, de la même manière que le feu : G. Yung, *op. cit.*, p. 290 et fig. 95.

13. Platon, *Tim.*, 69 c à 70 a, p. ex. A l'inverse, Plutarque, *Propos de table* t. II, *quest.* I, 3, ne juge pas "incompatible avec l'immortalité d'un dieu" le fait d'engendrer. C'est par "des étreintes d''un autre genre", toutefois, que la divinité parvient à "déposer dans les flancs d'une créature humaine un germe plus divin".

14. Voir, *infra*, Médée.

15. Paus. II, 3, 11.

16. Apollod. III, 6, 8. A l'instant où Athéna entend rendre Tydée immortel, le héros compromet le processus en dévorant la cervelle de Mélanippe qu'il vient de terrasser. Epouvantée par cette sauvagerie, la déesse renonce à l'immortalisation : voir M. Delcourt, "Tydée et Mélanippe", *SMSR* 37 (1966), p. 139-188. Tithonos, en revanche, a été, à la demande d'Eos, immortalisé par Zeus. Mais l'éternelle jeunesse ne lui a pas été simultanément accordée, en sorte qu'il ne cessera de se déssécher jusqu'à devenir une cigale : Sappho, fr. 58 *Lobel*; *Hor. Carm.* II, 16, 20 et l'ornementation sculptée du trône de Boston qui relate, peut-être, cet épisode (E. Simon, *Die Geburt der Aphrodite*, 1959, p. 58, fig. 33).

17. *Infra*, p. 100.

18. Déméter, Thétis et Médée. Sur la nature divine de Médée, E. Will, *Korinthiaka*, p. 88-89 et n. 4; p. 103; p. 121, pour qui l'héroïne ressortit à la

"famille thessalienne des hypostases déchues de la Terre Mère"; H. Jeanmaire, *Couroi et Courètes*, p. 299; D. Mimoso-Ruiz, *Médée antique et moderne*, 1982, p. 117; A. Moreau, *Medeia*, Cahiers du *GITA* 2, 1986, p. 111 et "Les mille et une facettes de Médée. A la recherche des origines. Médée la déesse", *Connaissance Hellénique* , 28 juillet 1986.

19. τηλύγετος : l'adjectif signifie à la fois dernier-né, chétif, né de parents âgés, choyé, gâté. Loin d'être inconciliables, les deux acceptions du terme (choyé/chétif) peuvent aisément se recouper. L'enfant fragile, ou tard venu, doit être l'objet de soins particulièrement attentifs. A ce propos : *Hymnes homériques*, Belles Lettres, 1976, p. 46 et n. 2.

21. *Hymne homérique à Déméter*, v. 108 (κουρήϊον ἄνθοσυ); v. 135 :

"Ah! puissent les dieux ... vous donner de jeunes maris" s'écrie Déméter à l'adresse des soeurs de Démophon; et v. 145.

21. *Il.* X, 316-317 (*kakon*). On n'est pas éloigné, dans ce contexte, de l'enfant qui, trop longtemps désiré, naît difforme ou monstrueux : un schème ancien et répandu dans les contes de fées; voir B. Bettelheim, *Psychanalyse des contes de fées*, 1976, p. 112.

22. On peut également comprendre que les hôtes royaux compatissent, ainsi, aux malheurs de Déméter, qu'ils tiennent pour une simple mortelle.

23. Vers 166-167; v. 222-223.

24. *Cf. Hymne homérique*, v. 123.

25. Selon la tradition transmise par la scholie de Parméniscos (quatorze enfants), ici **(T 49)**.

26. H. Jeanmaire, *Couroi et Courètes*, p. 407; E. Will, *Korinthiaka*, p. 90, rattache ces récits à un mythe primitif "où la divinité procrée des enfants qu'elle enterre ensuite, variante du dieu mourant et ressuscité" de type Ariane.

27. Le verbe κεύθω - et ses dérivés - aurait cependant rendu de façon plus imagée l'ensevelissement éventuel. E. Will, *Korinthiaka*, p. 85; A. Brelich, *Paides e Parthenoi*, p. 359; D. Mimoso-Ruiz, *op. cit.*, p. 14. En reliant au contraire l'épisode à une "banale" cryptie dans le feu, je rencontre l'opinion naguère exprimée par Ch. Picard, *RA* 35 (1932), p. 218.

28. V. 1376.

29. Chez Lycophron, **(T 40)**. Le motif de l'enfant "caché", ailleurs que dans le feu, reparaît, sous différentes formes, dans d'autres mythes. Erichthonios, par exemple, séjourne dans une ciste, gardée par deux serpents (*ARV* 1218, 1) qui formellement, d'ailleurs, ne sont pas sans évoquer dans les représentations figurées les protomes ophiomorphes des grands chaudrons de bronze de l'époque archaïque. (Voir l'exemplaire reproduit sur un aryballe corinthien : M. Halm-Tisserant, *Symposion on Greek and Related Pottery, Copenhague*, 1987, 1989, p. 216-217, fig. 6). Le secret, le fondement même des mystères éleusiniens, est aussi la condition indispen-

sable à la réussite de la cryptie de l'enfant. Par- delà le rite thérapeutique dispensé au nourrisson - si toutefois le poème autorise différents niveaux de lecture - l'épisode relatif à l'immortalisation interrompue de Démophon peut symboliser l'obligation de silence imposée aux initiés des mystères.

30. La cryptie occulte peut-être des pratiques propitiatoires, originellement plus violentes, telles que des crémations de nourissons. A ce sujet, P. Ghiron - Bistagne, *Médéia*, Cahiers du *GITA* 2, p. 123.

31. Vers 203-205. L'introduction de Baubô, dans le rituel et dans l'iconographie éleusiniens, atteste cette rusticité, aux confins de l'obscénité : M. O. Olender, *RHR*, fasc. 1,(1985), p. 3-35. On songera encore à la formule fertilisante (*hué kue*, "mouille, engrosse-toi"), adressée durant le mystère à la terre : L. Deubner, *Attische Feste*, 1956, p. 85-86, n. 2.

32. Thétis reçut dans son sein l'enfant Dionysos, pourchassé par Lycurgue (*Il.* VI, v. 128-140) ainsi que le jeune Héphaïstos, rejeté par sa mère (*Il.* XVIII, v. 399; VI, v. v. 136). Déméter ressuscite Dionysos, démembré par les Titans (Diod. III, 62, 6). Rhéa, enfin, se voit confier Poséidon nouveau-né (Diod. V, 55), tandis qu'ailleurs elle participe à la palingénésie de Pélops. Le rôle des courotrophes sera évoqué aux pages 142-144.

33. "C'est en partant des rites qu'il faut chercher l'explication des légendes" écrivait G. Dumézil, *Le Festin d'immortalité*, p. 287.

34. Fort heureusement, les études de H. Jeanmaire, de E. Will et de A. Brelich (*cf.* Bibliographie), auxquelles nous nous référons, ont exploré ce terrain mythique, rendant plus aisée la synthèse des variantes qui composent ce tissu légendaire.

35. **(T46, T 49)**. A Glaucé, sa rivale, Médée a offert une parure empoisonnée, oeuvre de sa magie. Sous l'effet de la drogue ardente, la fille de Créon se serait jetée dans une fontaine, devenue éponyme, proche du tombeau des enfants lapidés : E. Will, *Korinthiaka*, p. 102 et n. 2; D. Mimoso-Ruiz, *op. cit.*, p. 15 et n. 58.

36. Paus . II, 3, 6 :
"jusqu'au jour où l'oracle ordonna des sacrifices en l'honneur des deux victimes".

37. Une variante lydienne du mythe de Niobé, qui s'achève par la mort des enfants dans le temple, prête aussi sept filles et sept garçons à la soeur de Tantale (Parthénius, *Erot.* 33; sch. à *Il.* XXIV, v. 613, 617; sch. à Euripide, *Phén.* v. 159; Sénèque, *Medea*, v. 954-958); A. Brelich, *Paides e Parthenoi*, p. 378 (culte d'Apollon à Sicyone).

38. Les enfants sont nommés, tantôt Phérès et Merméros, tantôt Thessalos, Alciménès et Tisandros.

39. *Théogonie*, v. 1000-1001. Il ne faut pas confondre Médéios avec Médos, l'éponyme des Mèdes, un autre fils de Médée, conçu des oeuvres d'Egée (P. Ghiron-Bistagne, *Médéia*, Cahiers du *GITA* 2, p. 125).

40. Philostr., *her*. XIX, 14.

41. A. Brelich, *op. cit.*, p. 365: "non viene compensata da una festa che ritualizza il superamento di quella condizione".

42. E. Will, *op. cit.*, p. 103, situe la période vers la fin du VIIIé siècle.

43. A Rome, les fêtes séculaires, essentiellement des cérémonies de fécondité, avaient été instituées à la suite d'une épidémie infantile qui avait frappé les enfants de Valesius. Dans les écrits relatifs à l'instauration de ces jeux que *Valère Maxime* II, 4, 5 et *Zosime* II, 1, 3 ont laissés, l'eau et le feu tiennent un rôle important dans la thérapie des petits malades. Se reporter à M. Renard, *Latomus* 13 (1954), p. 388; M. Delcourt, *Stérilités mystérieuses et naissances maléfiques*, 1938, p. 74-75.

44. Les rapprochements proposés s'inscrivent dans la perspective de la problématique que M. Delcourt avait développée dans son ouvrage, *Stérilités mystérieuses et naissances maléfiques*, cité n.43.

45. "ils (les préposés) les déposeront en un lieu secret et caché" dit le texte de Platon.

Guérisseur de l'enfant qui lui est confié, le centaure Chiron prend le relais de la mère, ou de la nourrice. La vie en forêt et le régime carnassier (composé de moëlle et d'intestins d'animaux sauvages) imposé au petit pensionnaire avaient de quoi le revigorer! (On verra, à ce propos, l'article de J. D. Beazley, *in BABesch* 14 (1939), p. 6). D'ailleurs, outre ses compétences cynégétiques, Chiron était connu pour guérir avec les plantes et pour lire les signes célestes (R. Triomphe, *op. cit.*, p. 25 et n. 18). Il est intéressant de rappeler qu'un mythe italique de palingénésie, diffusé autour de Préneste, allait jusqu'à faire d'un centaure, nommé Maris, le bénéficiaire de renaissances successives (voir le texte d'Elien, cité dans les *St Etr.* 102, *cf.* n. 100), portant à la symbiose la relation entre immortalisation et séjour chez le centaure.

46. *Théetète*, 161, a.

47. Paus. VIII 42, 5. 7.

48. Vers 352 :

"la race débile des hommes". Sur les liaisons entre fécondité, mort et prospérité agraire: D. Saintillan, "Fécondité, mort et mariage", *Mort et fécondité dans les mythologies*, 1986, p. 56-57 et p. 63. Double, Déméter, *hôrêphoros* (productrice des fruits) *aglaodôros* (aux dons splendides) (*Hymne homérique*, v. 54; v. 192) est ailleurs dénommée *Erinys* ou *Adèphaia*.

49. Scholie à Pindare : **(T 48)**. Il s'agit de quatorze enfants, rappelons-le, selon la scholie de Parméniscos, **(T 49)**, et non deux ou trois, comme le veut la tradition théâtrale.

50. **(T 48)**. Cette variante introduit une composante érotique. C'est, en effet, parce que Médée a résisté aux avances de Zeus que Héra, reconnais-

sante, lui a promis - trompeusement semble-t-il - d'immortaliser ses enfants.

51. E. Will, *Korinthiaka*, p. 91.

52. Philost., *her.*, 24; E. Will, *ibidem*, p. 100-101, note 2.

53. Callimaque, *Hymne à Déméter* VI, v. 129-134 :

"celles qui ont le corps alourdi, celles qui tendent leurs bras vers l'Ilithyie ou que tient quelque mal, celles là ... Dô leur donnera tous bien en abondance et qu'un jour elles puissent aller jusqu'à son temple".

54. *La cuisine du sacrifice*, p. 61 et p. 64; G. Jung, *Les Métamorphoses de l'âme*, p. 568 et n. 60. Les Anciens ont volontiers parlé de la semence du feu, associant le grain et la flamme.

55. Le feu en tant que source calorigène est perçu comme virilisant et sexualisé. Les relations entre chaleur et virilité ont été notamment établies par Empédocle (*De la Nature*, 67) qui estime que :

"dans la partie la plus chaude du corps se forment les enfants mâles".

Le passage de l'enfant chétif par la flamme, tel qu'il a été relaté dans le mythe, devrait lui conférer la force. Voir, *Les penseurs grecs avant Socrate*, 1964, p. 128; p. 83.

56. M. Delcourt, *Les grands sanctuaires de la Grèce*, 1947, p. 118.

57. Ch. Picard, "Les bûchers d'Eleusis", *RHR* 107 (1932), p. 137-154; W. Burkert, *Homo Necans*, 1973, p. 309-310.

58. Paus. I, 11.

59. C.M. Edsma, *Ignis divinus*, 1949, évoque la substitution de Démophon au profit de Triptolème. D'autres légendes témoignent du même processus : ainsi, à Patras, Anthéia, le jeune fils d'Eumélos, mourut pour lui faire place nette (G. Piccaluga, *in Le sacrifice dans l'Antiquité*, 1981, p. 259).

60. E.Will, *Korinthiaka*, p. 173. Voir, chap. II, n. 7; 33, les connexions entre Thétis et Médée.

61. *Hymne homérique à Déméter*, v. 491 :

"Vous qui possédez la terre odorante d'Eleusis, et Paros ceint par les flots, et la rocheuse Antrôn".

Dans l'article que O. Kern, *RE* 4 (1901), *s.v. Demeter*, col. 2715, a consacré à la déesse, il est question des relations qui unissent Eleusis à la Thessalie.

62. La lapidation intervient également dans le mythe delphique de Deucalion, voir p. 163. Sur ce thème, A. Borghini, "Dietro le spalle. Sul significato del lancio delle pietre nel mito di Deucalion e Pirra". *Mat Testi Cl.* 10-11 (1983), p. 319-325.

63. Philostrate, *Vie d'Apollonios de Tyane* IV, 10.

64. M. Delcourt, *Pyrrhos, Pyrrha*, p. 31, B. Sergent, *L'homosexualité dans la mythologie grecque*, p. 151, considèrent Néoptolème comme un doublet d'Achille.

65. "ôs kai Sophoklès dia toû Philoktètou en tô pûr su".

66. M. Delcourt, *ibidem*, p. 31-36.

67. *Pyrissos* chez Agamestor, scholie à Lyc., *Al.*, v. 178. Citée par le seul Hésychius, *s. v.*, l'épiclèse *Pyrrhaiê* a été vraisemblablement construite à partir d'un toponyme thessalien (la ville de Pyrrha : *RE* s. v. Pyrrha, col. 81). Toutefois, phoniquement, elle évoque le terme *pyrrkaiê*, (incendiaire ou boute feu); une désignation qui conviendrait aux pratiques de la déesse. Déformation de ce mot? référence toponymique? Quoiqu'il en soit, élaborée à partir du radical *pyrrhos/a*, cette dénomination sent fort le roussi et le feu.

68. *Supra*, p. 13.

69. Parmi celles-ci, il convient de citer les relations familiales qui unissent Pyrrha à Prométhée, dont elle a épousé le fils. Le fils de Protogénie, lui, est appelé Aithalion (Hygin, *Fab.* 153) ou, plus couramment, Aethlios (Apollod. I, 7. 2, 5; Paus. V, 1, 3; Conon, *Narr.* 14). Aithalion est le nom d'un des pirates tyrrhéniens qui pourchassent Dionysos (Ovide, *Mét.* III, v. 647; Hygin, *Fab.* 134).

70. Sur ces épiclèses dionysiaques, H. Jeanmaire, *Dionysos*, p. 336; W. Burckert, *Homo Necans*, p. 217 et n.28.

71. L'anthropogonie orphique est évoquée par M. Detienne, *Dionysos mis à mort*, p. 168; J. Rudhardt, *Le rôle d'Eros et d'Aphrodite dans les cosmogonies grecques*, 1986, p. 18; C. Ramnoux, *La nuit et les enfants de la nuit*, 1986, p. 205; 223.

72. J. Frazer, *Balder le Magnifique* II, 1934, p. 83-244, traite de la question de l'âme extérieure. P. Ellinger, *La part du feu, Recherches sur les "situations extrêmes" dans la mythologie d'Artémis et la pensée religieuse grecque*. Thèse d'Etat, à paraître, citée par M. Detienne, *L'écriture d'Orphée*, 1989, p. 201, n.24 et *ibidem*, p. 75.

73. *Od.* XIX, v. 392-466.

74. E. Bethe, *RhMus* 74, p. 7.

75. Sch. à Pindare, *N.* X, 12.G. Piccaluga, *Le sacrifice dans l'Antiquité*, p. 270-272.

76. Les rajeunissements parallèles d'Aeson, de Jason et de Pélias, mentionnés au chapitre précédent.

77. Ant. Liberalis, *Mét.* II.

78. Vers 239.

79. Phrynicos et Euripide, voir la note 79.

80. Méléagre : références littéraires. *Il.* IX, v. 542 sq.; Bacchylides, *Ep.* V, 93; Eschyle, *Choéph.*, v. 602; Phrynicos, fr. 6 *in Nauck* (Paus. X, 31, 4); Sophocle, fr. 219 *Nauck*; Euripide, fr. 525 *Nauck*; Ovide, *met.* VIII, v. 477-515; Diod. IV, 34; Hygin, *Fab.* 171, 174, 239, 249; Apollod. I, 8, 2; Ant. Liberalis, *Mét.* II; pour l'aspect érotico-cynégétique du mythe : E. Simon, *Meleager*

und Atalanta, 1970. Sur le site de Calydon : F. Poulsen, *Das Laphryon,* 1948, p. 343.

81. Eustathe, scholie à *Il.* XVIII, v. 64.

82. On verra également l'histoire de Mélicerte, p. 188, à l'issue de laquelle, comme Thétis **(T42)**, Inô plonge dans les flots marins.

83. *Stat. Ach.* I, 269-271 ; Servius à Virgile, *En.* VI, 57. Iconographie : *LIMC* I, 1981, s. v. Achille, - le bain d'Achille - Illustrations p. 42, 1 a,b,c,d; p. 43, 2, 3, 4.- le bain dans le Styx : *ibidem,* p. 43, n° 10, 11, 12, 16, 18 b.

84. *Supra,* p. 33. Evoquant la résurrection, H. Mathieu, "Résurrection et imortalisation", *Mort et fécondité dans les mythologies,* 1986, p. 45, écrit d'ailleurs : "on peut discerner encore un thème de mort dans la naissance mystérieuse et dans l'enfance cachée de Zeus, d'Héraclès, de Thésée, de Jason".

85. Apoll.Rhod., *Arg.* II, 510.

86. *Il.* IV, v. 219; XI, v. 831.

87. Pindare, *IX P.,* v. 59-66.

88. Ici, p. 57.

89. Voir, n. 38, les noms donnés le plus usuellement aux autres enfants de Médée.

90. Les phases "successives" que connaît la narration des mythes de cryptie permet d'agencer une sorte de chronologie événementielle. C'est, par exemple, en devenant à son tour le fils de Célée que Triptolème, initialement l'un des rois fondateurs d'Eleusis, a supplanté Démophon dans la tradition locale.

91. Apoll. Rhod., IV, v. 828.

92. C. Mainoldi-Marelli, *L'image du loup et du chien,* p. 50. Déjà, chez Homère, Scylla est décrite comme une chienne hybride : *Od.* XII, v. 85-87; 96-97.

93. Relief de Petau: O. Walter, *OJh* 30 (1936-37), p. 59, fig. 14; H. Metzger, *Recherches,* p. 38; W. Burckert, *Homo Necans,* p. 310, n.34.

94. *DA,* 3, 1904, *s. v.* Magie, p. 1515, fig. 4764. Cette peinture, qu'elle relate le bain d'Achille ou une scène de magie, reste intéressante au plan formel. Du moins donne-t-elle une idée du schéma iconographique susceptible d' exprimer la cryptie dans le foyer. Les sarcophages romains qui montrent la mort de Méléagre, c'est à dire l'instant où Althaia jette le tison, permettent aussi d'envisager, à rebours, quel type de composition nécessiterait l'illustration de l'immortalisation dans le feu (C. Robert, *Die antiken Sarkophag Reliefs,* III, 1897, p. 334, n° 226, 267a, 275, 278, 285 b).

95. Photius, *Bibl.* 157 bis.

96. Héraclès : amphore de Munich 611; Achille : *ABV* 63, 6; *ARV* 271, 68; 283, 4; 460, 19 et, *in* J. D. Beazley, *Dev.,* pl. 20; P.V.C. Baur, *Centaurs in Ancient Art,* 1912, p. 103, fig. 25; *JHS* I, p. 138, fig. 4; Aristée : Pindare, *P* . IX, v.

59-85; Asclépios : Pindare, *N.* III. Xénophon, *Cyn.* I, a dressé la liste, incomplète au demeurant, des "élèves" de Chiron (pour lui: Asclépios, Actéon, Hippolyte, Thésée, Castor et Pollux, Pélée et Achille).

97. *Il.* XI, v. 882. Selon une tradition conforme à celle d'Homère (sch. à *Il.* XVIII, 438), Thétis aurait elle-même conduit Achille au centaure. Pourtant rare, le thème a été repris par Ronsard dans *L'Institution pour l'adolescence du Roi*, de 1562, v. 5-11 :

"Pour ce on dit que Thétis, la femme de Pélée,
Après avoir la peau de son enfant brûlée
Pour le rendre immortel, le prit en son giron
Et de nuit l'emporta dans l'antre de Chiron"...

On se reportera encore à l'article de J. D. Beazley, "Two swords, two shields", *BABesch* 14 (1939), p. 6 et n.11 qui donne des références à l'iconographie d'Achille, tenu dans les bras de son père.

98. Coupe de Berlin F 4220 , *ARV* 61, 76, in A. Bruhn, *Oltos*, 1943, fig. 24: Thétis accompagne Achille auprès du centaure. Elaborée dès l'époque archaïque, la scène figurait sur le coffre de Cypsélos. Sur les reliefs et terres-cuites d'époque romaine: *LIMC* III, 1986, *s. v.* Chiron, p. 241, n° 61, 62, 63.

99. *Cf.* n. 83. Selon un motif également repris dans les mythes européens (on songe évidemment au bain de Siegfried), ces immersions étaient principalement destinées à conférer l'invulnérabilité au guerrier. C'est à dessein que nous avons délaissé dans cette rubrique iconographique, consacrée à la cryptie, le schème de l'infanticide. Il ne correspond pas aux facettes de la Médée, magicienne et agraire, sur laquelle nous avons enquêté. Sur le meurtre des enfants et son iconographie: E. Simon, *loc. cit.*, *Gymnasium* 61,(1954), p. 203; P. Ghiron-Bistagne, Cahiers du *GITA* 2, p. 132-134; p. 139; J. M. Croisille, Poésie et Art figuré de Néron aux Flaviens, *Recherches sur l'iconographie et la correspondance des arts à l'époque impériale, Latomus* 179 (1982), chap. I.

100. Ciste de Berlin, inv. 6239 (330 *ca*). G. Dumézil, *Le festin d'immortalité*, p.143-145, a rattaché ce monument au cycle ambrosien; M. Delcourt, *Pyrrhos et Pyrrha*, p. 72; G. Bordenache Battaglia, *Corpus delle ciste Prenestine* I, p. 50; E. Simon, "Il dio Marte nell'Italia centrale", *St Etr* 96 (1978), p. 135-147; pl. 39; G. Hermansen, "Mares, Maris, Mars, and the Archaïc Gods", *St Etr* 102 (1984), p. 147-164; pl. 38. Pour le miroir étrusque de Todi, mentionné, *infra*, montrant Héraclès au-dessus d'un feu : *Archaelogy* 34 (1981), p. 54. Les exemplaires représentant le bain de plusieurs nouveaux-nés (*infra*, p. 194) sont reproduits dans les articles de E. Simon et de G. Hermansen.

101. Dans la sphère italique, l'eau prégnante des mêmes principes vitaux, a été associée ou substituée au feu dans les rites d'immortalisation et de régénération (voir le bain d'Achille). On a constaté que le feu, l'eau et le

soufre avaient servi dans le triple rite catharchique qui précédait l'exsanguination d'Aeson (Ovide, *met.* VII, v. 261). Sur un miroir étrusque, provenant de Todi, on voit, assis de la même manière, Herclé, au-dessus d'un récipient devant lequel s'élèvent des flammes. On peut songer à rattacher l'image aux scènes d'immortalisation par le feu et, comme il s'agit d'Héraclès, envisager l'hypothèse de contaminations à partir du voyage dans la cuve d'Hélios : le bassin métallique ayant pu suggérer, par référence aux scènes de coction, l'adjonction du feu (voir l'immortalisation d'Héraclès adulte par l'allaitement, p.194).

CHAPITRE IV

À la table des hommes : vengeance et tecnophagie

Les mythes cannibales, regroupés dans cette rubrique, sont axés sur un thème central : la tecnophagie involontaire. Le père, abusé, mange dans tous les cas la chair de son enfant. Les différents récits se laissent néanmoins classer en deux sous-catégories, selon que la préparation de l'horrible repas a été l'affaire des hommes **(I)** ou le fait des femmes **(II)**.

(I). L'ONCLE SACRIFICATEUR : l'*oikeia bora*, *"LA PÂTURE" DE THYESTE.*

"Je dépasse tout le monde et mon front superbe atteint les hauteurs du ciel. C'est maintenant que je possède les honneurs royaux et le trône de mon père. Je puis congédier les dieux".

Sénèque, *Thyeste*, v. 885.

LES CIRCONSTANCES DU FESTIN

Tandis que l'immortalisation par le feu ramenait au rituel (Eleusis, Corinthe), le festin de Thyeste porte le mythe aux confins de l'histoire. Ce banquet s'inscrit, en effet, dans le contexte d'une affaire dynastique qui mit aux prises Atrée et Thyeste, les fils de Pélops.

L'origine de leurs dissensions remonterait — dit-on — à la malédiction proférée contre eux par Pélops, après qu'ils eurent assassiné, avec la complicité de leur mère, leur demi-frère Chrysippe[1]. Ce meurtre qui, d'emblée, prélude à l'action paraît être un fait récurrent dans les généalogies des premières lignées royales. L'antagonisme qui oppose deux frères légitimes à un demi-frère revient aussi dans les cycles thessaliens de Nélée-Pélias et de Télamon-Pélée, dans lesquels l'enfant du second lit (Aeson; Phocos) est éliminé[2].

Maudits, les fils criminels ont été chassés d'Elide et envoyés à Mycènes, chez le beau-frère de Pélops, Sthénélos. Cet exil, conforme aux usages d'un itinéraire initiatique bien connu, doit être interprété comme une période de fostérage chez un tuteur, le plus souvent chez un allié matrimonial du père[3]. Lorsque meurt Eurysthée, l'héritier de Sthénélos privé de descendance, l'Assemblée des Mycéniens décide, après avoir consulté l'oracle, de donner le trône à l'un des Pélopides. Dès cet instant, la rivalité pour le pouvoir, divisant les frères, nourrit une haine qui mènera au paroxysme du festin cannibale. Cet *agôn* a été mentionné avec insistance dans les témoignages littéraires, cela dès l'épopée[4]. Curieusement il a été cristallisé sur la toison emblématique d'un bélier d'or[5]. Tout comme la possession du trépied assure à Apollon la suprématie sur le sanctuaire delphique, la propriété de la toison confère, ici, la royauté. Selon un thème banal du folklore, l'acquisition d'un objet inestimable (une pièce d'orfèvrerie à Delphes; une fourrure merveilleuse à Mycènes) conditionne la prise de pouvoir sur une contrée. On a déjà dit, au sujet de Pélias, que ce motif ressortissait aux mythes d'investiture royale[6].

Donnant suite à la décision de l'Assemblée, Thyeste propose que soit désigné celui d'entre eux qui détient la dépouille merveilleuse.

En formulant cette condition il ruse puisque, avec la complicité d'Aéropé, l'épouse adultère de son frère, il a dérobé le trophée qu'Atrée avait auparavant prélevé sur un agneau de ses troupeaux et caché dans un coffre[7] :

> "en secret, pour sa couche, il a séduit l'épouse d'Atrée".

L' adultère est plus clairement évoqué par Sénèque, à la fin du *Thyeste*, v. 1105, Atrée n'hésitant pas, en effet, à accuser son frère d'avoir renoncé à assassiner ses neveux, par crainte de tuer ses propres enfants.

S'étant donc frauduleusement rendu maître de la dépouille, Thyeste, en proie à une vive agitation mais assuré de monter sur le trône, court aussitôt avertir l'Assemblée :

> "Il emporte le prodige dans le palais. Revenu à l'Assemblée, il crie qu'il détient, chez lui, l'agneau cornu à la toison d'or "
>
> (Euripide, *El.*, v. 725-726) .

Le mythe réunit donc trois schèmes qui s'enchaînent :

1) la question dynastique
2) le vol de la toison d'or
3) l'adultère

Dans la logique des faits, chaque motif fournit le moyen d'accéder à celui qui précède, selon un cheminement inversé, de 3) vers 1): l'adultère rend possible le vol du trophée et ce larcin permet l'accession au trône. L'existence du talisman (la toison), l'extermination du vieux roi (l'usurpateur) par le prétendant légitime, favorisé grâce à la trahison d'une femme (Médée pour Jason/ Pélias; Aéropé pour Thyeste/ Atrée) reproduisent des thèmes folkloriques typiques des légendes d'ordalie royale.

La toison d'or, enjeu du pouvoir entre des frères ou des demi-frères, intervient dans d'autres contextes mythiques. Pélias qui, on s'en souvient, a évincé Aeson, son demi-frère, a envoyé Jason la conquérir en Colchide pour éviter d'être détrôné à son tour. A Iôlcos, la conquête, prétexte à éloigner le neveu, apparaît à la fois comme la conséquence et comme la garantie de l'usurpation. Inversement dans le récit péloponnésien, le vol de la dépouille qui répond de façon antithétique à l'exploit héroïque de Jason devient un mode d'accession illégal à la royauté. Hormis cette opposition, les deux légendes ont pour cadre un conflit dynastique analogue. Comme le sera le châtiment infligé à l'usurpateur — le passage dans le chaudron — le punissant directement (Pélias), soit indirectement à travers sa descendance (Thyeste)[8].

L'aventure des Atrides introduit néanmoins un paramètre sexuel, l'adultère, inexistant dans la relation Pélias/Aeson. On ne doit point s'en étonner puisque la transgression des lois régissant le mariage constitue l'une des données fondamentales des récits agencés autour du repas tecnophagique (II)[9]. L'adjonction, outre les rebondissements dramatiques qu'elle permettait au théâtre, conforme le récit à la dramaturgie spécifique à cette catégorie, toujours liée à des conflits domestiques.

Ces mythes de souveraineté, localisés en Thessalie (Pélias) et en Argolide (Pélopides), transposent les règles et les aléas de la succession royale, en un temps où elles n'avaient pas encore été instituées et où la famille demeurait marquée par la matrilinéarité[10]. Les crises relatées surgissent en cas de mariages successifs ou de filiation adultérine[11]. Et les relations conflictuelles opposent oncle à neveu, frère(s) à demi-frère. Deux modes de succession contradictoires se superposent, en fait, à Mycènes. L'héritage de type matrilinéaire, par les oncles, occulte l'élection du souverain, initialement décrétée par l'Assemblée; en sorte que la légende semble se faire l'écho de pratiques historiques remontant peut-être à des époques distinctes.

La possession de la toison ne résout pas pour autant la question de la succession. Deux événements majeurs viennent se greffer sur cette péripétie qui, en fonction de la situation qu'on leur assigne, pourraient paraître équivalents. Il s'agit du bouleversement cosmique, provoqué par Zeus, et du festin cannibale.

LE PRODIGE COSMIQUE

Corpus des textes (T 72) à (T 85).

Sitôt Thyeste installé sur le trône, le Cronide se manifeste, accomplissant des prodiges célestes qui, selon les différents témoignages littéraires, prennent place soit avant, soit après le banquet tecnophagique. Ces phénomènes, semblables à une re-création du monde, ont pour effet d'inverser la révolution solaire, de modifier sept fois le trajet des Pléiades et de plonger, en plein jour, la contrée dans la nuit. Mais ils s'accompagnent encore de mutations climatiques qui, du Pôle à l'Egypte, affectent la planète. Epouvanté par les tremblements du sol qui annoncent le recul du jour, le choeur du *Thyeste* de Sénèque, v. 875, songe même à la fin des temps.

On ne peut appréhender l' événement sans tenir compte de son emplacement dans la chronologie du récit. Le situer dans l'action dramatique revient à en déterminer la portée.

— 1ère version : l'antériorité du prodige astral. **(T74; 75; 78; 79).**

Immédiatement après la désignation illégale de Thyeste, Zeus, «pour satisfaire à la justice des mortels», remet en cause la légitimité du nouveau souverain. Soucieux d'affirmer sa réprobation et de mettre Atrée sur le trône, il décide de modifier le cours des planètes :

> «C'est alors, oui, alors, que Zeus changea la route lumineuse des astres, du soleil brillant et de l'Aurore au front radieux»
>
> (Euripide, *El.* v. 726).

Dans la variante qu'imagina Apollodore, l'Olympien a dépêché, auparavant, Hermès auprès d'Atrée, lui promettant qu'il serait roi «si le soleil inversait sa course». Et Platon de préciser que, pour témoigner en faveur d'Atrée, le dieu renversa le cours des astres et «introduisit l'ordre actuel».

Ce n'est donc qu'après le formidable cataclysme lui ayant permis de reprendre le pouvoir qu'Atrée ourdit le festin cannibale qui, à travers ses enfants, frappe son frère. Mais on éprouve certaines difficultés à raccorder, selon cette tradition, le sinistre repas au noyau du mythe. Placé après l'intervention divine qui rétablit Atrée dans son bon droit, le schème n'a plus guère de fondement et peut sembler superfétatoire. Atrée n'hésiterait pas, assouvissant personnellement sa vengeance, à faire justice alors qu'un dieu s'y est déjà employé? Le pléonasme tient au télescopage de deux moments distincts, empruntés l'un (le banquet du père) aux récits de tecnophagie, l'autre (le cataclysme) aux grands mythes cannibales sis à la table des dieux[12]. Tableaux n°7 et n°IV.

— 2ème version : l'antériorité du festin. (T66;73;77;82; 84; 85).

Le repas contre nature est l'élément cardinal de cette variante. Sitôt la toison dérobée, Atrée se voyant écarté du pouvoir, organise l'horrible banquet qui ne nous retient, pour l'instant, qu'en raison de son emplacement dans l'enchaînement du récit.

C'est à l'issue du crime cannibale commis contre les fils de Thyeste que Zeus manifeste alors sa colère. (Seul Ovide la relie à l'adultère). Le bouleversement cosmique punit Atrée et, par-delà, la race humaine. Les différents récits disent comment, «devant le crime ... le soleil inversa sa course» ou «fut détourné».

Situer le courroux divin après le festin, revient à en déplacer l'objet :

1) *a priori*, pourvue d'un caractère ordalique, l'intervention de Zeus viserait à détrôner Thyeste, l'usurpateur.

2) *a posteriori*, elle vient sanctionner l'acte odieux qu'a commis Atrée.

Placée avant le festin, l'intervention de Zeus prend un caractère juridique, garantissant la légitimité d'Atrée; repoussée ensuite, elle acquiert une valeur morale, puisqu'elle châtie — individuellement, puis collectivement — un infanticide accompagné d'anthropophagie.

Ce sont les tragiques, Euripide en particulier, qui, avec insistance, ont situé le prodige avant le banquet. C'est assurément parce que cette variante faisait violence à la tradition qu'Electre souligne par le τότε δὴ τότε l'instant où il convient d'insérer l'épisode :

«C'est alors, oui, alors, que Zeus...», v. 726 .

L'importance ordalique ainsi conférée au jugement divin répond à des exigences théâtrales. Conformément à l'éthique tragique, l'homme qui s'est rendu coupable d'*hubris* (Thyeste, en l'occurence, usurpant le trône) se voit châtier par Zeus ou par le destin. Consécutif à la colère divine, le festin cannibale se trouve relégué au second plan ... Simplement destiné à effacer la souillure de l'adultère, consommé par Thyeste et Aéropé, il ressortit à la passion humaine que la tragédie dépeint avec prédilection. Mais les dérèglements du coeur appartiennent aussi à la structure mythique (II). Ils resteront l'une des causes majeures du cannibalisme dans les récits qui composent la seconde série, lorsque la cuisine devient l'affaire des femmes.

— 3ème version : Sénèque.

Dans le drame de Sénèque, les prodiges tiennent une troisième place. Prémonitoires, ils annoncent le châtiment divin, à l'instant même où Atrée, toutefois impavide, porte la main sur les enfants de son frère. Parce que le crime "répugne aux dieux" (*Thyeste*, v. 1035), le cataclysme, dissuasif, advient dès l'accomplissement du forfait et ne le sanctionne pas *in fine*[13].

Il serait plus satisfaisant de tenir la seconde variante, situant le cataclysme à l'issue du festin, pour un état plus ancien du mythe[14]. D'autant que les auteurs, certes tardifs, qui la relatent se réclament davantage de la mythopée que du genre théâtral. Les pouvoirs destructeurs prêtés à Zeus et l'ampleur cosmique de la répression atteignent à la démesure des événements caractéristiques des récits primordiaux. Disproportionné s'il s'agissait de condamner une usurpation, le châtiment ressortit, en revanche, à la pénalité usuelle en matière d'anthropophagie mythique. Toujours, le mythe sanctionne par des prodiges cosmiques, le cannibalisme : selon la tradition orphique, Zeus, également horrifié par le repas théophagique, anéantit ainsi les Titans. Dans les *Dionysiaques*, v. 209-227, le déluge lave les ruines et les plaies laissées par le feu; Zeus, «de ses traits incandescents», ayant auparavant calciné la terre afin de venger le meurtre de Dionysos-Zagreus. Pour châtier Lycaon, qu'il foudroie finalement, il envisage tout d'abord de «consommer sous les eaux la perte du genre humain» et, de tous les points du ciel, fait crever les nuages (Ovide, *met*. I).

Dans le récit du festin de Thyeste — qui transpose, on le vérifiera, certaines données du mythe de Pélops — le cataclysme cosmique reproduit, en l'atténuant, le motif du déluge purificateur, caractéristique des légendes cannibales de type Tantale-Lycaon. Dans l'*Electre*, v. 737-739, d'ailleurs, Euripide ne peut s'interdire d'assimiler les phénomènes astraux, consécutifs au crime du Pélopide, à un châtiment universel. Le choeur soulève même un problème d'ordre moral, mettant en doute la réalité de ces événements prodigieux, parce que la faute d'un seul mortel (Atrée) rejaillirait sur l'humanité toute entière[15]. L'exemplarité et l'universalité de la sanction, propres aux récits des commencements, a frappé les penseurs de l'époque classique, rompus à la sophistique.

Grever la collectivité d'une faute individuelle relevait certes, au moment où sur la scène les Euménides conciliées absolvaient Oreste, de conceptions morales parfaitement obsolètes. Perçu avec l'oeil analytique du scientifique, ce sont encore ces prodiges qui, l'intriguant, durent inciter Platon à formuler, dans *le Politique*, la théorie des tropes. Selon cette conception, les inversions cycliques de l'univers, rejoignant à la fois l'action punitive de Zeus et les phantasmes du mythe médéen, déclenchent, par le mouvement rétrograde, la régénération des êtres vivants[16].

Chez Ovide, *met.* I, v. 245, Zeus avait, pour punir Lycaon, initialement songé à brûler la surface du globe mais y avait renoncé, craignant de «voir l'éther sacré s'embraser d'un pôle à l'autre».

L'ampleur d'une telle crémation évoque précisément les effets de l'aridité qui, dans la description qu'Euripide donne du prodige consécutif au repas de Thyeste, déssèche la terre :

> «C'est vers l'Occident que s'avance la voûte céleste et sa flamme ardente allumée par un dieu; les nuées humides s'en vont vers Arctos; désséchés, les séjours d'Ammon se consument sans connaître la rosée, privés des pluies bienfaisantes de Zeus» (*El.*, v. 720-736)

Le dramaturge introduit le feu, là où les mythographes décrivent l'eau. Les atermoiements même de Zeus, lorsqu'il décide du châtiment de Lycaon (Ovide), confirment la synonymie des éléments contraires, liquide et igné, déjà pressentie dans la série précédente, à travers l'équivalence du chaudron et de la flamme (ébullition / rôtissage).

Eludée dans le récit du démembrement de Pélops, mais attestée dans celui de Nyctimos et de Dionysos, la punition universelle appartient, avec le schème de la table renversée, à la catégorie des grands mythes de cannibalisme qui associent, dans un même repas, les hommes et les dieux. Cet élément a été inséré dans le festin de Thyeste. Car, bien qu'il se soit déroulé au plan strictement humain, ce récit a été contaminé par la légende paternelle, celle de la dévoration de Pélops. Deux banquets cannibales se succèdent, en effet, répartis sur les trois générations de Tantalides (*cf.* tableau généalogique III) : d'abord un *éranos*, en présence des Olympiens (Tantale-Pélops); ensuite le festin trompeur qu'Atrée organise pour se venger de son frère. Selon un processus de dédoublement, l'action est réitérée par la génération qui suit celle du modèle archétype[17].

On dira, pour se résumer, que la légende de Thyeste associe deux types d'événements : la rivalité dynastique entre deux frères, à laquelle est liée la conquête ou la possession de la toison d'or, et le festin cannibale. Cependant, pour ce qui concerne ce repas, elle confond encore deux variantes : le repas tecophagique avec consommation des chairs de l'enfant, toujours développé autour de l'adultère (II) et le banquet cannibale, offert aux dieux, auquel ressortit l'intervention cosmique de Zeus[18]. Le fait que l'oncle assassine ses neveux distingue l'épisode mycénien des autres repas tecnophagiques, toujours accomodés par des femmes[19]. Située à la table des hommes, la pâture de Thyeste fait exception à plus d'un titre. Ces particularités montrent que le récit a été calqué sur le festin qui s'était déroulé à la génération précédente et au cours duquel Tantale avait cuit les chairs de son fils, Pélops. Du grand père aux petits fils (Tantale / Atrée - Thyeste / enfants de Thyeste), le mythe, originellement de portée anthropogonique, s'est toutefois appauvri et mû en un récit étiologique, présidant à l'instauration de la dynastie mycénienne.

LE FESTIN TECNOPHAGE

C'est dans ce contexte confus de rivalité dynastique, d'adultère et de vol, que survient, après l'avènement de Thyeste, le repas cannibale. Il débute comme une fête[20]. Car, c'est en gage d'hospitalité qu'Atrée a convié son frère à un "joyeux repas" sacrificiel ("Atrée ... fit semblant de célébrer un jour de fête"). Tout a été soigneusement préparé et «Il ne manque rien, ni l'encens, ni la liqueur consacrée à Bacchus». Thyeste ignore évidemment que ce sacrifice se déroulera hors les règles et que ses fils en seront les victimes[21].

La tradition a gardé le nom des enfants dévorés, nommés Tantale et Plisthène (Hygin, Sénèque; au nombre de trois, ils portent des noms différents chez le seul Apollodore)[22]. Il est notable que l'onomastique se soit prêtée à des jeux subtils et à des itérations qui, dans l'histoire, ne sont pas dénuées de sens. Certains noms se sont transmis d'une génération à l'autre, tout comme se sont enchaînés les crimes des Tantalides. A celui, éclairant, de Thyeste qui signifie "l'homme des sacrifices", répond celui qui désigne l'une des victimes : Tantale. Sénèque a su tirer parti de l'évocation (v. 719), en précisant que dans le sacrifice «la première offrande (ce Tantale) est dédiée à l'aïeul», Tantale, le grand père de Thyeste. "Tantale est la première victime", en sorte que l'ancêtre qui avait démembré Pélops se trouve, à la troisième génération et par le biais de l'onomastique, dévoré à son tour . Eschyle avait sacrifié au même type de finesses, suggérant, à rebours, le crime d'Atrée dans la narration du meurtre d' Agamemnon, son fils. Usant de la langue métaphorique du banquet, Clytemnestre désigne la mort de Cassandre comme le condiment des délices dont le cadavre d'Agamemnon constituera le plat de résistance[23]. Et les visions prophétiques de Cassandre, mêlant passé et futur, intriquent les images des deux meurtres, l'accompli, celui des enfants de Thyeste, et le pressenti, celui d'Agamemnon.

Le nom d'un troisième enfant qui, chez Sénèque, aurait été immolé avec ses deux frères n'est, en revanche pas connu (*Thy.*, v. 739; 1023). Il semblerait que Thyeste ait eu une descendance nombreuse, puisqu'on apprend par Eschyle qu'Egisthe, nouveau-né à l'époque du banquet, était son treizième enfant[24]. Les victimes, du fait de ce repérage, ne sauraient être des enfants en bas-âge. Contrairement à la cryptie et au festin cannibale avec les dieux qui se perpètrent sur des nourrissons, le repas tecnophagique affecte apparemment une autre catégorie d'âge. Les enfants dévorés à la table des hommes sont de jeunes adolescents. Hérodote fournit, à ce propos, une information très précieuse pour la connaissance du mythe. Dans le récit des enfances de Cyrus, il indique que le fils d'Harpage est, au moment de son immolation, entré dans sa treizième année. Cette estimation recoupe celle que propose Ovide, lorsqu'il relate le crime commis par Procné sur la personne de son fils[25]. Itys, suggère lui-même à sa mère l'atroce vengeance qui lui coûtera la vie. Capable, non seulement de raisonner, mais de concevoir une telle machination, il doit avoir atteint l'adolescence. C'est d'ailleurs sous les traits d'un enfant de treize ans, environ, que les peintres le représentent (**Pl. V, 1, a, b**).

Atrée égorge ses neveux, respectant les modalités du sacrifice sanglant. Et l'impiété dont il se rend coupable, par cette parodie, ajoute à l'horreur de ce crime domestique. Sénèque qui dépeint les préparatifs, (v. 683-691), précise qu' «aucune partie du sacrifice n'est omise» et que «la cérémonie est observée afin que le forfait se fasse selon les rites». Le rituel pourtant se pervertit d'emblée. Deux formidables néologismes ont suffi à Eschyle pour en dénoncer l'horreur : *androsphagéion* et *pedorranthérion* ; le palais, devenu un égorgeoir humain, a été éclaboussé de sang au lieu d'eau lustrale. Les chairs des enfants, aussitôt dépecées, ont été préparées, moitié rôties et moitié bouillies. Dans la description particulièrement saisissante qu'il a donnée du meurtre, Eschyle insiste sur le rôtissage qui constitue effectivement la phase essentielle du sacrifice nomal[26]. Seuls les viscères, qui constituent les parties vitales du corps, sont ainsi passés à la flamme. Ces organes ont été servis tout d'abord. Dans la vision horrifique qui la hante soudain, Cassandre évoque les enfants de Thyeste qui pleurent et qui tiennent dans leurs mains :

> «leurs viscères, lamentable fardeau qu'un père a goûtés».

Atrée y a mêlé les intestins, ajoutant encore à l'abomination de la pâture. Le reste des chairs a ensuite été plongé dans l'eau bouillante; le meurtrier usant de la broche aussi bien que de la marmite. Ces préparatifs culinaires, occultés par Euripide qui, dans *Electre,* dans *Oreste* et dans *Iphigénie en Tauride,* fait seulement allusion au "lamentable" repas, ont été dépeints avec force, voire avec complaisance par Eschyle[27]. Seul Sénèque atteindra à la même violence. L' auteur romain détaillera, d'une manière particulièrement cruelle, jusqu'à l'instant où l'opérateur «brise pêle-mêle les pieds et les bouts des doigts des mains», pour que rien ne distingue les morceaux d'une viande ordinaire.

Afin de révéler la nature du banquet qu'il aura servi à son frère, Atrée a préalablement mis de côté les têtes (les têtes et les bras chez Hygin; "les extrémités" chez Apollodore) des petites victimes. Cassandre dans sa transe médiumnique entrevoit ces têtes coupées, en même temps qu'elle prophétise les meurtres futurs. Cette mise en scène, apparemment macabre, répond encore à un usage rituel. Certaines parties de la victime, désignées comme les *endrata,* étaient conservées et exposées afin de commémorer l'accomplissement du sacrifice[28]. Hermès, par exemple, lorsqu'il inventa le feu et le sacrifice, n'omit pas de garder ces parts[29]. Ironie tragique, la dédicace sert ici à la révélation du crime. Et l'on voit Atrée se réjouir à l'idée de «contempler les couleurs par lesquelles il (Thyeste) va passer à la vue des têtes». Dans le récit d'Hérodote qui réadapte pourtant la séquence à l'histoire perse, l'usage est attesté avec plus de précisions encore. L'on dispose devant Harpage :

> «tout le corps de son fils, sauf la tête, les mains et les pieds; ces pièces étaient à part dans une corbeille, couvertes».

La coutume n'est pas sans rappeler aussi les mutilations, outrageantes et apotropaïques à la fois, du *maschalismos*, pratiquées sur les cadavres qu'on ampute de leurs extrémités[30]. Il convient de s'en souvenir, dans ce contexte où les narrateurs jouent sur la coïncidence des usages sacrificiels et magiques, afin d'ajouter à l'atrocité des meurtres qu'ils décrivent.

Thyeste consomme alors les viandes. Mais il mange seul, soustrait à cette commensalité qu'implique le sacrifice canonique. Ce repas sans partage différencie radicalement l'acte criminel du repas sacrificiel. La manducation solitaire se révèle être un élément focal du mythe tecnophagique, au point que les auteurs anciens jugèrent nécessaire d'en rendre compte. Hérodote explique que, durant le repas organisé par Astyage, on a placé des morceaux de mouton sur chaque table, hormis sur celle d'Harpage à qui l'on sert le corps de son fils. Dans le poème qu'Ovide a consacré à Itys, Procné — tout comme Atrée — recourt à un stratagème pour convaincre Térée de s'asseoir, seul, à la *trapeza* du banquet et allègue :

> «faussement la célébration, suivant un rite de son pays, d'une cérémonie à laquelle seul a le droit de prendre part son époux»[31]

Le convive est, soit berné sur le sens du rituel (Thyeste; Térée), soit abusé dans la répartition des viandes (Harpage) lorsque le repas demeure communautaire. Les sacrifices du Mont Lycée révèleront une troisième manière de tromper les commensaux[32].

A peine Thyeste a-t-il pris conscience de l'acte abominable auquel son frère l'a contraint, qu'il renie le sacrifice. Le rejet s'effectue physiologiquement et symboliquement. Il vomit, puis renverse la table d'un coup de pied. Seul Eschyle qui décrit le père, "vomissant ces chairs de massacre", s'est attaché à ce répugnant détail. Peut-être avait-t-il en mémoire le mythe de Cronos qui, toutefois, réengendre par la régurgitation les enfants qu'il avait avalés. Ovide, lorsqu'il peindra Térée, y aura certainement songé, puisque le père souhaitera, vainement, "rejeter l'effroyable nourriture et les chairs ainsi rendues au jour". On a déjà indiqué que le renversement de la table, un geste indicateur du désordre et de la réprobation qu'il entraîne, intervenait dans l'ensemble des légendes cannibales. Térée, Zeus, ainsi que les participants à certains rituels delphiques, expriment de la même manière leurs réactions négatives[33].

Le festin s'achève comme avait commencé l'aventure des deux frères bannis par Pélops, par une malédiction que Thyeste profère contre les Atrides (*Ag.*, v. 1602). La descendance d'Atrée perpétuera les meurtres, substituant toutefois le parricide et le matricide aux infanticides de leurs aïeux. L. Gernet, dans son étude sur l'*episképtein* a établi une relation de synonymie entre l'imprécation, sentie comme une sanction pré-juridique, et les gestes violents qui d'aventure l'accompagnent, ainsi le renversement de la table[34].

Les repas tecnophagiques finissent, on le constatera dans la suite, par des métamorphoses ou par des châtiments terribles. Cannibales involontaires (II) ou eux-mêmes infanticides (Lycaon, Tantale), les pères expient ainsi leurs fautes. Le mythe péloponnésien ne dit rien, pourtant, de la punition d'Atrée, à moins de considérer le bouleversement cosmique, situé en ce cas après le festin, comme une sanction divine. Dans la trilogie eschyléenne, on a le sentiment qu'elle se répercute sur Agamemnon qui endosse en quelque sorte les crimes de son ascendance. Cet enchaînement fatal des maux, répétés sur plusieurs générations, n'est pas éloigné, par l'esprit, de la conception héréditaire du châtiment telle qu'elle était reproduite dans la littérature oraculaire[35].

(II). ADULTERE, BIGAMIE, VIOL ET TECNOPHAGIE : *LA CUISINE DES FEMMES.*

"Tu es entré dans un lit nouveau, quand tu avais des enfants!"

Euripide, *Médée,* v. 489-491

Corpus des textes (T 92) à (T 116 b).

RESUME :

Le mythe d'ITYS : l'argument.

Il existe deux variantes de la mort d'Itys, l'une attique, l'autre localisée en Asie Mineure. Antérieur à celles-ci, un mythe localisé à Thèbes contait l'histoire d'une autre Aédon.

1) Procné, la fille de Pandion et la soeur d'Eréchthée, s'est unie au roi Térée avec lequel elle s'est installée en Thrace, à Daulis. Désireuse de revoir sa soeur Philomèle, demeurée à Athènes, elle prie un jour son mari de l'y aller quérir. Ou bien, Térée, prétextant la mort de son épouse, se rend auprès de son beau-père afin de lui demander sa seconde fille en mariage. Lors du voyage de retour, le barbare abuse de la jeune fille, puis lui tranche la langue ou la vend comme esclave. La victime parviendra néanmoins à avertir sa soeur de ces violences. Elles décideront alors d' organiser le repas tecnophagique.

2) Ce n'est pas une trahison amoureuse, mais l'émulation dans le travail qui a dressé l'époux contre l'épouse dans la variante orientale. Stimulé par Eris, Polytechnos entend se venger d'Aédon, vainqueur dans le défi qu'ils s'étaient lancé, chacun dans leur art. Aussi, ayant été chercher sa belle-soeur Chélidon, abuse-t-il d'elle sur le chemin du retour. L'épisode s'insère dans la catégorie du repas tecnophagique dès l'instant où, pour assouvir sa vengeance, Polytechnos viole sa belle-soeur; les deux soeurs le châtiant à leur tour, en lui faisant dévorer les chairs de son fils, Itys.

3) Variante thébaine :

Aédon, fille de Pandaréos, a épousé Zéthos. Jalouse des nombreux enfants de sa belle-soeur, Niobé, elle tue par mégarde son fils Itylos, alors qu'elle croyait mettre à mort son neveu Amalée. Elle sera, après le crime, métamorphosée en rossignol. Dans cette structure mythique qui s'apparente aux légendes d'Inô et de Thémisto mais qui nous intéresse en raison de la proximité de l'onomastique qu'elle atteste avec la version orientale (Aédon; Itys / Itylos), le schème du repas tecnophagique fait défaut.

En abordant conjointement les récits qui composent la seconde série de mythes tecnophagiques, on constate qu'ils appartiennent à une époque plus récente que ceux qui narraient le festin de Thyeste.

Pénélope toutefois, dans un passage de l'*Odyssée,* mentionne les faits concernant Itylos (variante 3). Ce témoignage ancien, qui place l'histoire à Mégare, ignore cependant le repas tecnophagique et n'évoque que l'infanticide[36]. Il ne faudrait pas, pour autant, tenir l'introduction du cannibalisme pour tardive.

Citée par les tragiques et développée plus tard par Ovide, Hygin et Pausanias notamment, la légende anthropophage avait été illustrée dès le VIIe siècle av J. C. Peinte dans le style corinthien, l'une des métopes du temple de Thermon, représente Chélidon et Aédon, face à face, encadrant la dépouille du malheureux Itys **(Pl. VII, fig.17)**[37]. La plus ancienne représentation du mythe provient d'un complexe architectural et cultuel, tout comme la première image de Pélias qui était apparue sur la frise de l'*Héraion* du Silaris.

Et Pausanias, confirmant la fortune du thème dans l'art sacré archaïque, mentionnait encore un *xoanon* très ancien de Procné, conservé dans le sanctuaire d'Athéna à Daulis (38).

Infanticide-sanction :

Reproduisant les données factuelles du festin de Thyeste, le père, tecnophage malgré lui, mange les chairs de son fils. Le cannibalisme demeure lié à l'assouvissement d'une vengeance, à la différence près que la rivalité dynastique n'est plus le mobile du drame[39]. Plus que dans n'importe quel autre contexte, on atteint ici à cette part de la mythologie grecque qui «explore un seul et même problème, à savoir la condition de l'homme à travers le mariage et le sacrifice»[40]. C'est la transgression des lois du mariage qui détermine l'action. Aux seuils ambigus de l'alimentaire et du sexuel, c'est l'épouse trahie qui, seule ou avec la complicité de sa soeur, prétexte de l'adultère, fait justice en immolant son fils.

Qu'on ne s'y méprenne point, le crime de Médée sur la personne de ses enfants est motivé par les mêmes pulsions et les mêmes récriminations de femme délaissée[41]. Contradictoire, en raison des strates qui scellent le ciment légendaire de son personnage, Médée, courotrophe dans le temple de Héra, poignarde ses enfants lorsque Jason lui a préféré une autre femme[42]. Et les vers 263-266 de la *Médée* d'Euripide, qui font allusion à la Colchidienne («une femme est d'ordinaire toute craintive... mais voit-elle lésés les droits de sa couche, il n'est point d'âme plus sanguinaire»), s'appliquent à chaque meurtrière de la série. Le rapprochement avec l'héroïne euripidéenne permet de déceler en outre un rapport d'opposition, très signifiant, entre les actes de Procné et de Médée. Le statut de Procné-Térée est inverse de celui du couple Médée-Jason et le scénario fonctionne de manière antithétique pour chacun de ces couples, hybrides et paradigmatiques. La fille du roi d'Athènes, Procné, a épousé un souverain thrace, Térée; Médée, la Colchidienne, s'est unie à Jason, prince thessalien. Trompée, Procné fait justice parce que ses origines royales et attiques l'autorisent, fût-ce par l'infanticide le plus atroce, à sanctionner la faute du barbare.

Il n'est pas exclu que des questions historico-juridiques aient influencé la manière dont l'ancien mythe de Térée a pu être recueilli et relaté : cas limite, Procné incarnerait la loi attique, protégeant le mariage et excluant les bâtards, non athéniens, nés de l'union avec le Thrace[43]. Reléguée aux confins de la grécité, Médée fait inversement figure de monstre lorsque, pour des motifs analogues, elle punit Jason, infidèle, à travers sa descendance.

Alors que dans la catégorie précédente, l'oncle perpétrait le forfait contre ses neveux, les collatéraux sont seulement associés à la cuisine sacrificielle des mères. Les tantes, qu'elles se nomment Philomèle ou Chélidon, se rangent du côté de leur soeur, parce qu'elles ont été prétextes et victimes de la transgression. Par le geste de la mère qui n'hésite pas à faire couler son propre sang, le châtiment infligé au père confine à l'endocannibalisme[44]. Il contrebalance l'endogamie, par laquelle le père a sexuellement consommé "le même", abusant d'une parente directe. La tecnophagie sanctionne donc, par-delà le viol, l'adultère (Thyeste, Térée, Polytechnos) et l'inceste (Clyménos)[45]. C'est pourquoi elle châtie encore la bigamie (Térée), allusivement indiquée par Ovide (v. 524 sq. : «nous voici devenues, moi, la rivale de ma soeur, toi l'époux de deux femmes»), expressément attestée par Apollodore, par Lucien (*De mercede conductis* , 41) et par Hygin; Térée ayant prétexté la mort de Procné pour demander Philomèle à Pandion! En goûtant au corps cuit de son fils incestueux, Clyménos paie «le plus coupable hyménée» (Nonnos). Tout comme Térée et Polytechnos, souillés par le commerce sacrilège qu'ils ont entretenu avec leurs belles-soeurs. Il semble que la notion, moins restrictive dans l'Antiquité qu'aujourd'hui, ait autorisé à assimiler à l'inceste les violences accomplies sur des proches parentes : ainsi sur la personne de la belle-soeur du coupable (Philomèle, Chélidon).

Récit éthique, le mythe se lit comme une sorte de "défense et illustration" des règles matrimoniales. Parce qu' il a souillé un ventre interdit, le père est condamné à ingérer le fruit de sa propre semence, la chair immolée de son fils. La manducation devient synonyme de l'acte incestueux. A Moreau y voit même une litote de la castration, puisque le père se trouve, du même coup, privé de sa descendance[46].

Dans *les Métamorphoses,* Térée, qui a contraint Philomèle à lui céder par la force, va jusqu'à lui trancher la langue afin de s'assurer de son silence. Colorant le forfait du souverain barbare d'une touche de sadisme, le poète rend les détails les plus horrifiques de l'ablation, décrivant la fibrillation du muscle coupé, au fond de la gorge. Et il s'indigne de ce que le Thrace «assouvit ancore sa passion sur ce corps mutilé». La déviation sexuelle ainsi que l'amputation, qui n'apparaissent pas dans la légende de Chélidon mais qui représentent des péripéties conformes à l'esprit du roman grec, peuvent être considérées comme des adjonctions relativement récentes (Apollodore, Ovide, Libanius). D'ailleurs le poète latin réutilisera le motif de l'ablation, vraisemblablement prisé, dans la mésaventure de Lara[47]. On se souvient que, rendue muette, Philomèle parviendra néanmoins, en brodant sur une étoffe le récit de ses infortunes, à avertir sa soeur. Mais deux traditions coexistent, résumées dans le <u>tableau n° 6</u>; lorsque Philomèle ne subit pas l'amputation, elle est réduite en esclavage et envoyée au loin.

Infanticide et folie :

L'acte justicier, exécuté par la mère, ou par la mère et la tante de l'enfant immolé, prend la forme d'un forfait réprouvé, l'infanticide. Considéré comme une manifestation de la démence, il a été notamment condamné dans la *Médée* d'Euripide, où le choeur s'adresse, en ces termes, à la Colchidienne :

«une seule femme avant toi ... a porté la main sur ses enfants chéris. Inô, frappée de démence par les dieux» v. 1284 .

Mais Jason, soulignant la barbarie d'un tel geste, d'affirmer aussitôt, au vers 1340 :

«il n'est pas une femme grecque qui eût jamais osé un tel crime».

Cette catégorie de meurtres reste toutefois moins sévèrement jugée que le parricide ou le matricide. L'acte est quasiment excusé lorsqu'il a été perpétré sous l'empire de la colère[48].

Toutefois dans ces mythes le crime se distingue des infanticides accomplis sous l'effet de la *mania*[49]. Dépourvu au départ de manifestations démentes, il est calqué, jusque dans le détail, sur les usages du sacrifice sanglant. Dès l'égorgement, cependant, s'instaure le désordre. Le rituel se pervertit, puisque les femmes investissent l'espace sacrificiel et manient la lame, la broche et le chaudron.

De son épée Philomèle tranche la gorge d'Itys, alors que sa mère l'a déjà frappé, «au point où la poitrine touche le flanc» (*met.*, v. 637). Ovide distingue, en les superposant, l'infanticide qui reste le fait de la mère, de la mise à mort rituelle qu'il confie à la tante. La localisation des deux plaies portées au corps de l'enfant, au côté et à la gorge, évoquent, la première, celle qui donne la mort héroïque, la seconde, celle qui abat l'animal de boucherie[50]. Mais, dans l'esprit du poète, le cumul qui juxtapose meurtre et abattage trahit aussi l'émotion qui a saisi les deux femmes.

Sitôt l'immolation, les chairs sont préparées pour la double cuisson. Dans le récit arcadien Harpalycé découpe «elle-même en morceaux son propre fils». Tandis que les Cécropides «déchirent ces membres encore palpitants et conservant un souffle de vie» (*met.* v. 642). Parce qu'il s'agit de femmes, Ovide introduit, consciemment ou non, cette allusion aux pratiques dionysiaques. Le déchirement des chairs, parce qu'il caractérise le *diasparagmos*, rend compte à ses yeux de la furie des meurtrières. L'attitude ménadique démontre qu'elles agissent irrationnellement, du moins comme sous l'empire de la *mania* dionysiaque. Passé cet instant de trouble, elles recouvrent leur lucidité, vaquant aux préparatifs culinaires :

«Bientôt une part des chairs bout dans les chaudrons de bronze, une autre grésille sur les broches» (Ovide, *met.*,v. 644)

Antoninus Liberalis qui, ornant le récit de thèmes romanesques relativise l'importance du banquet, omet la phase, fondamentale, du rôtissage :

«elles dépecèrent l'enfant, mirent sa chair à rôtir dans un chaudron et la firent cuire».

Les viandes accommodées sont alors présentées au père. Au thème du festin solitaire, Ovide adjoint celui de la grandeur royale, dérisoire. Il installe Térée, seul, assis et "dominant la table" du haut du "trône de ses ancêtres". S'est-il souvenu de l'*Agamemnon* d'Eschyle et s'inspire-t-il, à dessein, de l'image d'Atrée meurtrier, "assis, seul au bout de la table"[51]? C'est vraisemblable. Mais, dans l'ensemble des mythes de cannibalisme, il est certain que l'isolement du "convive" accentue le sacrilège que représente le repas contre nature, opposé au festin sacrificiel, toujours communautaire.

La reconnaissance de la victime est également racontée de façon plus théâtrale qu'à l'issue des festins de Thyeste et d'Harpage. L'emphase gestuelle et le désordre mental des deux meurtrières traduisent la passion qui soudain les brûle. Après s'être mues dans l'espace interdit du sacrifice et s'être pliées au rituel civilisé de la cuisson des viandes, elles redeviennent brusquement des ménades. Chez Ovide, v. 657 sq., Philomèle, "les cheveux épars ... bondit" de la salle et "jette la tête sanglante d'Itys au visage de son père". L'évocation poétique, plus saisissante encore que celle d'Agavé remettant à Cadmos le chef de Penthée, indique un comportement contaminé par le délire dionysiaque, déjà annoncé par le déchirement des chairs[52]. La cruauté sadique qu'elle dégage atteint à l'atrocité du geste d'Achille qui, dans des peintures à figures noires, lance ainsi, violemment, la tête tranchée de Troïlos[53]. La sauvagerie des deux soeurs s'explique doublement. Apparentées aux ménades de par leur fureur irrationnelle, elles s'assimilent aussi, du fait de leur parenté avec Térée, aux femmes thraces, ayant accédé au même statut que les meurtrières tatouées d'Orphée[54]. On pressent chez Ovide l'intention contradictoire de charger et d'innocenter à la fois, par le ménadisme exacerbé, les deux Athéniennes.

Quoique impliquées dans la même situation, les femmes se démarquent des hommes. Leur violence s'oppose à la froideur calculée que la tradition prête, dans les mêmes opérations, à Atrée et à Astyage. On se souvient comment, omettant par ailleurs une part des *endrata*, Atrée brisait calmement les os des pieds et des mains des fils de Thyeste. Seul, il demeurait impassible devant les prodiges cosmiques qui désaxaient le ciel et vaquait aux préparatifs culinaires (Sénèque,*Thy.*, v. 697). Astyage, avec le même contrôle, tenait au chaud "les chairs prêtes à servir", jusqu'à l'heure du dîner. L'hystérie des femmes répond, de manière antithétique, à la maîtrise de soi dont font preuve les meurtriers. Aussi, face aux symptômes psychosomatiques féminins, la pensée antique a-t-elle volontiers associé ménadisme et démembrement, ménadisme et usurpation des ustensiles du sacrifice. Derrière les actions de Philomèle on perçoit des pulsions sauvages, de l'ordre de la possession. Les mères coupables rejoignent dès lors les rangs d'Agavé, des Minyades, de toutes celles qui, en proie à la folie, ont tué leurs enfants. Le dérèglement psychique atténue leur responsabilité. Réprouvant l'infanticide, la morale grecque dont Jason se faisait l'écho dans *Médée*, (v. 1340) a, pour les mêmes raisons, tenu à localiser ces récits vers la "périphérie", c'est à dire soit dans le monde barbare, soit dans le contexte dionysiaque.

Les métamorphoses et leurs symboles :

Lors de la révélation finale, alors que Philomèle jette la tête de l'enfant, Térée repousse, en criant, la table des souillures («Trachius ingenti mensas clamore repellit»). Comme Thyeste et par un geste semblable, il renie, le repas monstrueux[55] **(Pl. VIII, fig.20)**. Le rejet demeure symbolique, puisqu'il ne parvient pas à rendre l'immonde nourriture.

Distingués en cela du festin du Pélopide, les récits qui composent cette série s'achèvent sur une métamorphose collective. Ce dénouement pourrait être tenu pour récent et senti comme un artifice destiné à nuancer l'horreur du forfait qui vient d'être commis. Dix-sept des fables qui composent le livre des *Métamorphoses* d'Antoninus Liberalis, par exemple, se terminent par des métamorphoses ornithomorphes[56]. Il n'en est rien, puisqu'on rencontre déjà une allusion à ce thème chez Hésiode (*Erg.* 568 : «la fille de Pandion, l'hirondelle au gémissement aigu»). La métope de Thermon, inscrite, porte aussi le nom de l'hirondelle, la soeur d'Aedon ayant pris l'aspect de cet oiseau[57]. Eschyle mentionne ces transformations (*Ag.; Suppl.*), mais en inversant l'ordre habituel et en faisant de Procné l'hirondelle. Attestant l'évolution interne de la légende, une tradition antérieure donnait parallèlement à Térée (changé en huppe) la forme d'un épervier[58]. Tandis qu'Itys, métamorphosé en chardonneret, tirait probablement son nom de l'onomatopée que produit le chant du rossignol[59].

On a projeté sur ces épilogues de pseudo connaissances ornithologiques qui, dans le mythe, rendent compte de certains comportements spécifiques des espèces incriminées. D'un côté, ces prolongements qui, dans leur fantaisie fleurent le dicton populaire, tiennent compte du fait que le rossignol met à mort ses petits muets[60]. De l'autre, ils nous apprennent qu'aucune hirondelle, jamais, n'a couvé sur les toits de Daulis où l'histoire de Térée a été, parfois, localisée[61]. Ils expliquent enfin pourquoi les huppes poursuivent sans trêve l'hirondelle et le rossignol[62]. Il est impossible toutefois de dire si ces observations ont servi de support au mythe ou si, au contraire, la fable a conditionné ces croyances.

Les différentes versions durent être élaborées autour des métamorphoses qui éclairent l'onomastique. C'est à partir de la plainte incessante du rossignol, appelant "Itys", qu'a pris corps la structure légendaire. Et le schème du repas cannibale dut être adjoint ensuite à ce substrat dont il devint l'*aition*. Il ne figure d'ailleurs pas dans la version thébaine, la plus ancienne, où Aédon, simplement jalouse des enfants de Niobé, tue son fils Itylos, par mégarde. Ces métamorphoses demeurent d'ailleurs l'instant privilégié par la littérature, le seul qu'aient parfois retenu les tragiques[63]. Les noms des personnages ainsi que les différentes espèces ornithologiques sélectionnées révèlent certains jeux de mots, significatifs.

Il est assuré, par exemple, que la huppe (ἔποψ) a été choisie parce que le substantif se rapproche de ἐπόπτης — qui observe —. De la même manière le nom de Térée qui a été construit à partir du verbe τηρεῖν (observer, avoir la garde) renseigne sur la nature de cette figure mythique[64]. Le Thrace, celui qui épie et qui surveille, enferme Philomèle, sa proie sexuelle, et lui impose le silence en lui coupant la langue.

Les sens, et plus particulièrement la vue, jouent un rôle majeur dans ces récits. C'est par ce moyen de perception que Philomèle, rendue muette, communique son malheur, se faisant "entendre" de sa soeur par l'écriture. Les yeux, la langue (Philomèle), le palais (Térée cannibale) et le sexe apparaissent comme les lieux du corps par lesquels s'expriment dans la légende les sensations et les affects.

Le substantif Chelidonis était par ailleurs senti comme un terme métaphorique, voire un synonyme, de barbare[65]. D'une certaine manière, à l'image du commerce charnel avec Térée, le prénom vise à relativiser l'origine grecque de la fille de Pandion. Ces nuances, comme la conduite ménadique prêtée aux deux soeurs, concourent à refouler les protagonistes du meurtre du côté de la barbarie.

Les sonorités du mot Aèdôn et celles des substantifs de la famille lexicale ἀηδῶς, ἀηδής n'apparaissent-elles pas encore homophones? Ceux-ci sont formés à partir de ἧδης et de ἧδος précédés du préfixe privatif a/. Au plan phonique au moins, le nom d'Aédon appelle les termes notant le dégoût gustatif et la frigidité, des sensations qui s'inscrivent parfaitement dans le contexte sensoriel du récit.

On se souvient du parti sémantique que M. Detienne a tiré des espèces selon lesquelles Térée et Polytechnos avaient été métamorphosés. Dans son *Dionysos mis à mort*, l'auteur a rapproché ces épisodes du cycle du miel. L'exégèse à la fois métaphorique et psychanalytique qu'il a proposée montrait comment l'abus du miel (de la lune de miel) menait ici à la consommation d'une denrée contraire, la pourriture[66]. De la même manière, le miel que Thyeste cherchait également à savourer, en profanant la couche d'Aéropé, s'était fait déjection exécrable. Mais si l'Atride régurgitait effectivement les chairs de ses enfants, Térée, lui, incapable de les vomir :

> «voudrait s'ouvrir la poitrine et rejeter l'effroyable nourriture qui l'empoisonne» (*met.*, v. 663).

Ces chairs ingérées putréfieront en lui. Et ce cycle physiologique appela probablement les sensations olfactives qui connotent cette figure mythique. C'est en raison de la mauvaise odeur qui émane de son nid que la huppe a été choisie. Face au pic (l'oiseau qu'est devenu Polytechnos) elle constituerait l'un des pôles antithétiques entre lesquels cheminent les récits, du miel vers l'excrément[67].

Ovide a, dans les *Métamorphoses* effectué un rapprochement qui, à propos de Térée, n'est pas insignifiant. L'oiseau, explique-t-il, se caractérise par un «bec démesuré dont la longue saillie rappelle la pointe d'un javelot». Cet appendice érectile est si proéminent qu'il suscite, dans les *Oiseaux*, v. 99, les railleries d'Evelpidès. N'évoque-t-il pas allusivement le sexe de Térée? N'oublions pas qu'en Grèce les associations entre le sexe et l'oiseau étaient si évidentes qu'elles ont contribué à la genèse de créatures composites, les oiseaux-phalloi. La huppe, en particulier, intervenait dans d'autres métamorphoses amoureuses : ainsi, sous cette forme, Zeus *epoptès* séduisit Lamia[68]. Des rencontres formelles, conscientes ou de l'ordre du phantasme, entre le pénis et la pique de la lance, attestent en outre, dans la peinture de vases, une association entre l'arme blanche et le sexe[69]. L'ornithomorphisme de Térée ainsi que les ambiguités phoniques de certains noms (Aédon) renforcent la notation sexuelle qui sous-tend le mythe tecnophagique.

Réparti en deux séries, selon qu'il ressortit à un contexte de crise dynastique **(I)** ou familiale **(II)**, le repas tecnophagique, motivé par **(II)** ou lié **(I)** à des pratiques sexuelles contre nature, reste l'élément commun à ces récits. Le meurtre de l'enfant, objet sur lequel se cristallise la vengeance suscitée par ces transgressions, est accompli par la mère ou par la mère et une collatérale **(II)** ; par un collatéral seul **(I)**.Les modalités du forfait demeurent, dans tous les cas, calquées sur les phases du sacrifice civique qu'il parodie. L'ordre dynastique mis en péril, provoque le châtiment de l'usurpateur (Pélias; Thyeste). La seconde série adapte le modèle aux intérêts familiaux. L'ordre monogamique, bouleversé par le comportement sexuel du père, vole en éclats.

Lorsque le repas cannibale se déroule à la table familiale la dévoration de l'enfant n'est suivie d'aucune palingénésie, si ce n'est, métaphoriquement, par la métamorphose **(II)**[70]. Tableau n° 7.

Localisation des récits

Il serait aussi vain de localiser le repas tecnophagique que d'en distinguer l'archétype. Car le schème circule dans des structures narratives diverses qui répondent à d'autres paradigmes : aux mythes de souveraineté **(I)** et de métamorphoses **(II)**. On ne retrouve pas dans les différentes versions la concentration géographique qui permettait précédemment de circonscrire les rites d'immortalisation et de réjuvénescence à la Thessalie[71]. (*Cf.* la carte géographique, en fin de volume). La variante tardive d'Antoninus Liberalis, qui emprunte au récit thébain le nom d'Aédon, situe l'épisode en Asie mineure, à Ephèse et à Colophon. La tradition attique, en revanche, transporte l'aventure soit en Thrace, soit dans la Phocide occupée, à Daulis plus précisément[72].

Ce n'est certes pas le hasard qui, en Attique, a suscité le regain d'intérêt accordé au mythe à l'époque de Sophocle ou motivé l'irruption du barbare Térée dans la famille des Cécropides[73]. Outre les événements politiques qui se déroulèrent vers 431, la fascination pour la figure du Thrace, attestée dans l'art, dut contribuer à ces réajustements[74].

En revanche, un lien chronologique a été établi, dès l'antiquité, entre l'histoire de Procné et l'immortalisation de Démophon portant à croire que les récits de cryptie et de tecnophagie prirent effectivement forme à la même époque. Apollodore indique que l'alliance qu'aurait conclue Pandion et Térée se serait placée dans le même laps de temps que l'arrivée de Déméter dans la famille de Céléos, à Eleusis[75].

Parfaitement localisé à Mycènes, le festin de Thyeste fonctionne comme l'*aition* de l'avènement de la dynastie des Atrides. Cependant la situation géographique résulte tant des aléas du fostérage que de la crise de succession qui a éclaté à la mort d'Eurysthée[76]. Chassés d'Elide après le meurtre de leur demi-frère, il ne faut pas oublier que les fils de Pélops descendent de Tantale, l'asiatique. On a vu que le repas de Thyeste, même s'il ne constitue pas une redite du démembrement de Pélops, apparaît néanmoins comme une version affaiblie du repas cannibale que l'aïeul avait servi aux dieux[77]. On avait déjà noté, à propos des récits d'immortalisation par le feu, le report sur les descendants directs de l'événement, atténué ou amputé parfois, qui s'était joué dans la génération précédente. le repas mycénien entre dans ce cas de figure et répète, par l'esprit, l'*éranos* lydien que Tantale organisa sur le mont Sipyle.

La confrontation des différents récits tecnophagiques induit donc à regarder dans plusieurs directions. Vers la Thrace (variante attique du meurtre d'Itys), vers l'Arcadie (Harpalycé et Clyménos), vers l'Argolide (Thyeste) d'une part ; vers l'Asie Mineure d'autre part : version d'Antoninus Liberalis du mythe d'Itys et repas de Thyeste, réexaminé sous l'éclairage de la généalogie.

Il est frappant qu'Aura et Niobé, d'autres héroïnes en proie à des violences sexuelles (viol, tentative d'inceste), également associées au thème de l'infanticide, aient évolué dans cette même région d'Asie. S'ils ne retiennent pas le motif du repas cannibale, les auteurs qui relatent leurs mésaventures se réfèrent, dans les deux cas, au Mont Sipyle. Pandaréos, le roi de Milet et le père d'Aédon côtoie, par ailleurs Tantale sur cette montagne[78]. Le sommet aurait-il été le berceau de ces histoires de tecnophagies?

Les sacrifices d'enfants, attestés dans le rituel arcadien, auraient-ils eu leur équivalent sur le Sipyle[79]?

L'ICONOGRAPHIE

Aucune des versions picturales du repas tecnophagique qui nous sont parvenues ne représente le chaudron. Afin qu'elles correspondissent aux textes, il aurait fallu donner aux illustrations la forme "anodine" des images du sacrifice. C'est à dire qu'elles montrassent les préparatifs culinaires, puisqu'il était impossible de représenter clairement le père, ingérant les chairs de son fils. L'artisan laconien qui avait très tôt tenté de formuler la manducation, en dessinant Polyphème dévorant un compagnon d'Ulysse, s'était heurté à d'incroyables invraisemblances[80]. Il était plus aisé de représenter pourtant le manger cru que l'absorption des chairs cuites. Et peut-être a-t-on reproduit une scène d'omôphagie sur une curieuse hydrie du Musée Britannique E 246 où un personnage vêtu à la thrace démembre, à la manière du Cronos de Goya, un enfant qu'il s'apprête à dévorer (Pl. **II, fig. 4**)[81]. La *zeira* qu'il porte a fait penser à Térée. Mais l'acte figuré s'apparente au *diasparagmos* et interdit de reconnaître le roi thrace[82]. Pour la même raison, parce que ce comportement primaire ignore l'égorgement et la cuisson, M. Detienne s'est refusé à identifier les figures de cette hydrie avec les Titans dépeçant Dionysos, ainsi que cela avait été également suggéré. Une telle explication est d'autant moins plausible que sur cette image parodique, à l'évidence, un personnage masculin curieusement grimé en Dionysos s'avance, porteur du thyrse, vers le groupe de cannibales dont l'un fuit, effrayé à cette approche.

Représenter la cuisson des chairs dans le chaudron aurait, pour être intelligible, soulevé des questions de figurabilité telles que les artisans ont encore écarté cette phase. Evitant de montrer l'irreprésentable, les imagiers se sont donc interessés à la mort d'Itys, choisissant d'illustrer l'instant qui la précède ou celui qui la suit et n'hésitant pas à peindre l'infanticide même[83].

Seul le sarcophage découvert à Intercisa *(37)* représente le renversement de la table. Particulièrement répugnant, le relief montre le désordre qui, après la présentation des *endrata*, suit la révélation. Le lambeau de chair que Térée, furieux, brandit encore va être jeté et rejoindre la tête qui tombe sur le sol. Contrairement aux peintres grecs qui suggèrent l'épilogue, le sculpteur a, au premier degré, fondé la composition sur des détails empruntés aux récits littéraires. L'influence de la littérature, et assurément celle de la poésie d'Ovide, transparaît jusque dans la figure de Philomèle, placée au centre. Telle une ménade en proie à la plus vive émotion, dépoitraillée, elle tourbillonne et lance un regard éperdu **(Pl. VIII, fig. 21)**. Cette fidélité au texte poétique tient en partie au fait que l'art, assez rudimentaire du sculpteur, ne lui permettait pas d'aborder des transpositions relativement abstraites.

Sélectionnant l'instant qui précède le crime, Macron *(32)* attribue à Philomèle, sur la coupe du Louvre, une attitude qui préfigure le démembrement de l'enfant **(Pl. II, fig.3)**. Il teinte la scène d'une touche dionysiaque que reproduira, plus tard, le poème d'Ovide. Inversement, la métope de Thermon *(29)*, inspirée par les images de *prothésis*, montre la dépouille (en fait, la tête) de la victime, encadrée par les meurtrières. Conçue dans l'esprit d'une déploration funèbre, elle évite la violence macabre à laquelle confinent certaines compositions archaïques (Achille brandissant, par exemple, le chef de Troïlos). Le nom de Chélidon qui s'y trouve inscrit indique qu'il ne s'agit pas d'une illustration du mythe thébain, *a priori*, pourtant, le plus ancien[84]. L'inscription désigne, ici, la tante ou, mieux, la mère d'Itys, initialement hirondelle chez Hésiode et chez Sappho (*cf.* n. 59).

Deux monuments d'époque Sévère *(30; 31)* illustrent de manière assez semblabe, la mort d'Itys. La composition a été agencée à partir du schéma du meurtre d'Egisthe, ou plus généralement du meurtre d'une figure semi-étendue (ex. Priam sur l'autel, Ismène sur la *kliné*, etc.). Sur la coupe de Munich *(31)*, Itys, couché sur le lit de banquet, effectue le geste de supplication qui caractérise cette iconographie **(Pl. VI, fig. 16)**. Aédon l'assaille, de la même manière qu'Oreste frappe Egisthe déséquilibré sur son trône, le saisissant aux cheveux[85]. Le Peintre de Magnoncourt a placé, derrière la mère et sous la *kliné*, un tabouret sur lequel les convives posent généralement leurs pieds ou rangent leurs chaussures[86]. Associé au lit, à l'instrument de musique et à la coupe suspendus dans le champ, le *thrênus* délimite l'espace du symposion[87].

Subtilement, le peintre qui se réfère à un système iconographique cohérent, fondé sur la spécificité de l'instrumental, raconte le meurtre d'Itys et annonce le banquet qui s'en suivra[88]. Sur la composition agencée par Onésimos, le geste de la mère est identique, mais le lit n'a pas été représenté. Le corps de l'enfant, pourtant couché à l'horizontale, est maintenu par Philomèle dont un pied ainsi que des draperies du *chitôn* demeurent visibles, sur la droite du tesson (**Pl. VI, fig. 15**). Le peintre suggère, par l'attitude prêtée aux deux femmes, placées face à face, le démembrement dionysiaque, délaissant les allusions au repas cannibale. Ainsi, dans le même atelier et à partir d'un schème commun (groupe Aédon/Itys), l'infanticide est tantôt associé au banquet tecnophagique et tantôt à un *diasparagmos*[89].

Un membre du groupe de Naples atteste les mêmes préoccupations; à la différence près qu'il retient le thème de la fuite des deux soeurs. Placées sur la gauche de l'image, devant le lit de banquet, les deux femmes s'éloignent, effectuant des gestes d'épouvante généralement typiques des scènes de poursuite. Térée — qui n'est pas vêtu à la thrace — encore assis, empoigne le fourreau de son épée, pendue au-dessus de la *kliné* sur laquelle il vient juste de dîner *(33)*. L'image ne reproduit ni le crime, ni la manducation de l'enfant. Elle serait inintelligible si un signe, discrètement présenté, n'en fournissait la clé : dissimulé, à l'arrière-plan, sous le lit, un coffre richement orné a été posé à même le sol. Ouvert, il laisse apparaître, entre les plis d'une étoffe drapée, une jambe d'enfant (**Pl. VII, fig. 18**). Le relief a, dans la lecture de l'image, la même fonction que les *endrata* dans les différents récits. Joint à l'épée et au mobilier du banquet, il révèle la nature du repas auquel le Thrace a été convié et explicite la poursuite qui s'amorce.

Sur une dernière coupe, oeuvre d'un artisan proche d'Onésimos et du P. de Magnoncourt *(34)*, dépourvue d'inscriptions et d'allusions aux *endrata*, Térée a été figuré seul. Il se relève sur la *kliné* , portant la main à la garde de son épée. Rien, sinon l'arme qu'il saisit et le fourreau, posé sur la couche, ne distingue cette composition de celle du banqueteur "canonique" ; d'ailleurs, sur une autre oeuvre du même artisan, un lièvre, représenté à la place de l'épée, suffit à modifier le contexte et à teinter la même image d'érotisme[90]. Un accessoire (l'épée), une attitude (le banqueteur se soulève sur le coude) autorisent, par référence aux autres monuments, à ranger cette composition innocente en apparence — probablement un *excerptum* de la scène illustrée sur le cratère *(33)* —, parmi celles du festin de Térée[91] **(Pl. VII, fig. 19)**.

Les artisans, en cent cinquante ans et selon les modes d'expression propres à leur temps, ont ainsi contourné les interdits techniques et les répugnances à représenter le repas tecnophagique. La fréquence des inscriptions, destinées à faciliter la lecture, indique combien l'interprétation de ces compositions, particulièrement allusives, restaient problématiques aux yeux des spectateurs antiques même.

Dépourvue d'innovation on a vu que la métope de Thermon reprenait la composition de l'exposition funéraire. Avec les peintres de l'époque Sévère le festin tecnophagique, sans être montré, a été annoncé par l'instrumental et le mobilier *(31, 33)* ou révélé par la présence discrète des *endrata (29, 33)*.

Ils ont, pour ce faire, introduit un paramètre temporel dans la narration, anticipant sur *(30, 31)* ou remémorant *(33)* le forfait. Par un jeu de prémonitions et de réminiscences, les peintres ont fait basculer une image, relativement banale, vers le futur ou vers le passé immédiat. L'infanticide laisse, grâce aux objets reproduits, présager le repas cannibale; à rebours, la poursuite qui s'annonce renseigne, par l'exhibition des reliefs, sur la nature du repas qui a été consommé (92).

Notes

1. Euripide, *Or.* v. 811; Hygin, *Fab.* 85; sch. à *Il.* III, 105.

2. Nélée, Pélias; Télamon, Pélée : A. Severyns, Le Cycle épique, *Bull Fac Philo Liège* 39-40 (1920), p.194; 234; B. Sergent, *L'homosexualité dans la mythologie grecque*, p. 85-86.

3. B. Sergent, *ibid.*, p. 85-86.

4. Alcméonis, fr. 6; Phérécyde; Euripide, *Or.*, v. 811; *Iph. T*, , v. 812; Hygin, *Fab.* 88 : *"cupiens a Thyeste fratre suo"*.

5. Dans les contes qui développent le thème des deux frères ennemis, toujours ils possèdent en commun un objet magique (oiseau d'or dans le conte de Grimm, *Les deux frères*); voir B. Bettelheim, *Psychanalyse des contes de fées*, p. 145. C'est, dans les récits grecs, la peau d'un bélier qui a été choisie, probablement parce que de telles dépouilles servaient aux orpailleurs qui, en Asie mineure d'abord, cherchaient et ramassaient les

pépites d'or dans les rivières.

6. *Supra*, p. 28 (Pélias); C. Ramnoux, *La nuit et les enfants de la nuit*, 1986, p. 145-148.

7. **(T 63)**; Sch. à Euripide, *Or.*, v. 811; Apollod., *epitome*, 2, 11.

8. Déjà, dans un mythe concernant Tantale, le grand père d'Atrée et de Thyeste, il était question d'un chien d'or, gardien de la chèvre Amalthée. Dérobé à Zeus par Pandaréos, le père d'Aédon **(T 115)**, il avait été confié à la garde de Tantale, sur le Mont Sypile: sch. à *Od.* XIX, 518; sch. à Pindare, *O.* I, 91; Ant. Liberalis, *Mét.* 36, 1, 3.

9. *Infra*, p. 104.

10. Les choses fonctionnent comme si le roi, en proie à une crise de succession devait épouser sa plus proche parente, sa belle-soeur (Aéropé) ou sa fille (Pélopia et Thyeste; Harpalycé et Clyménos). Non content d'avoir commis un adultère avec sa belle-soeur Aéropé, Thyeste entretint encore des relations incestueuses avec sa fille Pélopia, avant que celle-ci n'épouse finalement Agamemnon (Hygin, *Fab.* 253).

P. Carlier, *La royauté en Grèce avant Alexandre*, 1984, p. 187-188, évoque parallèlement le sénoriat qui semble avoir présidé à la succession des Pélopides (n. 240) ainsi que la royauté conjointe (p. 189, n. 246), attestée par l'épopée homérique. Ces pratiques gardent, comme l'épiclérat, les traces d'un ancien système endogamique. Au sujet du régime matrimonial, on consultera L. Gernet, *Droit et Institutions en Grèce antique*, 1968, p. 236-239.

11. La toison d'or, celle que Jason ira quérir en Colchide, est présente dans le mythe de Phrixos et atteste une même conjoncture. Mais son importance a été oblitérée dans cette légende qui conte des événements juste antérieurs à l'expédition des Argonautes. Une crise dynastique, dont on a perdu la trace, dut initialement opposer Athamas à son frère Créthée (l'amant d'Inô?) et faire retomber la vengeance de ce dernier sur Phrixos, promis à Zeus *Laphystios* (p. 175). Le bélier d'or a été réduit à la fonction de substitut, envoyé *in extremis* par les dieux. Comme ailleurs la biche salvatrice, il sauve les enfants d'Athamas et de Néphélé du sacrifice auquel ils étaient promis.

12. *Infra*, p. 107; 141.

13. *Cf.* **(T 69)**, v. 759.

14. L. Séchan, *Etudes*, p. 200, n. 3 et 5, soutient que le motif du détournement du soleil, garantissant l'accession au trône, a été imaginé par Sophocle. Sur l'inversion de la course solaire, voir encore Tzetz., *chil.* I, 451.

15. *Electre*, v. 737-739.

16. **(T 78)**, *pol.* 270 a : "... que tantôt il (le monde) soit conduit par une action étrangère et divine et, reprenant une vie nouvelle reçoive aussi de son auteur une immortalité restaurée, et que, tantôt laissé à lui-même, il se meuve de son propre mouvement et, à raison même du mouvement où

d'autrui l'abandonne, parcoure un circuit rétrograde pendant des milliers et des milliers de périodes, parce que sa masse énorme tourne en parfait équilibre, sur un pivot extrêmement petit". (Les Cycles de l'Univers : les tropes, liés à l'inversion du mouvement du soleil).

17. *Supra*, p. 75.

18. *Infra*, p.141, p. 166.

19. *Infra*, p. 102-107.

20. **(T 59)**. Mais il s'agit d'une de ces fêtes "qui tournent mal", telles les noces de Pirithoos, le banquet chez Pholos ou le sacrifice familial d'Héraclès. Là-dessus, R. Girard, *La violence et le sacré*, 1972, p. 63-67.

21. **(T 68)**. La haine fratricide atteint les descendants directs de Thyeste, les neveux, donc, du meurtrier. Par rapport au mythe de Pélias, qui faisait du neveu (Jason) l'assassin de l'oncle, la relation s'inverse. Dans *Les deux frères*, le conte de Grimm déjà cité, la rivalité pour la possession d'un objet magique cristallise, de la même manière, la vengeance de l'un des protagonistes sur ses neveux (B. Bettelheim, *Psychanalyse des contes de fés*, p. 151).

22. **(T 66, T 68)**. Les victimes se nomment Aglaos, Callileon et Orchoménos chez Apollodore **(T 79)**.

23. *Ag*. v. 1447. Le condiment : παροψώνημα; les délices : Χλιδῆς.

24. *Ag*., v. 1065.

25. **(T 86, T 99)**. *Infra*, p. 102.

26. **(T 55)**. Sur le sacrifice civique : M. Detienne, *Dionysos mis à mort*, p. 178. Le sang chez Eschyle: voir les études de A. M. Moreau, *Eschyle, la violence et le chaos*, 1985, p. 89 et de B. Deforge, *Eschyle, poète cosmique*, Paris, 1984.

27. A. M. Moreau, *op. cit*., p. 90; p. 322, relève un goût pour les détails "cruels et répugnants" et dénote dans les oeuvres du poète "une atmosphère d'angoisse et de cruauté". Au-delà du réalisme en fait, Eschyle rend l'horreur du sacrifice avec la même intensité qu'il crie, ailleurs, les terrifiantes souffrances physiques de Prométhée (*Prom.* , v. 50 à 60). Par cette douleur et par cette violence, il confère au drame individuel, porté au théâtre, le souffle grandiose qui caractérisait l'épopée ou les mythes universels. On retrouve un goût similaire pour le macabre dans l'anecdote cannibale et surréaliste que conte l'un des personnages du *Concert baroque* d'A. Carpentier, 1974, p. 69: "... mais le plus répugnant c'est d'avoir utilisé la chair de la face, nez, oreilles", etc.

28. *La cuisine du sacrifice*, p. 92.

29. *Supra*, introduction, p. 12 et *Hymne homérique à Hermès*, v. 134-136 : "il déposa les chairs abondantes de graisse dans la haute étable, puis les suspendit en l'air, pour commémorer le vol qu'il venait de faire". L'*Hymne* brosse une caricature de la pratique commémorative (au service

d'un larcin!) bien dans la tradition facétieuse du personnage, frippon et farceur, d'Hermès.

30. Eschyle, *Ag.*, v. 439-444; Sophocle, *El.*, v. 444-446. Sur ces coutumes magiques, *Du châtiment dans la cité, cf.* n.282 ; A. M. Moreau, *Eschyle, la violence et le chaos*, p. 124, n. 95.

31. *Infra*, p. 107, Térée.

32. *Infra*, p. 130.

33. *Infra*, p. 109; Zeus, p. 140; Le *Steptérion*, p. 161.

34. Dans l'antiquité, la malédiction était, en effet, ressentie comme une véritable mise hors la loi; L. Gernet, *Droits et Institutions en Grèce antique*, 1982, p. 89-90.

35. Ainsi, "peine aux demeures sur peine se pose" (Elien, *VH*, 3, 43); "alors roulera le début de la souffrance" (oracle fictif, *Od.* VIII, 81).

36. *Od.* XIX, v. 518 : "Fille de Pandareus, la chanteuse verdière se perche au plus épais des arbres refeuillés, pour chanter ses doux airs quand le printemps renaît; ses roulades empressées emplissent les échos; elle pleure Itylos, l'enfant du roi Zéthos, ce fils qu'en sa folie son poignard immola". Sappho, fr. 86 Diehl (allusion à la fille de Pandion); Eustathe à Phérécyde, sch. à *Od.* , 518; Hésiode, *Tr.* 564, commenté par Elien, *Hist. Div.* XIII, 20 et *JHS* 8 (1887), p. 439-445.

37. Musée National d'Athènes 13. 140, *infra*, p. 115.

38. X, 4, 6.

39. A propos du comportement barbare de Térée (**T 104**), Paus. I, 5, 4 : **οὐ κατὰ νόμον (δράσας) τῶν Ἑλλήνων.**

40. Je cite, ici, une phrase de M. Detienne, *Dionysos mis à mort*, p. 32. On ajoutera aux références relatives au mythe attique, données dans le catalogue : les fragments I. IV du *Térée* de Livius, le fr. 141 du *Térée* d'Accius (Mihailov, *op. cit.*, p. 114); Euphorion, *Hippomédon Maior*, v. 12-15; *Anth. Pal.* IX, 57; 70.

41. D. Mimoso-Ruiz, *Médée antique et moderne*, p. 146 à 155. Sénèque, *Médée*, v. 582 : "Nulle force, ni celle de la flamme, ni celle d'un vent furieux n'est si grande ... (que celle) d'une épouse répudiée brûlante des feux d'une jalousie humaine".

42. *Supra*, chap. III, p. 58.

43. N'oublions pas qu'avant la loi de 451, promulguée par Périclès, seule comptait, en cas de mariage mixte, la nationalité du père. Après la nouvelle réglementation, le droit de cité et la citoyenneté étaient refusés aux enfants nés de deux parents non athéniens. *Infra*, p. 105, les distinctions entre l'adultère et l'inceste.

44. M. Detienne, *Dionysos mis à mort*, p. 142-143, évoque la question du cannibalisme.

45. L'inceste constitue, avec le parricide et le cannibalisme, les tabous

majeurs du monde antique. Voir, par exemple, A. M. Moreau, "A propos d'Oedipe. La liaison entre trois crimes- parricide, inceste et cannibalisme -", *Etudes de Littérature ancienne* I, 1979. Sur l'attitude réactionnaire, propre aux Cyniques, on se reportera à l'ouvrage de M. Detienne, *ibidem*, p. 139.

46. A. M. Moreau, Cahiers du *GITA* 2, 1986, p. 110. Les textes de Probus et de Servius font également allusion à la bigamie.

47. Ovide, *fast*. II, v. 83. Une toile de Cornélis van Haarlem donne à voir cet épisode sanglant, mais paradoxalement rendu avec toute la truculence de la manière flammande, *Mythologie et Maniérisme*, 1985, p. 254.

48. Platon, *Lois* IX, 868-869. Le matricide était même réprouvé chez les Barbares, ou du moins par les Barbares tels que les voyaient les grecs :

Euripide, *Iph. T* , v. 1173-1174 : "qui, même en pays barbare aurait osé" etc. Sur ce thème, M. Delcourt, *Oreste et Alcméon, Etudes sur la projection légendaire du matricide en Grèce*, 1959, p. 55-62.

49. Les crimes d'Agavé et des Minyades, par exemple: Plut. *Q. Gr.* 38, 299 E-300 A; M. Detienne, *Dionysos à ciel ouvert*, p. 101, 1.

50. N. Loraux, *Façons tragiques de tuer une femme*, 1985, p. 36-38.

51. Eschyle, *Ag*. **(T 57)**. L'image perdure dans la poésie moderne. Chacun se souvient du: assis,"seul au haut bout, car il n'a pas d'égaux", une formule utilisée déjà par Molière et par La Fontaine.

52. Euripide, *Bacch*., v. 1242.

53. *LIMC*I, 1981, *s. v.* Achille; Iconographie 359 a; 360, 361, 363, 364 (meurtre de Troïlos); M. Halm-Tisserant, "Céphalophorie", *BABesch*, 64 (1989), p. 101 et fig. 12.

54. Eustathe à *Od*. XIX, 518. Ni Harpalycé, ni Procné, ni Aédon n'ont été frappées de folie, contrairement aux Minyades et à Inô, lorsqu'elles dépècent Hippasos et Mélicerte (*infra*, p. 177). Toutefois, le poème d'Ovide situe l'action durant les Dionysies triétérides. *Cf*. Mihailov, p. 189.

55. *Supra*, p. 100.

56. Ant. Liberalis, *Mét*. II, III, V, VI, VII, IX, X, XI, XII, XIV, XV, XVI, XVIII, XIX, XX, XXI, XXII.

57. Le substantif *aedon* désigne le rossignol.

58. Sur la métamorphose d'Itys (φάσσα), *Servius, Cornutus*; L. Gernet, *Mél. O. Navarre*, 1935, p. 207; W. Burckert, *Homo Necans*, p. 201-202; M. Papathmopoulos, *Antoninus Liberalis*, Les Belles Lettres, 1968, p. 98, n.33. Chez certains auteurs, tardifs en particulier, les mentions de Philomèle et de Procné sont devenues des métaphores poétiques qui désignent le rossignol. Nombreux restent les textes, dont on trouvera par ailleurs les références dans l'étude de Mihailov, que nous avons négligés, soucieux du principe de ne retenir dans le corpus que ceux qui renseignaient sur le meurtre tecnophagique.

59. Sappho, 135 LP; W. Burckert, *Homo Necans*, p. 205, n.24.

60. Dion. *de av.* 1. 20.

61. *Cf.* **(T 106)**.

62. Poursuites et métamorphoses ressortissent, comme le plongeon dans la mer, au contexte dionysiaque. Elles interviennent dans l'épisode des Minyades, changées en oiseaux nocturnes. Mais, seul parmi ces mythes de référence, où la poursuite reproduit l'*oribasie*, le crime des Minyades prend la forme d'un *diasparagmos*. Ni la course, ni l'omôphagie n'ont contaminé les sacrifices d'Itys, du fils d'Harpalycé, qui demeurent, inversement, perpétrés selon les normes du sacrifice civique. W. Burckert, "Greek Tragedy and sacrifical ritual" *GRBS* 7 (1966), p. 87-121.

63. Sophocle, fr. 581-591 du *Térée,* raillé en cela par Aristophane (T 98) aurait montré sur la scène la métamorphose du Thrace. De simples allusions "au rossignol" sont d'ailleurs fréquentes dans la tragédie, p. ex. chez Euripide, *Rhés.*, v. 547-550; *Hél.*, v. 1021-1023.

64. M. Detienne, *Dionysos mis à mort*, p. 137 et P. Scarpi, "L'espace de la transgression et l'espace de l'ordre. Le trajet de la famille du mythe de Térée au mythe de Kéléos". *DHA* 8 (1982), p. 217.

65. Eschyle, *Ag.*,v. 1050-1051 : "Si elle n'a pas un langage inconnu et barbare, comme l'hirondelle"; Aristophane, *Gr.*, v. 679 : "Ce ne sont là que ... gazouillis d'hirondelles, ruine de l'art ...".

66. Sur la réputation de coprophagie faite à la huppe: Aristote, *HA* 616 a, 35; *El*, *NA*, 3, 26; Pline *HN* 10, 86.

67. Contra : "On a dit ... que la huppe enduisait son nid des matières les plus infectes (fiente)", écrivait Buffon dans son Histoire Naturelle, *s. v.* Huppe, mais pour démentir aussitôt la véracité de cette particularité.

68. Zeus *epops*, W. Crärert, *Archiv.* I, 1901, p. 109 I et Clément de Rome, *Hom.*V, 13 (II, 184 *Migne*); W. Burckert, *Homo Necans*, p. 205, n. 22. On note un jeu de mot du même ordre à propos de Polytechnos, métamorphosé en pivert. Le nom de l'oiseau, *pelekan*, évoque le verbe *pelekân* (tailler à la hache) qui correspond aux activités manuelles du personnage. De façon plus générale, enfin, rappelons qu'on a aussi proposé de rattacher les noms de Têreus et d'Atreus à une même racine patronymique: voir Mihailov, p. 176, n. 6 et p. 177.

69. K. J. Dover, *Homosexualité grecque*, 1982, p. 166.

70. A l'inverse du festin cannibale, régénérateur dès lors qu'il se déroule à la table des dieux, *infra*, p. 144, 167, 188.

71. W. Burckert, *op. cit.*, p. 203.

72. Thuc. 2, 29; Paus. **(T 105)**; Apollod. ; L. Gernet, *Mél. O. Navarre*, 1935, p. 207, étudie en détail le problème de la localisation de cet épisode.

73. L. Gernet, *loc. cit.*, p. 207.

74. La localisation du mythe de Procné en Thrace peut découler d'une reconstruction artificielle, motivée par la propagande, au moment de

l'alliance de 431 avec Térès, ainsi que de phénomènes de mode. L'iconographie attique qui a fait une large place à la figure du barbare, thrace et scythe plus particulièrement, a affiché, dès l'époque archaïque, un intérêt pour ces figures : G. Siebert, *Journées Philippopolitaines de Plovdiv*, oct. 1986, sous presse.

75. *bibl.* III, 14, 7.

76. *Supra*, p. 90.

77. *Infra*, p. 138.

78. **(T 115, T 116 b).** Voir n. 8, l'histoire du chien d'or. Déméter a, autrefois, accordé au père d'Aédon et de Chélidon le don de ne jamais avoir l'estomac alourdi par les aliments. Paradoxalement l'homme qui survit sans se nourrir engendre deux filles qui prépareront le repas cannibale le plus atroce, cuisant les chairs de son petit fils. Les repas de Thyeste et de Polytechnos se déroulent dans un cadre familial où le grand-père des victimes a, soit été lui-même dévoré (Pélops), soit dispensé de s'alimenter par les dieux. Deux comportements antithétiques, cannibalisme (Tantale) et anoréxie (Pandaréos) caractérisent la conduite alimentaire des ancêtres des enfants dévorés par leur père.

79. Rites du Mont Lycée, p. 128.

80. C. M. Stibbes, *LakVas*, pl. 94, 1.

81. Hydrie du Musée Britannique E 246, *CVA* Grande Bretagne 8, Mus. Brit. 6, pl. 100.

82. Dans l'*Odyssée*, v. 287-296, le Cyclope omôphage et sauvage déchiquette "membre à membre" les corps des compagnons d'Ulysse, avant que de les dévorer, comme un fauve, ne laissant (ni) "entrailles, (ni) viandes, (ni) moëlle". En revanche, la cuisine attestant un progrès dans l'échelle de la civilisation, le Polyphème d'Euripide, *Cycl.* ,v. 391, pratique une véritable cuisson, "met sur le feu une marmite" et "fait rôtir" les chairs des grecs égorgés. Sur la sauvagerie prêtée aux Cyclopes, également, Platon, *pol.*, 680 b.

83. Les représentations d'infanticides abondent dans la peinture de vases : Médée (J. M. Moret, *L'Ilioupersis*, 1975, pl. 52-56), Héraclès (A. D. Trendall, *PP-s* , p. 115, n.33), Agavé (Coupe de Douris, *cf.* n. 89) tuent leur progéniture; tandis qu'Achille et Néoptolème massacrent des enfants troyens (se reporter chap. VI aux notes 66 et 68). Les représentations de matricide, en revanche, restent exceptionnelles en Grèce (par ex. l'hydrie de Nauplie (Gr. Ind), *BCH* 75 (1951), p. 318 et fig. 2 qui montre peut-être la mort de Clytemnestre) et ne gagnent que tardivement le répertoire étrusque.

84. Associée à Aédon, le rossignol, l'hirondelle -Chélidon- n'intervient pas dans cette variante où la mère opère seule.

85. P. ex. : péliké du P. de Berlin, *ARV* 204, 19; cratère en cloche du P. de

la Docimasie, *Para* 373, 34.

86. G. Richter, *The Furniture*, 1966, fig. 286; *CVA* Italie 14, Palerme 1, pl. 13, 2; pl.47; *CVA* Italie 37, Ferrare 1, pl. 35, 3; pl. 40, 2.

87. Allusion consciente ou non? Ici sa forme et son emplacement évoquent aussi ceux du *sphageus*, le vase à sang, posé devant la *trapeza* dans les scènes d'égorgement rituel (ex. : *ARV* 266, 85).

88. J. D. Beazley, *CB* II, p. 84, note 1; S. Casson, *Catalogue of the Acropolis Museum* II, p. 257; F. Brommer, *Vasenlisten* 3, p. 269- 270. Les objets du symposion suggèrent, de la même manière que le chaudron vide et l'épée dans les scènes du pseudo rajeunissement de Pélias, l'acte imminent.

89. L'image du *diasparagmos* qui s'annonce sur la coupe de Macron ***(24)*** est à ce point le résultat de la compilation, à partir de schémas d'atelier, que le peintre a représenté sa Procné dans l'attitude traditionnelle de l'aulète. Gestes et emplacements des mains, mouvement des doigts sont restés ceux d'une musicienne à qui l'on a, pour la circonstance, ôté la flûte. L'agencement, moins heureux, du groupe Philomèle / Itys relève davantage de l'imagination du peintre encore qu'il ait recouru, pour Philomèle, au modèle de la ménade frontale et dansant, si répétitif sur ses coupes à sujets dionysiaques (*ARV* 460, 20;462, 48): p. ex. les ménades en quatrième et sixième position sur la frise extérieure de la coupe de Berlin 2290. Autres scènes de déchirement (iconographie de Penthée): psykter Coll. Bourguignon, P. Hartwig, "Der Tod des Pentheus", *JdI* 1892, p. 153-164, pl. 5; fr. de stamnos, Oxford Ashmolean Mus. 1165, P. de Berlin, *CVA* Oxford, 1921, p. 21, pl. 25; coupe de Douris, illustration de couverture, *Mythe et tragédie* 2. Une tête coupée a encore été représentée sur le cratère Rosi, voir *JHS* 72 (1947), p. 1-9 (mythe de Tydée?).

90. Voir la coupe d'Athènes, *La Cité des images*, 1984, fig. 176.

91. Consultez la description de L. Savignoni, *Boll d'Arte* 10 (1916), p. 340 et fig. 3, qui, le premier, a relevé le détail des *endrata*. Mais, comme le personnage n'était pas vêtu à la thrace, l'auteur a préféré l'identifier avec Thyeste. L'habillement ne me paraît pas constituer un argument dirimant. Térée, le gendre de Pandion, le roi d'Athènes, peut être vêtu à la mode grecque comme d'autres figures thraces, telles que Thamyris et Orphée (*cf.* chap. 1, n.17). On retrouve une évocation des *endrata*, comparable à la représentation picturale dans la pièce de Sénèque, *Thy*, v. 1038 :

"leurs pieds, détachés au cuisses rompues...: ce que leur père avide n'a pu absorber". Voir aussi l'intaille qui montre Philomèle s'apprêtant à jeter la tête d'Itys contre Térée, ici, **pl. VIII, fig. 23**.

92. Dans la représentation des métamorphoses les artisans, incapables de traduire la dynamique du processus, ont recouru à l'association, montrant l'oiseau posé sur la tête de Térée (fr. de Locres, inscrit THP, attribué

au P. d'Altamura) ou voletant au-dessus des deux femmes en fuite, S. Valastro, "Alcune riflessioni sulle metamorfosi di Tereo e Procné", Convegno internazionale. *I vasi attici ed altre ceramiche coeve in Sicilia*, 28-31 mars 1990, à paraître.

CHAPITRE V

Le festin cannibale à la table des dieux. Dévoration et palingénésie

«... ultime flambée de théomachie, où chacun des adversaires a ses torts, colère et cruauté à l'égard d'un bienfaiteur du côté de Zeus, et de la part de Prométhée, présomption, opiniâtreté et insolence sacrilège».

L. Séchan, *Le mythe de Prométhée,* p. 56-57.

La légende arcadienne inaugure la série des grands mythes cannibales, à la table des dieux. Elle reporte géographiquement dans une région rude et fermée dont on a dit qu'elle constituait "un conservatoire d'archaïsmes". C'est dire qu'elle renvoie à la nuit des temps, parmi les autochtones, nés du sol, qui se définissaient comme les prosélènes, pour avoir préexisté à la lune même.

Les événements relatés remontent à des époques préhistoriques, antérieures au déluge. Pausanias, fort disert sur cet épisode, le présentait comme un récit des origines, tenant même Lycaon, fondateur de Lycossoura et du culte de Zeus *Lycaios*, pour un héros civilisateur[1]. Etant donné son ancienneté, il ne serait pas exagéré de considérer le récit arcadien comme l'archétype de la série des mythes de cannibalisme dans la commensalité des Olympiens. Considérant pourtant l'histoire de Pélops comme plus ancienne encore, Pausanias faisait remonter l'origine des Jeux Olympiques à l'aube de l'humanité. La généalogie mythique lui donne raison qui situe Lycaon, quoique issu de Pélasgos l'autochtone, parmi les descendants de Tantale. Par Niobé, la fille de Tantale, les Lycaonides se trouvent, en effet, apparentés aux Tantalides. (Voir le tableau généalogique, n° IV). On notera que les deux légendes de festin cannibale, l'arcadienne (Lycaon) et "l'asiatique" (Tantale) affectent les deux branches d'une même souche mythique, originaire d'Asie Mineure.

Fiction et rituel apparaissent indissociables en ce lointain contexte. Aussi est-ce d'abord du côté des rites qu'il faut se tourner, plutôt que de rechercher le berceau de ces récits.

Il convient de s'arrêter sur l'étrange rituel du Mont Lycée, parce qu'il perpétue et réactualise les particularités du sacrifice paradigmatique de Lycaon. C'est essentiellement dans ses occurrences avec le mythe que les modalités de ce culte retiennent notre attention.

LE MONT LYCEE

«Le geste n'obtient de sens, de réalité que dans la mesure où il reprend une action primordiale».

M. Eliade, *Le mythe de l'éternel retour*, p. 15.

Corpus des textes (T 130) à (T 139).

Mentionnés par Platon dans la *République* et présentés par les auteurs postérieurs comme des pratiques vivantes, les sacrifices humains du Mont Lycée étaient dédiés à Zeus *Lycaios* : Zeus Loup. Célébrés en secret (ἐν ἀπορρήτῳ), ils s'inscrivaient dans un cycle héortologique, comprenant des fêtes ennéatérides ainsi que des jeux panhelléniques, les *Lycaia*[2].

Se fondant sur les témoignages littéraires dont on dispose, les commentateurs modernes ont, le plus souvent, conclu à la réalité de ces sacrifices. Certains tels A. Brelich et Th. Borgeaud, ont pourtant préféré les tenir pour des pratiques symboliques[3]. Les hypothèses d'interprétation divergeaient déjà dans l'antiquité! Porphyre qui transmettait des informations recueillies par Théophraste, loin d'en suspecter l'authenticité, comparait le sacrifice lycéen au rituel phénicien. L 'auteur du *Minos* s'offusquait du fait que les participants à ces rites fussent "bien des Grecs". Pausanias qui, pour sa part, croyait à la réalité de ces cérémonies, s'abritait derrière le secret, pour n'en point dévoiler les particularités :

«Je n'ai pas voulu m'informer indiscrètement de ce qui en est de ce sacrifice. Qu'il soit ce qu'il est et ce qu'il a toujours été dès l'origine»

(VIII, 38, 7).

En revanche, lorsqu'il évoque ce même sacrifice, dans une métaphore de la tyrannie, Platon emploie le terme *muthos* (τῷ ἐν τῷ μύθῳ), comme s'il estimait relater une fiction. Pour Polybe enfin, croire au bien fondé de ce rituel relèverait de la naïveté. Ces réactions contraires — mutisme, perplexité — attestent l'incrédulité que pouvait susciter, chez un Grec d'époque classique et tardive, la survivance d'un sacrifice humain aussi sauvage. A basse époque, pourtant, d'autres sources laissent croire à la permanence de sacrifices similaires, notamment au Mont Laphystios et à Ténédos[4]. Là, ils se seraient déroulés dans le cadre d'un culte à Mélicerte, un autre enfant mythique cuit dans le chaudron et révéré sous l'épiclèse de *brephoktonos* (tueur de nourrissons). Par deux fois au moins, en Aracadie et dans l'île égéenne, une relation paraît avoir été établie entre les sacrifices de nourrissons et les mythes du festin cannibale[5].

Si la réalité de ces pratiques ne fait, en définitive, guère de doute, les modalités de l'immolation qui échappent aux données rituelles canoniques se révèlent d'emblée insolites. Les chairs de l'enfant égorgé sur l'autel de Zeus *Lycaios* ne sont, en effet, ni cuites, ni consommées selon les usages. Seuls les viscères, mêlés à d'autres viandes, sont servis aux convives. On se rappelle, dans le mythe, l'importance accordée aux viscères, en général[6]. Parce qu'ils détiennent les principes du vivant, ces organes, autour desquels se sont tissées des légendes, garantissent aussi l'essence même de la commensalité[7]. Contant le rite culinaire pratiqué au sanctuaire lycéen, Platon a utilisé le terme *splanchnon* au singulier. Si, dans la *République*, il ne mentionne qu'un viscère c'est assurément pour donner à entendre qu' un seul d'entre eux (le foie, le poumon ou le coeur) devait être rôti sur les broches avec les habituelles viandes animales[8]. Seul, parmi les *splanchna*, le coeur était considéré comme un organe tabou, au point que, dans le mythe orphique du démembrement de Dionysos, les Titans, dévorant le dieu, s'abstenaient d'y toucher[9]. De fortes présomptions laissent croire qu'il s' agissait de cet organe qu'on a pas même osé nommer. Dans le rituel des réglementations qui nous sont parvenues par le biais de l'épigraphie en interdisaient, d'ailleurs, la consommation[10]. Manger le coeur du nourrisson aurait conduit à la transgression suprême; c'est à dire au double viol des interdits alimentaires qui frappaient et la chair humaine et l'organe vital.

Aussitôt grillés, les morceaux étaient distribués et la nature de la viande ingérée assurait, dans l'espace le plus restreint, la participation maximale au sacrifice. Cette intensité conditionnait la réalisation de l'opération magique que le rite entendait susciter *in fine* : la métamorphose pour le convive qui goûterait au viscère humain. La consommation de l'organe, mélangé aux *hiérois*, s'effectuait fortuitement, selon la répartition des lots de viande. Comme le père tecnophage, c'est malgré soi et parce que le hasard le désignait que l'un des participants mangeait la chair humaine et devenait lycanthrope. Dans l'histoire de Pélops aussi un unique morceau de sa chair (l'épaule) sera dévoré par l'une des divinités conviées au festin[11]. Le mythe reproduit, en la transposant, une donnée essentielle du rite : l'unicité du consommateur et de la part ingérée. Choisi par le sort, celui qui, au Mont Lycée, goûte au viscère interdit se transforme en loup. La métamorphose a été mentionnée par différents auteurs, parmi lesquels Pausanias qui fait néanmoins preuve d'un certain scepticisme[12]. Notons que le pouvoir prêté au viscère de l'enfant, générateur de la transformation, ramène aux pratiques surnaturelles de la réjuvénescence. Médée, dans le poème d'Ovide, inversant l'itinéraire de la métamorphose ne mêlait-elle pas les entrailles d'un loup-garou au philtre destiné à rajeunir Aeson? Indubitablement le rituel arcadien, comme le mythe transposé par le poète latin, se sont faits l'écho de croyances populaires qui situaient les viscères humains et l'homme-loup au centre des mutations magiques[13].

Au Mont Lycée, le rite est devenu l'*aition* de comportements lycanthropiques qui ne sont pas attestés, sous cette forme, dans le mythe de Lycaon.

C'est par le biais d'un processus de régression alimentaire, passif, que la métamorphose s'opère donc dans le sanctuaire. La consommation d'un viscère, vraisemblablement le coeur du fait des interdits qui affectent cet organe, confère un statut intermédiaire entre homme et loup, la lycanthropie[14]. C'est dans une classification comparable, entre sauvage et civilisé, que les auteurs grecs rangeaient précisément les Arcadiens, demeurés *balanèphages*, mangeurs de glands[15]. Lycanthrope par excellence, Lycaon figure dans la généalogie arcadienne en tant que père du chêne, Dryops; c'est à dire qu'il s'y trouve présenté en tant que dispensateur du gland. Sans atteindre à la répugnance symbolique que les milieux pythagoriciens ont éprouvée pour la fève, cet akène pâtissait d'une fâcheuse réputation, demeurant considéré comme un aliment de misère, d'avant l'ère du blé[16]. Les deux conduites alimentaires rattachées à la figure de Lycaon, consommation des glands (régime des arcadiens) et du viscère humain (adeptes du Mont Lycée) reflètent, chacune, l'état premier des temps de la sauvagerie.

En approchant d'autres pratiques on décèle l'existence de plusieurs traditions arcadiennes, relatives à la lycanthropie. Deux textes de Pline L'Ancien et de Saint Augustin font état d'une initiation, pratiquée par la famille sacerdotale des Anthides[17]. Radicalement distinguée du repas sacrificiel du Mont Lycée, elle se caractérisait par une métamorphose, consécutive à un tirage au sort et à une série d'épreuves : traversée d'un étang, séjour parmi les loups. Les deux traditions gardent cependant en commun le caractère fortuit de la transformation, puisque les initiés sont tirés au sort, tout comme les commensaux du Lycée sont désignés par la distribution des viandes. Elles se distinguent, en revanche, par leurs modalités. Le récit d'Evanthe et de Varron, les sources respectives de Pline et de Saint Augustin, relate des épreuves physiques, caractéristiques des probations d'adolescence, et un isolement parmi les bêtes sauvages que les textes traitant du sacrifice lycéen ignorent. L'expérience lycanthropique, assimilable à une période de fostérage ou à l'exil mythique auprès de Chiron, s'achève après un laps de temps déterminé, de l'ordre de neuf à dix années[18]. Parce qu'elle scande les étapes de la vie civique arcadienne, l'initiation pratiquée par les Anthides marque un changement transitoire. Les témoignages de Pline et de saint Augustin, qui ne relient pas la métamorphose aux pratiques cannibales, informent sur sa durée ainsi que sur le comportement alimentaire qui permet d'en triompher. Le régime inverse à celui qui suscite la métamorphose dans le rituel du Mont Lycée restitue à l'initié le statut humain. Le "loup" recouvre sa nature première s'il s'est abstenu de toucher à la chair humaine pendant la durée de l'épreuve lycanthropique («Mais s'ils ne se nourrissaient pas de chair humaine, de nouveau, après neuf ans, une fois retraversé à la nage le même étang, ils reprenaient la forme humaine»).

Les récits consacrés au Mont Lycée n'envisagent pas le sort réservé aux lycanthropes, transformés par l'acte anthropophagique. Ces traditions, rivales en apparence, se répondent en fait, opérant sur des plans complémentaires : celui de la probation civique d'une part, de l'expérience religieuse d'autre part. Dans le culte, la lycanthropie qui châtie l'impiété du convive devient un acte gratifiant. Le rite inverse les données et les valeurs du mythe arcadien. Car le zoomorphisme fonctionne apparemment "par le bas", selon les mécanismes qui caractérisent aussi les pratiques dionysiaques[19]. Le cannibalisme et la métamorphose ne visent-ils pas à fondre les statuts de manière à accéder, par un cheminement régressif, au divin? Par le manger cru — a écrit M. Detienne — «Dionysos fait sauter les barrières entre les dieux, les bêtes et les hommes ... le dionysisme permet d'échapper à la condition humaine en s'évadant par la bestialité, par le bas, du côté des animaux ... le cannibalisme, s'inscrivant dans la logique de l'omôphagie, semble la forme achevée de l'état sauvage vers lequel le dionysisme oriente son parcours»[20]. On atteint à des préoccupations existentielles, communes aux histoires de chaudron. Que ce soit le rajeunissement, l'immortalisation ou l'expérience religieuse, toutes ces tentatives visent à échapper à la condition humaine.

Les transgressions nécessaires pour atteindre l'état paroxysmique que M. Detienne mentionne à propos du dionysisme semblent réunies dans les rites arcadiens qui cumulent cannibalisme, dévoration d'organes interdits et métamorphose en bêtes fauves. La notion de hasard, incluse dans la répartition des parts, s'opposant aux règles du partage isonomique, ajoute à la perversion du sacrifice.

Maîtrisées dans le culte, l'anthropophagie et la régression animale qui s'en suit, prétendent aux mêmes fins que le *diasparagmos* et l'omôphagie dionysiaques. Mais au manger cru des bacchants, les fidèles de Zeus *Lycaios* préfèrent le manger cuit, emprunté aux règles du sacrifice civique. Ce n'est ni le mode de préparation, ni de dévoration, mais bien la nature de la chair ingérée qui, toutefois, en Arcadie déclenche l'ensauvagement. A la possession qui décuple les forces du célébrant de Dionysos, s'oppose encore la passivité du banqueteur lycéen, laissant au sort le soin de le désigner. Dans les deux contextes néanmoins, la *mania* et le hasard se substituent à la volonté et à la responsabilité des individus. Entransés ou passifs, les adeptes de ces cultes atteignent, fût-ce par des voies différentes, à la même bestialité libératrice.

Les récits qu'Apollodore et Hygin donnent du crime de Lycaon établissent le lien entre le rituel et le mythe arcadiens (**T 125, 126**).

Contrairement aux règles sacrificielles, mais conformément aux usages du Mont Lycée, Lycaon, sur les conseils de son fils aîné, mêle les viscères de l'enfant qu'il a égorgé aux viandes animales (τοῖς ἱεροῖς τὰ τούτου σπλάγχνα συναναμίζαντες παρέθεσαν; *carnum humanam cum cetera carne commiscuerunt.*).

On n'a pas perdu de vue les subterfuges qui, dans le repas tecnophagique, avaient permis aux meurtriers et aux meurtrières de présenter la chair de l'enfant, sans éveiller les soupçons du père. Astyage trichait sur la répartition des viandes, alors que Procné (tout comme Atrée trompait Thyeste) feignait de procéder à un rite en l'honneur de son époux. La coutume de mélanger, au Mont Lycée, viscère de l'enfant et viandes animales, répond aux mêmes exigences. Toutes ces précautions, destinées à oblitérer la nature du repas consommé, visaient en outre à atténuer la part de responsabilité du convive, impliqué dans un acte horrifique; qu'il se soit agi du père dans les récits de tecnophagie, de l'adepte dans le rituel lycéen. En définitive, sauf chez les monstres de type Polyphème, le cannibalisme n'est jamais présenté comme un acte délibéré[21]. Par le biais de la tromperie, du sort, comme par les effets de la *mania* dionysiaque, il échappe au domaine du conscient. Manger la chair humaine, ou la chair crue, revient à commettre une faute involontaire comparable à celle qu'a représentée d'ailleurs, à l'origine, le premier sacrifice sanglant perpétré par les hommes[22].

L'inconscience de l'acte nuance la faute, de la même manière que le désordre mental, introduit chez les femmes qui cuisinaient le repas tecnophagique, corrigeait la portée de l'infanticide[23].

AMOIBAIA DEIPNA : les festins mythiques de LYCAON et de TANTALE

Corpus des textes (T 118) à (T 129); (T 140) à (T 161).

Le repas tecnophagique doit être assimilé à un meurtre pur et simple, mais dont les modalités, essentiellement culinaires, ont été calquées sur les phases de la *thusia*. La nature du festin auquel Lycaon et Tantale convièrent les dieux soulève davantage d'ambiguïtés. Quoique canonique dans ses préparatifs, il est certain que l'opération *a priori* destinée à honorer les Olympiens diffère, dans sa finalité, d'un sacrifice.

Tout d'abord, il ne s'agit pas d'un acte cultuel. Ce ne saurait en être un; puisque le festin se déroule dans un univers encore en proie aux rivalités primordiales dans lequel la relation cultuelle n'a pas été nouée[24]. La commensalité qui réunit les protagonistes évoque celle que les rois éthiopiens entretiennent avec Poséidon et qu'Homère peignait indifféremment comme un sacrifice et comme un banquet[25]. Disons, d'entrée de jeu, que les deux festins s'apparentent davantage à des rituels truqués[26]. Bien que cannibales, ils ressortissent, comme d'autres offrandes prédiluviennes, à la typologie du premier sacrifice alimentaire.

LE FESTIN

Le mythe situe le festin cannibale dans l'intimité des hommes et des dieux, avant même que n'aient été instaurés la hiérarchie et l'ordre "vertical" qui devaient à jamais les séparer. En ces temps où mortels et immortels se priaient à dîner, Lycaon s'assit, comme Tantale, à la table divine[27]. L'origine asiatique de Tantale, le plus souvent considéré comme un Lydien, porte le banquet funeste sur le Mont Sipyle, "cher aux dieux" (Pindare, *O.* I, v. 39), le pendant géographique du Mont Lycée, la montagne d'Arcadie[28]. De par leur situation élevée, les sommets étaient censés délimiter un axe de communication priviligié entre les espaces terrestres et célestes[29]. Plus exposés, de surcroît, aux orages, on les croyait plus intensément marqués par la présence de Zeus. On conçoit que la pensée mythique ait donc situé le festin communautaire à mi-parcours entre ciel et terre, sur une montagne en proie à la fulguration.

Zeus, qui entend mettre à l'épreuve la piété de Lycaon et de ses cinquante fils, s'est laissé convier à un banquet auquel il participe sous les traits d'un mortel; ceux d'un homme pauvre, précise Apollodore. Ou bien, selon une tradition parallèle, l'Arcadien a inversement souhaité — comme le fera Tantale — éprouver la sagacité divine. C'est ce qui ressort des versions d'Hygin et de Nonnos :

«soucieux de tenter Zeus",(Lycaon) "s'est assis à la même table que le souverain du monde" (et a) "présenté ... cet aliment que votre père (le narrateur s'adressant à Dionysos) ne reconnut pas d'abord»

(Nonnos).

«Il voulait savoir si c'était bien un dieu qui sollicitait son hospitalité»

(Hygin).

L'invitation relève donc de la tromperie, qu'elle se soit manifestée du côté de l'hôte ou de celui du convive divin. Curieusement, alors que le dîner se place dans un temps antérieur à la religion, il exprime un doute, existentiel et mystique de la part des hommes ou relatif à leur piété de la part de Zeus. Car, réversible, le piège devient chez Ovide et chez Apollodore un prétexte pour mesurer l'impiété des humains. Néanmoins, l'ensemble des variantes littéraires privilégie le thème du défi qui oppose le sacrificateur (Lycaon,Tantale) à Zeus.

L'apparence humaine qu'a pris l'Olympien, aux dires d'Apollodore et d'Ovide, vise peut-être à rendre compte de l'intimité qui, hissant Lycaon à la table des dieux, risquait de paraître incongrue aux auteurs tardifs. Déjà la convivialité de Tantale et des divinités avait choqué Euripide qui réprouvait "les insolences de langage" auxquelles il s'était livré quand «il fut appellé, lui, simple mortel, à s'élever au rang des dieux, en s'assayant à la même table» (*Or.* 8-14).

Pindare qui, pour sa part, néglige le thème de l'épreuve, décrit un banquet avec écot, un *éranos*, également donné en retour. Les termes utilisés à propos de Tantale (*amoibaia*) renforcent l'idée de communauté, les hommes et les dieux échangeant des invitations, chacun y allant de sa cote part.

Alors que Tantale agit seul, les nombreux fils du héros arcadien assistent leur père dans l'organisation du festin trompeur. Notons que le total de cinquante descendants, attribué à Lycaon, revient de façon récurrente dans les mythes de peuplement[30]. Signalons, pour mémoire, les cinquante filles de Danaos et de Thespios, les cinquante fils d'Egyptos et de Pandion, les Pallantides[31]. *Cf.* (Tableau généalogique n° IV). Ces récits de fondation, qui associent les schèmes de la fraude alimentaire, du déluge, des autochtones, du repas cannibale, ont été échelonnés, selon les chronologies locales, entre la cinquième et la huitième génération. Ils marquent les étapes d'une structure mythologique commune, qu'on retrouve, plus ou moins développée, à travers les récits attique, arcadien, phocidien et béotien. Chaque région élabore son mythe des origines, à partir de cette trame événementielle à laquelle ressortit le festin cannibale. Le motif de la discorde, à l'origine des deux festins, sert aussi de prétexte à d'autres récits genésiaques dans lesquels Zeus affronte un Titan ou un mortel[32].

Accommodant ce repas peu ordinaire, Lycaon prélève les viscères de la victime humaine qu'il a égorgée et les apprête avec d'autres viandes. Cette spécificité culinaire caractéristique du Mont Lycée est expressément mentionnée par Apollodore et, plus évasivement, indiquée par Hygin (*"alia carne concisum pro epulis adposuisse"*). Les auteurs ont ainsi souhaité souligner l'identité des pratiques cultuelles propres au sanctuaire avec les modalités du sacrifice mythique de Lycaon. Seul Ovide (*met.* I, v. 227) a choisi de dépeindre la cuisine sacrificielle dans son aspect "canonique". Conformément aux usages, Lycaon divise "les membres pantelants" de la victime en deux parts, "en détrempe l'une dans l'eau bouillante, fait rôtir l'autre au feu".

Etrangère à la tradition arcadienne, l'opposition entre le grillé et le bouilli, soulignée dans le texte latin, résulte de contaminations avec les autres légendes cannibales. L'image des membres "palpitants", empruntée à un *diasparagmos* est d'ailleurs utilisée dans un autre épisode du recueil, décrivant le meurtre d'Itys (*met.* VI). Le

poète qui n'en est pas à une innovation près, en faisant encore de la victime servie à Zeus un adulte — un Molosse envoyé en Arcadie comme otage — modifie jusqu'au sens du crime rituel[33]. Certes les traditions divergent quant à l'identité de la figure immolée, mais, à la différence de celle que privilégie Ovide, toutes s'accordent à la présenter comme un nourrisson. Pausanias (VIII, 2, 6) évoque un nouveau-né, tandis qu'Apollodore précise qu'il s'agit d' un enfant du pays. D'autres sources, bien plus intéressantes, apprennent que Lycaon égorge l'un de ses descendants directs : ou bien son propre fils, Nyctimos, le dernier-né (Lycophron et scholie à Lyc.); ou bien, dans le texte le plus ancien, l'enfant de Callisto, son petit-fils Arcas (fr. hésiodique 163; Hygin; ps. Eratosthène)[34].
Voir le tableau généalogique n° IV.

L'intérêt réside, en ce cas, dans l'analogie des structures puisque, dans les deux grands récits, celui de Tantale et celui de Lycaon, le père offre chaque fois les chairs d'un descendant mâle (fils ou petit-fils) aux dieux assemblés :

> «Dans l'eau bouillonnante sur une vive flamme, les membres dépecés au couteau avaient été jetés»
>
> (Pind., *O* I, v. 45-53).

La mention de l'ébullition, dans le cas de Tantale, laisse à penser que la préparation culinaire se déroule conformément aux règles du sacrifice civique, même si la cuisson semble primer sur le rôtissage qui n'est pas évoqué dans la première *Olympique* de Pindare. Il n'y a aucune raison à ce que l'accommodation des chairs de Pélops reproduise les particularités du repas arcadien, dont on a dit qu'il fonctionnait comme un récit étiologique du sacrifice lycéen.

Chez Pindare, toutefois, le fils de Tantale est dépeint non pas sous les traits d'un enfant en bas-âge, mais comme un éromène que Poséidon s'apprête à ravir. Le statut de la victime s'est vu modifié du fait que dans l'ode pindarique la mésaventure a été immédiatement associée à un épisode d'amour pédérastique. Mais, il y a de fortes chances pour qu'originellement les deux mythes aient fait allusion à des nourrissons. Cette hypothèse sera d'ailleurs confortée par les récits des morts de Dionysos et de Mélicerte[35].

Dans la version qu'Apollodore transmet de la légende arcadienne, Nyctimos qui n'est pourtant pas l'enfant offert échappe au châtiment collectif, consécutif au festin. Tandis que Zeus foudroie

Lycaon et ses fils, "le plus jeune, Nyctimos," se voit épargné grâce à l'intercession de Gaia qui apaise sa colère. L'adolescent Pélops et l'enfant Dionysos, dévoré par les Titans, seront également rappelés à la vie par une divinité courotrophe[36]. Sans l'avoir parfaitement comprise, le mythographe s'est donc référé à la version canonique qui veut que la victime, ressuscitée, ait été le dernier-né. En insérant paradoxalement Gaia à l'action, il a, en partie seulement, conservé le motif de la résurrection finale[37].

Comme dans les histoires de tecnophagie, le fils mâle demeure l'offrande exclusive du repas sacrificiel offert à l'appétit des dieux. Mais, cannibale involontaire dans la précédente catégorie, le père se voit attribuer ici le rôle du meurtrier, celui que tenaient la mère et les collatéraux. L'acte criminel reste perpétré sur la descendance directe : Lycaon égorge son fils Nyctimos ou son petit-fils Arcas, tandis que Tantale dépèce "au couteau" les membres de Pélops[38].

Dans cette structure narrative le père ne goûte pas aux chairs de l'enfant immolé. Ce mets est destiné aux Olympiens rassemblés et, plus particulièrement, à Zeus que l'égorgeur défie[39]. La perspicacité divine leur permet évidemment de surmonter l'épreuve et de distinguer aussitôt la chair humaine des viandes sacrificielles. En sorte que le repas contre nature échappe ici à la consommation. Dans les écrits partisans des auteurs chrétiens, concernant le démembrement de Dionysos (Clément d'Alexandrie; Arnobe), Jupiter qui n'avait pas été convié au repas, a tout d'abord été séduit par "la suavité des fumets" et s'est précipité à la table ! Il va de soi que les Pères de l'église ont insisté sur la tentation cannibale, une attitude qu'inversement les auteurs classiques avaient souhaité atténuer. Pindare, dans la première *Olympique* s'indignait même — comme Euripide (*Iph.T.*, v. 388-391) — de ce qu'on ait pu tenir les dieux pour des cannibales et refuse d'admettre, qu'au dernier service, ils se seraient partagé les chairs de Pélops. Pourtant, il précise, comme Ovide, Hygin et Nonnos, que Déméter — à moins qu'il ne se fût agi de Thémis? (τινὲς δὲ τὴν θέμιν) — a touché cette chair interdite et dévoré l'épaule du jeune adolescent qui renaîtra à la vie, pourvu d'une prothèse d'ivoire[40]. La dévoration, qui reste le fait d'une unique divinité, n'affecte encore qu'une partie du corps, en l'occurrence un morceau de chair et non pas un viscère. Le récit relatif à Pélops reste en partie construit sur le "modèle" du rite Lycéen. Le choix, apparemment curieux, de cette pièce peut découler du fait que le dos, l'échine de l'animal, constituait une part honorifique des viandes sacrificielles (41). Mais il peut encore attester la survivance de pratiques orientales mal comprises, telles celles que les Scythes respectaient à l'époque d'Hérodote. Lors des sacrifices humains en l'honneur d'Arès, il est troublant qu' après avoir immolé la victime, ces guerriers lui aient sectionné l'épaule droite et l'aient lancée au loin. Cette étrange coutume était encore en usage chez les Nartes, l'une des dernières peuplades iraniennes d'Europe[42].

D'autres témoignages littéraires, anciens ceux-là, laissent deviner semblables pratiques en Grèce[43]. Une scholie à Sophocle (*OC*, 1375), fondée sur le fragment III de la *Thébaïs* , apprend que les gens de l'entourage d'Etéocle et de Polynice qui "avaient d'après la coutume à envoyer à leur père Œdipe l'épaule en tant que sa part de chaque victime, l'oublièrent ...". Lorsqu'Œdipe s'aperçut qu'à la place de l'épaule, valorisante, on lui avait fait parvenir une hanche, il entra dans la plus violente colère[44]. La mention, chez Lycophron, de ce détail particulièrement important semble conforter le rapprochement. Le poète hellénistique, en effet, fait allusion au jet de l'épaule, attesté dans le rituel scythe. Du haut du Sipyle, Déméter *Erinys* l'aurait ainsi "lancée dans l'abîme du gouffre", après en avoir rongé la chair. D'origine asiatique, le mythe de Pélops semble reproduire deux des éléments constitutifs des rites perpétrés en Scythie : ablation (ensemble de la tradition) et lancer de l'épaule (variante de Lycophron). Aurait-on recouru, *a posteriori*, à l'intervention étourdie de Déméter pour rendre compte d'un acte rituel aussi barbare que la tradition grecque, après l'avoir introduit dans le mythe, aurait réprouvé ou occulté? Il reste frappant de rencontrer les avatars de pratiques, vivaces en Asie et qui s'apparentent aussi au *maschalismos*, dans les légendes péloponnésienne (Pélops) et thébaine (Oedipe)[45]. L'épaule, qu'elle ait été l'objet de lots honorifiques lors du sacrifice (Oedipe) ou le support de rites apotropaïques (sacrifices scythes), revêt une importance incontestable dans ces différents récits. Spécifique du festin de Tantale, le motif n'apparaît ni dans l'*eranos* de Lycaon, ni dans les divers repas tecnophagiques. Fruit d'une adjonction au fond mythique, il semble avoir été originellement dépourvu de lien avec les mythes grecs de cannibalisme.

On a dit d'emblée comment, grâce à son intuition, Zeus qu'il s'agissait d'éprouver mettait un terme au sinistre banquet. On a pu craindre un instant que le Cronide ne se laissât abuser par «cet aliment et Nyctimos, que votre père ne reconnut pas d'abord» explique, chez Nonnos, le narrateur à Dionysos. Saisi de dégoût, dès lors qu'il a flairé le piège, Zeus laisse éclater sa colère. Effectuant un geste qui, accompli par le père sanctionnait le repas tecnophagique, il renverse la table. La réaction du dieu a d'ailleurs donné à l' Arcadie le toponyme de *Trapezonte* [46].

Le père tecnophage réprouvait, par ce renversement le repas qu'il venait de prendre; exprimant symboliquement le dégoût physiologique, également matérialisé par les vomissements. Les dieux qui, en revanche, ne consomment pas se bornent à signifier ainsi leur réprobation morale et brisent le commerce que, sur les montagnes, ils entretenaient avec les hommes.

Le motif du renversement a été repris par les auteurs tardifs, Apollodore (τὴν τραπεζαν ἀνετρέψεν), Hygin (*mensa proiecta, iratus mensam everit*). Enchaînant aussitôt, ils introduisent dans le récit arcadien, le thème de la fulguration des coupables, également remployé par Ovide[47]. Le poème des *Métamorphoses* (I, v. 227) dégage même la synonymie des deux actions, *trapeza* renversée et fulguration :

> «Au moment où ce mets parut sur la table, moi (Zeus), d'une flamme vengeresse sur le maître des pénates, je fis crouler la demeure»[48].

Dans la version d'Apollodore (III, 8,1), Zeus foudroie Lycaon et ses cinquante fils, à l'exception de Nyctimos, on s'en souvient. En revanche, la tradition littéraire et picturale ne s'attarde guère sur le châtiment de Tantale, pourtant coupable du même crime. Elle insiste davantage sur les supplices auxquels le héros a été condamné aux Enfers , mais pour d'autres fautes (Pindare, *O.* I, v. 59). Le festin cannibale ne constitue pas le grief majeur retenu contre lui. De même que Zeus se montre plus irrité contre Prométhée après le vol du feu qu'à l'issue du sacrifice frauduleux de Mécônè[49], de même, c'est le larcin auquel il s'est simultanément livré, en dérobant aux dieux le nectar et l'ambroisie, qui lui valut principalement ces tourments éternels.

Le châtiment divin, tel qu'il a été décrit dans les différents textes, s'organise selon un *crescendo* bien orchestré. La table est renversée, la maison incendiée, les meurtriers foudroyés et la terre noyée sous les eaux (mythe de Lycaon). La condamnation s'étend progressivement à l'humanité, en raison de la cruauté qui règne. Renonçant pourtant à employer le foudre, pour une crémation planétaire, Zeus décide de «consommer sous les eaux la perte du genre humain» (*met* I, v. 253). La même destruction, mais par l'eau et par le feu, punit la dévoration de Dionysos et, quoiqu' altérée, réapparaît dans le récit du repas de Thyeste[50]. Quand bien même il vise à frapper l'humanité, le déluge "grec" présente pourtant la particularité de ne jamais atteindre à l'anéantissement universel. Même défiés, les dieux ne peuvent se résoudre à exterminer les hommes, sous peine de perdre les avantages inhérents à leur statut divin. L'idée est exprimée dans *le Banquet*, XV, à propos des hommes primordiaux et hermaphrodites qui, par leur suffisance, ont, eux-aussi, exaspéré les divinités. Détruire ces humains reviendrait, en effet, à «anéantir les hommages et le culte que les hommes rendent aux dieux»; les Olympiens qui «ne pouvaient non plus tolérer leur insolence» ont un instant balancé entre les deux alternatives.

Localement circonscrit, le cataclysme punit un individu, un groupe d'hommes et préserve les espèces animales, telle les loups qui, à Delphes, de leurs hurlements guideront les rescapés[51]. Même si le motif ne figure pas expressément dans la totalité des récits, c'est par le déluge que se parachève le châtiment divin. Omis dans l'histoire de Tantale, il est directement lié à l'impiété de Lycaon, à celle des Titans dans le récit du démembrement de Dionysos; indirectement associé, en revanche, à la fraude de Prométhée dont le fils, Deucalion, survit aux précipitations diluviennes[52]. (Tableau généalogique n° IV).

Une dernière conséquence, la métamorphose en loup, distingue radicalement le crime de Lycaon de celui de Tantale. Ignorée dans l'épisode de Tantale, la transformation se superpose au châtiment universel et frappe le père meurtrier qui n'a pourtant pas touché aux chairs de son fils. Ovide qui accorde une certaine importance au phénomène donne une description saisissante de la transformation de Lycaon :

> «il pousse des hurlements ... il devient loup, mais il garde encore des vestiges de sa forme première : même couleur grisâtre du poil, même furie sur les traits, mêmes yeux luisants»[53].

Dans le mythe, la métamorphose ne s'effectue donc pas par le biais du cannibalisme, comme c'est le cas dans le rituel lycéen pour le convive désigné par le sort[54]. Récit légendaire et usages religieux ont été organisés à partir de la lycanthropie, l'assignant toutefois à des agents différents : au père meurtrier dans le mythe, au consommateur du viscère dans le contexte cultuel. L'incohérence n'est qu'apparente. La métamorphose en loup dut être surajoutée au substrat mythologique de type Tantale, afin de conformer la légende aux rites lycanthropiques du sanctuaire arcadien. L'insertion du thème put être également surdéterminée par le patronyme du héros et le toponyme du sommet qui durent aiguiser l'imaginaire des Arcadiens[55].

Par la régression alimentaire le myste du Mont Lycée atteint à la bestialité dont Lycaon, de par son crime, fournit l'image paradigmatique si fortement exprimée par Ovide. De la même manière que l'Arcadien souhaitait, par la tromperie, égaler Zeus, le convive de Zeus *Lycaios* cherche, dans le zoomorphisme rituel, la symbiose avec le divin.

Contrairement à celle du repas tecnophagique, la victime du festin cannibale est épargnée par les dieux et l'épreuve se clôt par une palingénésie. Nyctimos, le cadet des fils de Lycaon, échappe à la fulguration grâce à l'intercession de Gaia (Apollodore). Arcas, l'Ours, lorsqu'il est désigné comme la victime, est aussitôt "refaçonné par Zeus", pour une renaissance qui était déjà connue de la littérature hésiodique[56]. Tout comme il reconstitue, à partir du coeur épargné, le corps du Dionysos orphique, mangé par les Titans, le Cronide remodèle l'enfant sacrifié[57]. Le procédé évoque celui de la création de Pandora, modelée à partir de la glaise par Héphaïstos, sur ordre de Zeus[58]. Il assimile le dieu à un démiurge, travaillant dans la technique d'un coroplate.

Cuit et en partie dévoré par Déméter, Pélops est également rappelé à la vie. Il doit sa résurrection à Zeus, à Clothô, à Rhéa ou, enfin, à Hermès[59]. Comme, parmi les membres rassemblés par les dieux manquait l'épaule, «Jupiter lui façonnait artistement en ivoire une large épaule, pareille à celle que Cérès avait dévorée» (*met* VI, v. 404-411). La restitution de l'épaule d'ivoire qui a, par ailleurs, suscité le culte des reliques de Pélops s'apparente davantage au travail noble du sculpteur, agençant les pièces d'une statue acrolithe ou chryséléphantine[60]. Il est possible que cette distinction entre les matériaux (glaise pour Arcas; ivoire pour Pélops) et les techniques (modelage/sculpture) entende mettre aussi l'accent sur la plus grande ancienneté du récit arcadien. La coroplastie renvoie, en effet, à un environnement technologique plus précaire, et donc conforme à la nature des habitants de la région, relégués dans la nuit des temps.

Quoiqu'il en soit, les différents témoignages attestent une intéressante répartition des fonctions. Le remodelage de l'enfant reste du ressort des divinités masculines, de Zeus ou d'Hermès; peut-être parce que, selon les statuts de l'artisanat antique, la statuaire était une activité essentiellement masculine. En revanche, l'opération magique, destinée à rendre vie à Pélops, est de la compétence des déesses. Clothô ou Rhéa s'affairent autour du chaudron, où elles ont replacé les chairs de l'adolescent. Il semble que l'image de la magicienne de type médéen et de son instrumental se soit imposée, dès lors qu'il s'est agi de réjuvénescence ou de résurrection. Les imagiers attiques et étrusques*(4)*, confirmant ce partage des tâches, n'ont pas manqué d'installer les figures féminines de part et d'autre de la cuve. C'est, en effet, grâce à une nouvelle coction dans le *lébès* que renaît Pélops. On le retire vivant de la marmite, mais «plus beau et plus resplendissant qu'auparavant» (Apollod. *epit* II, 3). Ailleurs, Rhéa, en compagnie de Déméter, d'Apollon et d'Athéna, participent à la collecte des membres de Dionysos, découpés par les Titans[61].

Interchangeables, ces figures féminines évoluent d'un mythe à l'autre. Tandis qu' elle assume dans la légende orphique la fonction salvatrice réservée ici à sa mère Rhéa ou à Clothô, dans le sacrifice de Pélops, Déméter est montrée sous les traits d'une déesse cannibale : la seule parmi les Olympiens à avoir goûté la chair humaine. On a voulu relativiser la portée de son acte, en la montrant, telle les mères frappées par la *mania*, étourdie ou soucieuse, "préoccupée par le rapt" de Perséphone. Vaine tentative, car cette facette sauvage de sa personnalité a été révélée, ailleurs, par des épiclèses cultuelles, ainsi celle d'*Adèphagia*, assurément révélatrices d'un trait originel de sa nature[62]. Dans *l'Hymne homérique* qui lui a été consacré, la déesse intervient en tant que dispensatrice du blé comme de la famine. Elle incarne la faim dévorante, qu'elle apaise en tant que nourricière. Comme le feu, décrit par Héraclite d'Ephèse, elle est elle-même "famine et abondance". La dévoration paraît à ce point inhérente à sa nature qu'elle menace de vouer à l'allélophagie les Arcadiens qui ne l'auraient pas honorée[63]. Rien de surprenant, donc, à ce qu'on ait songé à faire intervenir cette divinité ambiguë dans la manducation de Pélops, afin d'expliciter, par sa voracité, l'amputation de l'épaule, un thème vraisemblablement extérieur au festin cannibale et emprunté à d'anciens rites gréco-asiatiques.

N'inversant pas le cheminement de la cuisson, le remodelage d'Arcas ou de Dionysos ne passe pas directement par *le lébès.*

Seul le chaudron de mort dans lequel avaient bouilli les membres de Pélops se mue en chaudron palingénésique. Pour la première fois, grâce à l'intervention de Zeus et des divinités courotrophes, l'épreuve du feu aboutit à une issue positive. Le thème d'un *regressus ad uterum* se greffe sur celui du cannibalisme. Car la seconde cuisson tient lieu de seconde naissance. Le séjour dans l'eau du *lébès* traduit métaphoriquement la gestation dans le ventre de la mère. Cependant, la régression dit Jung à ce propos, suscite «la réanimation de la mère en tant que but du désir, mais cette fois sous la forme de la nourrice»[64]. Effectivement, hormis Sémélé qui dans la palingénésie de Dionysos est la mère de l'enfant, les divinités rencontrées dans ce contexte sont des nourrices : les courotrophes recueillent le deux fois né, au sortir du récipient conceptif[65]. Ce processus répond à des occurrences exprimées dans la littérature antique. On se souvient que, jouant par exemple sur l'homophonie de *gastèr-gastra*, on a confondu le chaudron et la matrice (Hérodote). Mais l'instrument fut aussi senti comme un objet initiatique, donnant accès à la vie spirituelle. Dans le rituel d'Inô-Leucothéa, le myste effectuait une plongée fictive dans le *lébès* liturgique, celui-là même où avait péri Mélicerte[66]. La légende de Pélops introduit dans la structure mythique du festin cannibale des éléments étiologiques (la seconde naissance), relatifs à des pratiques initiatiques comparables. Elle seule, en raison de l'âge du héros et de l'issue positive, permet de déceler, en filigrane, d'éventuelles probations d'adolescence[67].

PORTEE DU MYTHE CANNIBALE

A la troisième génération, à dater de l'ancêtre autochtone Pelasgos, Nyctimos reçut le pouvoir royal. Son successeur, Arcas, introduisit "l'agriculture qu'il apprit de Triptolème". Ces précisions, fournies par Pausanias (VIII, 2,1; 38, 1), permettent de situer l'épisode arcadien dans le créneau temporel où se placent la cryptie de Démophon et le meurtre d'Itys.

Le mythe apprend qu'avec Nyctimos fut instauré l'ordre dynastique, tandis qu'Arcas, mettant à profit les enseignements du héros éleusinien, introduisit la culture céréalière. Ces étapes, postérieures au festin de Lycaon, marquent en quelque sorte le passage de la protohumanité à la civilisation[68]. Avec Nyctimos et Arcas, l'histoire prend, en Arcadie, le relais du discours mythologique, en lisière de l'anthropogonie. Pour officialiser la transition, on attribue aux descendants de Lycaon — comme à Pélops — le rôle de héros fondateurs, éponymes de la péninsule péloponnésienne comme de ses principales villes[69].

On ne doit donc pas se méprendre sur la portée, originellement cosmogonique, du festin cannibale perpétré en l'honneur des dieux. Les légendes de Lycaon et de Tantale appartiennent aux grands mythes de rivalité qui opposent les Titans et les premiers hommes aux Olympiens. Ces crises se déroulent "aux temps où se règlait la querelle des dieux et des hommes à Mécônè", juste avant que n'ait été instaurée la hiérarchisation irréversible exprimée dans la religion (Hésiode, *Théog.*, v. 535). C'est dire qu'elles ébranlent une société mixte, réunissant hommes et dieux, fondée à l'image des structures sociales archaïques sur l'échange et régie par le système du don et du contre-don, auquel les banquets, réciproquement offerts ressortissent.

Afin d'éprouver la divinité de Zeus, Lycaon et Tantale ont organisé un festin truqué. La fraude résidait dans le fait que les chairs d'un nouveau-né (Lycaon) ou d'un adolescent (Tantale) remplaçaient les viandes sacrificielles de nature animale ou s'y trouvaient mêlées. Le défi comme la supercherie reportent au même contexte qui préside à la ruse prométhéenne. A Mécônè, au moment de partager le boeuf, le Titan aussi "cherchait à tromper la pensée de Zeus" (*Théog.*, v. 538-543). Mais alors que Lycaon et Tantale abusent le dieu en cachant l'origine véritable des mets qu'ils présentent, Prométhée, lui, triche sur la répartition des parts qu'il destine aux immortels et aux humains. Le don de la viande aux hommes, de la graisse et des os évaporés en une fumée odorante aux Olympiens, créera le précédent paradigmatique du sacrifice civique;*Théog.*, v. 543 :

«pour l'autre (la part divine), il avait, par une ruse perfide, disposé en tas les os nus de la bête, puis recouvert le tout de graisse blanche».

Ignorant la réglementation prométhéenne, Lycaon et Tantale ont offert aux dieux les chairs de l'enfant ; ces mêmes pièces que les meurtriers accommodent pour le repas tecnophage. Mais perfidement, Lycaon a dissimulé les viscères de l'enfant égorgé parmi les *splanchna* des bêtes sacrifiées.

Le sacrifice de Mécônè et le festin cannibale présenté aux Olympiens répondent au même archétype de fraude alimentaire. De la même manière qu'il distingue dans le ragoût qui lui est servi la chair de Nyctimos, d'Arcas ou de Pélops, Zeus pressent d'emblée le piège de Prométhée et "sait le reconnaître" (*Théog.*, v. 550). Découverte, la tromperie suscite aussitôt la colère divine, précédant, là encore, la vengeance universelle :

«il méditait la ruine des mortels, tout comme il devait l'achever»

(v. 550)[70].

Dans le récit prométhéen, toutefois, l'avènement de Pandora, la première femme, répond au thème du déluge. Conformément à la misogynie longtemps caractéristique de la mentalité grecque, l'avalanche des maux échappés du pithos reproduit métaphoriquement les cataractes diluviennes. De par ses effets néfastes, la femme (et Hésiode, comme Euripide, ne se sont pas privés de le faire savoir!), consommant la perte du genre humain, équivaut au cataclysme .

Le rôle tenu par Tantale dans la médiation entre les hommes et les dieux l'apparente toutefois plus étroitement à Prométhée que Lycaon. A l'issue du sacrifice truqué, on se souvient que le Titan dérobe dans une férule le feu que Zeus avait soustrait aux humains (*Théog.* v. 564-569)[71]. Comme lui Tantale vole, pour les livrer aux mortels, les nourritures divines, le nectar et l'ambroisie[72]. (Une variante veut encore qu'il ait, abusant de l'hospitalité de Zeus, obtenu l'immortalité pour son seul profit[73]). L'acte s'est vu aggravé encore par les "bavardages" (Eur., *Or*, v. 8-14), en réalité par la révélation des choses divines (*ta aporrhêta*) qu'il osa parallèlement confier aux mortels (Diod. IV, 74, 2). C'est en usant des dons plus généralement réservés au dieu Hermès, du vol et de la parole, que Tantale s'est donc offert en médiateur.

Même si les deux fautes ont été accomplies pour le bien de l'humanité, le larcin de Tantale revêt, à la réflexion, bien plus d'importance. S'il a concouru au confort et à la civilisation, le feu n'a, sur le plan physiologique, rien apporté aux hommes. On entrevoit, en revanche, quels auraient pu être les effets des nourritures divines, immortalisantes, si elles avaient été consommées! Condamné à l'anorexie permanente, Tantale voit se dérober, aux Enfers, les aliments qu'il tente d'atteindre, endurant un supplice à l'image et à la mesure du vol commis. Les dieux ont mis fin à l'acte humanitaire, voué par avance à l'échec, comme toutes les opérations bravant les lois bio-chronologiques de l'univers.

Les thèmes du festin truqué et du vol alimentaire, perpétrés au profit du genre humain, apparient les figures philanthropiques de Prométhée et de Tantale. Leurs exploits, assurément contemporains, ont cependant été décalés dans le temps par la généalogie mythique. Il en va de même pour le défi de Lycaon, placé en fait à la septième génération, tandis que Deucalion, le fils du Titan qui survit au déluge, déchaîné pour châtier l'Arcadien, appartient paradoxalement à la troisième génération. (Tableau généalogique n° IV).

Comparaison des séquences dans les trois mythes :

(TITAN)	(TITANIDE)	(AUTOCHTONE)
Prométhée	Tantale	Lycaon (fils de Pelasgos)
↓	↓	↓
Partage truqué de Mécônè	Festin cannibale du Sipyle	Festin cannibale du Mont Lycée
↓	↓	↓
Vol du feu	Vol du nectar et de l'ambroisie	—
↓	↓	
Châtiment : Pandora	Supplices infernaux	Châtiment : Lycanthropie
		↓
Déluge	—	Déluge
|		↑
Deucalion	—	Deucalion
|		↑

Le partage de Mécônè intervient à la suite d'un conflit qui, pour la répartition de leurs *timai* respectives, opposait les Titans aux Olympiens (*Théog.*, v. 881-882). Il faut attendre le sacrifice que Deucalion accomplit au moment du déluge et que la mythologie relie, donc, aux épisodes relatifs à Prométhée et à Lycaon pour que s'efface, grâce à l'établissement d'une relation cultuelle, le sacrilège des festins antédiluviens[74].

En prenant pour modèle du sacrifice civique la supercherie prométhéenne, les hommes entendent réinstaurer le commerce avec le divin que les fraudes alimentaires avaient consommé[75]. Indirectement donc, le partage de Prométhée ritualise l'ordre qui sépare les mondes terrestre et céleste, seulement reliés par la fumée des sacrifices.

Verticales et ascendantes, ces fumées définissent dans l'espace un axe de communication, comparable à celui que délimitaient les sommets des montagnes où se déroulaient les banquets d'antan. On conçoit mieux leur importance symbolique si l'on se remémore un passage du *Thyeste* de Sénèque (v. 770). D'emblée le sacrifice qu'offre Atrée, réitérant l'acte impie de son aïeul Tantale, répugne aux dieux car la fumée qui s'en échappe, hideuse et noire, stagne, ni droite, ni haute.

Les fraudes de Tantale et de Lycaon ne participent pas de l'organisation religieuse mais expriment plutôt une revendication existentielle[76].

Si, après Mécônè, Prométhée dote l'humanité du feu, alimentaire et technique, c'est parce qu'il était indispensable à la condition humaine. Il répond à — et confirme — la nécessité pour l'homme de s'alimenter, de se chauffer, de travailler. Autant d'aléas qui accusent l'écart entre le statut des humains et celui des dieux. Par ce larcin, le Titan aide l'humanité, résignée et désormais soumise aux divinités. Inversement, le vol du nectar et de l'ambroisie dont Tantale s'est rendu coupable, relève d'une rivalité primordiale pour l'immortalité. L'acquérir, en consommant les nourritures des dieux, aurait signifié accéder au statut divin et retrouver la consubstantialité perdue de l'Age d'or. Les rites de cryptie, pratiqués sur les nourrissons dans lesquels l'onction d'ambroisie tient une aussi large place que le feu, attestent la même quête[77]. Différemment formulées, ces revendications sont cependant analogues. Les exigences de Tantale portent sur le statut existentiel même — de l'humain vers le divin —, alors que celles des courotrophes mettent en cause la durée de l'existence — de la mortalité à l'immortalité —, implicitement divine. La préoccupation philanthropique qui motive l'acte de Tantale reste toutefois étrangère aux nourrices divines qui, sans généraliser l'expérience, se consacrent à diviniser un unique nouveau-né. Mais, dans les deux cas, on cherche, par l'alimentation (comme par la crémation et par l'onction), à écarter les maux, la vieillesse et la mort (*Hymne homérique à Déméter*, v. 242-243). Hésiode chante encore ces époques où la race humaine vivait «à l'écart et à l'abri des peines, de la dure fatigue, des maladies douloureuses qui portent le trépas»[78].

De cet âge idéal, situé au temps du règne de Cronos et révolu au moment où se déroulent les festins cannibales, seule a été sauvegardée la commensalité des dieux et des hommes. Aussi, le partage de Mécônè et l'*éranos* du Sipyle passent-ils par la table qui, surélevée, a été dressée au sommet d'une montagne, le lieu de rencontre entre les deux univers[79]. Autour de la *trapeza* gravite l'alimentaire. De sorte que le seul fait de "s'y asseoir" est lourd de conséquence (Eur. *Or*, v. 8-14). L'échange de la nourriture acquiert une toute autre signification, dès lors que sont attablés pareils convives. Le geste courroucé de Zeus qui le renverse, à l'issue du festin, met l'accent sur la symbolique dont l'objet a été investi. Le renversement rompt la communication puis suscite, en contrepartie, la fumée ascendante des sacrifices. Les relations qui avaient été nouées autour de la *trapeza* avaient rapproché deux régimes alimentaires antithétiques : l'un, celui des hommes, composé de nourritures carnées, l'autre, celui des dieux, fondé sur les boissons immortalisantes. Tantale s'était empressé de dérober les aliments divins pour les dispenser aux hommes. Comme Lycaon, il avait inversement convié les Olympiens à manger la nourriture des humains.Volets complémentaires d'une seule et même opération d'assimilation, les deux fraudes, valorisante d'un côté et régressive de l'autre, se répondent. Elles visent à inverser les statuts mortels et divins. L'affabulation mythologique préfigure la réflexion des philosophes présocratiques. Et, l'on songe à l'alternative formulée par Héraclite d'Ephèse :

> «immortels, mortels; mortels, immortels; notre vie est la mort des premiers et leur vie notre mort»[80].

A l'acte frauduleux s'ajoute une suprême déviance puisque Lycaon et Tantale ont fait entrer le cannibalisme dans la chaîne alimentaire. Sous prétexte d'offrir aux dieux les viandes réservées aux hommes, ils ont essayé de leur faire ingérer de la chair humaine[81]. On mesure l'énormité de la ruse, lorsqu'on se rappelle les conséquences régressives de la conduite anthropophage : la métamorphose animale. Seule la clairvoyance de Zeus a permis que soit évitée l'inversion, l'immortalisation des hommes et la déchéance pour les dieux.

Notes

1. Paus. VIII, 1, 4.

2. *Rep.* VIII, 565 d- 566 a. H. Jeanmaire, *Couroi et Courètes*, 1939, p. 559; C. Mainoldi-Marelli, *L'image du loup et du chien*, 1983, p. 11-22; Ph. Borgeaud, *Recherches sur le dieu Pan*, Bibl. Helvetica Romana XVII, 1979, p. 41-51; M. Jost, *Sanctuaires et cultes d'Arcadie*, 1985, p. 267. Les événements relatés par la presse internationale qui se sont déroulés au printemps 1989, au Mexique, (affaire des sectateurs de Satan), ont révélé que de tels rituels, fondés sur la cuisson et la manducation de chair humaine, s'étaient perpétués jusqu'à nos jours.

3. A. Brelich, Myths and Symbols, *St in honour of Mircea Eliade*, 1969, p. 195-207; Ph. Borgeaud, *op. cit.*, p. 62; M. Jost, *op. cit.*, p. 258-259. Des traces d'offrandes remontant au VII è siècle, à proximité d'un autel et d'un tertre de cendres, ont été décelées sur le site où se trouvait également une grotte, dite de Rhéa parce que Zeus était censé y être né. Si les fouilles archéologiques n'ont pas permis d' exhumer un charnier, démontrant absolument la réalité des sacrifices du Mont Lycée, en revanche, elles ont attesté des pratiques cannibales pour la Crète de l'Age du Bronze. A Cnossos, P. M. Warren a exhumé des squelettes d'enfants, d'environs dix à quinze ans, qui auraient porté des entailles comparables à celles qui marquaient les bêtes de boucherie : *Le sacrifice dans l'Antiquité*, Fondation Hardt Entretients XXVII (1980), p. 232, n.2. Au Mexique, c'est la découverte d'un charnier qui a permis de constater, en 1989, la survivance des pratiques cannibales, mentionnées à la note précédente.

4. Euelpis de Carystios, relaté par Clément d'Alexandrie et Porphyre, sch. Tzetz. à Lycophron, *Al.*, 229; H. Jeanmaire, *Couroi et Courètes*, p. 229, cite d'autres survivances à Lesbos, Chios, Ephèse et Lyctos. P. Wathelet, *loc. cit, Actes du Colloque de Liège et de Louvain*, nov.1984, 1986, voudrait que les mystères lycéens eussent été connus d'Homère. Comparant le Lycaon arcadien et son homonyme homérique (*Il.* XXI, 34-135), il tisse de vagues similitudes entre les deux mythes dont certaines, à la rigueur, conviendraient à l'initiation pratiquée par les Anthides, mais nullement au rituel lycéen; deux pratiques distinctes, on le constatera, que l'auteur assimile abusivement, semble-t-il, p. 289.

5. *Infra*, p. 189.

6. Parmi ces organes, le foie demeure le plus volumineux et le seul capable de se régénérer. Aussi n'est-il pas surprenant, sur la base de telles connaissances, qu'il ait acquis un rôle déterminant dans le supplice de Prométhée et de Tityos (la dévoration du foie).

7. M. Detienne, *Dionysos mis à mort*, p. 174; J. Rudhart, "Les mythes relatifs à l'instauration du sacrifice", *MH* 27 (1970), p. 2.

8. **(T 130)**. Il est intéressant de signaler, à ce propos, que Médée adjoint au philtre destiné à rajeunir Aeson, le foie d'un vieux cerf (Ovide, *met.* VII, v. 275). S'il n'est pas tenu pour l'organe vital, il est du moins considéré comme le siège de la longévité. On perçoit des croyances du même ordre dans le mythe de Prométhée où, dévoré chaque jour par l'aigle de Zeus, l'organe repousse indéfiniment.

9. Ou bien, dans le récit polémique de Firmicus, l'organe interdit est attribué à Minerve qui, bien que participant au meurtre collectif, ne le consomme pas (*infra*, p. 170).

10. M. Detienne, *Dionysos mis à mort*, p. 191-192 et n. 93.

11. Voir p. 143.

12. **(T 133)** : οὔ μοι πιστὰ C. Mainoldi-Marelli, *L'image du loup et du chien*, p. 13; M. Jost, *Sanctuaires et cultes d'Arcadie*, p. 261, rappelle que si la réalité de ce sacrifice ne faisait aucun doute dans l'esprit des anciens, ces derniers faisaient preuve, en revanche, d'une certaine défiance vis à vis de la lycanthropie. Bien plus tard, toutefois, pour Isidore de Séville, **(T 138)**, «tous ceux qui consommaient des chairs de la victime prenaient l'aspect de bêtes».

13. La quête de l'immortalité ou la réjuvénescence était-elle censée découler à l'origine, de la consommation de certains organes (même humains), devenus ensuite tabous? Tydée, par exemple, pensait-il, en dévorant la cervelle de l'ennemi abattu, s'approprier ses vertus ou accéder à l'immortalité qu'Athéna, de son côté, souhaitait lui conférer en raison de sa bravoure? *Supra*, chap. III, p.72 et n. 74. L'importance du cerveau, également un *genéseos archè*, dans la qualité du sacrifice est encore attestée par l'histoire de Botrès, Ant. Lib. XVIII, 2, tué par son père parce qu'il a dévoré la cervelle d'un mouton «avant que la victime ne fut consacrée sur l'autel».

14. G. Jung, *Les Métamorphoses de l'âme*, p. 291 : «l'exécution ou l'utilisation incorrecte d'un rite provoquent un mouvement rétrograde de la libido, autrement dit une régression, par laquelle l'état ancien, instinctif et inconscient, menace de se reproduire».

15. Hdt. I, 66, 1 = Les Oracles de Delphes, n° 31, 198; Lucrèce V, 936, repris par Ronsard, *Elégies* XXIV, v. 38-39. Lyc., *Al.*, 481, «c'est du peuple des chênes et sous la forme d'un loup qu'il descend, peuple plus ancien que le leur ...»; voir encore Ph. Borgeaud, *Recherches sur le dieu Pan*, p. 32.

16. Sur la symbolique, négative, de la fève : M. Detienne, *Dionysos mis à mort*, p. 147. Les Grecs ont toujours opposé les plantes cultivées aux plantes sauvages, de la même manière qu'ils ont distingué le cuit du cru (*La cuisine du sacrifice*, p. 69), représentatifs de la civilisation et de l'état primitif.

17. **(T 132, T 139)**. C. Mainoldi-Marelli, *L'image du loup et du chien*, p. 13; M. Jost, *Sanctuaires et cultes d'Arcadie*, p. 259-260.

18. L'estimation a parfois été remise en cause. On a suggéré qu'il pouvait s'être agi originellement de lunaisons et non d'années. Il n'en reste pas moins que ce créneau correspond, *grosso modo*, au rythme des fêtes énnéatérides qui se répétaient tant au Mont Lycée qu'à Delphes (voir, chap. VI, le *Steptérion*).

19. M. Detienne, *Dionysos mis à mort*, p. 151, 153; p. 197-198.

20. M. Detienne, *ibidem*, p. 198.

21. Hormis évidemment chez les êtres inhumains archétypiques, comme Tydée. Encore que le cannibalisme de Tydée ait pu se développer, originellement, à partir d'un contexte de rivalité, inhérent au récit tecnophagique: le héros a, en effet, commis plusieurs infanticides, tuant les huit enfants de Mélos qui avait comploté contre son père (voir la structure du conflit dynastique type Jason / Pélias et Atrée / Thyeste). Le Cyclope :*Od.* IX, v. 287-296.

22. ἀκουσίῳ ἁμαρτίᾳ Porphyre, *de Abstinentia* 9, 1.

23. Mais peut-être ne tolère-t-on le cannibalisme involontaire que parce qu'il permet, avant toute chose, de racheter les dieux qui, abusés, comme Déméter, ont goûté à la chair humaine (voir p. 138)?

24. Les termes de la famille lexicale de *thusia* ne sont utilisés que dans la narration des rites du Mont Lycée. Dans le récit du partage prométhéen (*Théog.*), le mot sacrifice n'est pas employé. Sur la nature de cet acte, on consultera l'article de J. Rudhardt, *loc. cit.*, *MH* 27 (1970), p. 5.

25. *Od.* I, v. 23-26.

26. Voir p. 146.

27. Diod., IV, 74, 2.

28. L. Lacroix a traité des origines de Tantale dans une étude publiée dans le *BCH* 100 (1976), p. 327.

29. Fragments de la *Doxographie* d'Anaximène. *Pseudo-Plut* (*Stômata* 3) : «la terre est très plate et elle est, par conséquent, supportée par l'air». Hésiode, *Théog.*, v. 126, confirme le séjour des divinités, entre air et terre, donc sur les sommets : «elle (Terre) mit au monde les hautes montagnes, plaisant séjour des déesses». *Cf.* encore n. 79.

30. L'Arcadien aurait procrée vingt-deux ou cinquante fils, selon les traditions (Apollod. III, 8, 1; Paus. VII, 2, 1; sch. de *Germanicus Aratea* 89; Ovide, *met.* I, v. 230). *Cf.* le tableau synchrochronologique n° IV.

31. Danaos, fondateur du culte d'Apollon Lycien, a également été

impliqué dans une histoire, métaphorique, de loups (C. Mainoldi-Marelli, *op. cit.*, p. 24-25).

32. Voir Prométhée, p. 146.

33. Servius, Commentaire à Virgile, *En.* I, v. 731, *Mythographi Vaticani* II, 60 **(T 129)**. La victime serait un hôte de Lycaon.

34. Des références détaillées sur l'histoire d'Arcas et de Callisto sont données dans l'ouvrage de M. Jost, *Sanctuaires et cultes d'Arcadie*, p. 262.

35. Pages 165 et 178.

36. P. 143 et 166. Inversement, Lycophron et Clément d'Alexandrie **(T118 à 120)**, pour qui Nyctimos est bien la victime immolée, n'évoquent pas la résurrection finale.

37. Le fils aîné de Lycaon, Mélaineus qui porte le surnom évocateur de "le Noir" ou "le Noirci", aurait suggéré à son père de braver les dieux. Et Nyctimos (le Nocturne), le dernier-né, aurait alors été désigné comme victime du festin cannibale. L'obscurité, la nuit, cette nuit arcadienne qui enveloppe aussi de mystère le sacrifice de l'Hermès cyllénien, lui-même Nocturne (*Hymne hom.*, v. 98), donnent une tonalité particulière à ce mythe. L'épiclèse *Nyctélios* fut encore accolée au Dionysos orphique (Plut.**(T171)**).L'onomastique entend probablement faire allusion à des rites, comparables à ceux qui se déroulaient nuitamment dans le *Palaimonion* de Corinthe, en l'honneur de Palaemon-Mélicerte, ainsi que lors des cérémonies delphiques du *Steptérion* (ici, p. 189 et p. 159). On doit aussi se souvenir de l'étrange formule de Plutarque (*Q. Gr.* 39), également Paus. VIII 38, 6 et Théopompe, cité par Polybe), indiquant que quiconque pénètre dans l'*abaton* du Mont Lycée "ne jette plus d'ombre". Cette précision qui a été prétexte à de nombreux commentaires ne pourrait-elle pas faire simplement allusion à des rites nocturnes?

38. Pindare, *O.* I ,v. 51. **(T145)** : «tes membres, dépecés au couteau, avaient été jetés ...» *etc.*

39. Ce repas, anomal de part la nature des chairs qui ont été offertes, s'adresse unilatéralement aux divinités; ne consommant pas, les hommes n'y participent pas.

40. Sch. à Pindare, *O.* 40 a, *cf.* **(T155)** : «On dit que Déméter en a pris. d'autres que c'est Thémis»; **(T 152, 156, 159).**

41. *Hymne homérique à Hermès* , v, 122 : καὶ νῶτα γεράσμια.

42. Hdt. IV, 62 : τῶν ἄπορα γέντων ἀνδρῶν τοὺς δεξιοὺς ὤμους πάντας ἀποταμόντες. H. Dumézil, Légendes sur les Nartes. *Bibl. Inst. Fr. de Léningrad* XI, 1930.

43. T. W. Allen, *Homeri Opera* V, 1912, p. 113-114.

44. Voir l'interprétation que A. Moreau a donnée de ce passage, *loc. cit.*, *Etudes de Littérature ancienne* I, 1979, p. 97-127.

45. Clytemnestre pratique le *maschalismos* sur la dépouille d'Aga-

memnon, (*cf.* chap. III, n. 30). Sur le thème du cadavre mutilé, E. Cantarella, "Per una preistoria del castigo", *Du châtiment dans la Cité*, 1984, p. 44-48.

46. **(T126)** : "Zeus, dégoûté, renversa la table à l'endroit qui aujourd'hui s'appelle Trapézonte". Dans ces récits, le mobilier du banquet se superpose à la table d'offrandes, chargée des *trapezomata*, destinés aux dieux (D. Gil, S. J. *Harward Theological Rewiew* 34 (1974), p. 124, 127 et 136). La table que Zeus lance avec fureur est à la fois le lieu d'oblation (sacrifice) et le lieu de consommation (festin). Sur la portée, quasiment cosmique, du geste du dieu: A. Moreau, *Eschyle, la violence et le chaos*, p. 322.

47. Servius, commentaire à Virgile, *Bucol.* VI, v. 41.

48. Hésiode, fr. 163; Hygin, *Astr.* II, 4; Lact. Plac., commentaire à Stace, *Théb.* IX, v. 128; sch. à Germanicus, *Aratea* 89; *Mythographi Vaticani* II, 60 **(T 129)**.

49. *Infra*, p. 146.

50. Ovide, *met.* I, v. 262, Nonnos **(T 181; 182)**, Servius, commentaire à Virgile, *Bucol.* II, v. 41. *Supra* , p. 93, le prodige astral qui sanctionne le crime d'Atrée; les rituels de la foudre dans le culte de Zagreus, *in BSA* XV (1908-1909), p. 313.

51. Paus., X, 6, 2. J. Rudhardt, *loc. cit.*, *MH* 27 (1970), p. 8; C. Mainoldi, *op. cit.*, p. 22-24.

52. Zeus provoque le déluge pour anéantir la race de bronze, qu' il juge trop pervertie; Prométhée sauve alors Deucalion du désastre (Eschyle, *Prom.*, v. 231; Apollod. I, 7, 2). Voir le tableau synchrochronologique, n° IV. Ajoutant à la multiplicité des déluges, Ovide (*met.* VII, v. 388) mentionne encore une étrange variante : à Ephyra, les mortels seraient "sortis de champignons qu'avaient fait pousser les pluies" diluviennes.

53. *met.* I, v. 223-241. A propos de la métamorphose en loup: Paus. VIII, 2, 3; Servius, commentaire à Virgile, *En.* I, v. 731, *Mythographi Vaticani* II, 60 **(T 129)**; ps. Hécaté, d'après Müller, *FHGr* I, n° 375. Si Ovide se complet à narrer des détails tels que la teinte du poil (Lycaon), ou ailleurs de la pilosité (Aeson), c'est dans l'idée de peindre avec précision ces métamorphoses qui constituent, avant tout, la matière de son recueil poétique.

54. *Supra*, p. 128.

55. *Cf.* p. 128.

56. *Hésiode*, fr. 163, *Merkelbach-West* (= Eratosth., *Cat.* I, 2) et Ph. Borgeaud, *op. cit.*, p. 48.

57. **(T 169, T 175)**. M. Detienne, *Dionysos mis à mort*, p. 191 et, *infra*, p. 166. Chez les auteurs néoplatoniciens, Apollon passait pour avoir opéré la reconstitution du corps de Dionysos **(T 194)** : "pour cela il est appelé Dionysodote".

58. *Théog.*, v. 570.

59. **(T 156, T 159; T 153; T 154)**. Scholie à Pindare, *O.* I, 40 c : τὸν Ἑρμῆν

ὦμον προσαρμόσαι τῷ Πέλοπι. *Infra*, p. 166. Cette spécifité de Zeus, d'Apollon ou d'Hermès (qui opère pour le compte de son père), tient au fait que les métiers de potier et de sculpteur, auxquels le modelage s'apparente, étaient (jusqu'à une époque très récente!) davantage perçus comme des activités masculines. Inversement, les courotrophes, parce que plus proches des guérisseuses, se voient associer le chaudron. Voir Médée, p. 29 et Thétis, p. 74. La répartition révèle encore une opposition marquée entre les principes masculin et féminin dans la génération. Pour les sociologues elle reflète les conflits entre société matriarcale et patriarcale. P. Camby, *op. cit.*, p. 106-107 : «Lorsque la source de l'immortalité aura été transférée au phallus, on assimilera "érection-résurrection", même si pendant longtemps encore on attribuera à la déesse cette res-érection du fils».

60. Paus. XIII, 3, 4. Selon un mythe italiote, originaire de Crotone, Apollon *Pythagoras* aurait, comme Pélops, subi les épreuves de la cuisson ainsi que du remodelage, réalisé autour d'une prothèse d'ivoire: A. B. Cook, *Zeus* II, 1925, p. 225.

61. Diod. III, 62, 6, Déméter redonne naissance au Dionysos crétois, mis en pièces par les Géants : «le dieu né de Zeus et de Déméter fut déchiré par les fils de Gé qui le firent cuire; mais Déméter ayant rassemblé ses membres, il naquit à nouveau, aussi jeune que la première fois» (trad. B. Bommelaer, Les Belles Lettres, 1989, p. 97-98).

62. **(T150)**. Déméter *Adèphagia* était honorée en Sicile, *Ath.* I, 416 B; Elien *v. h.* I, 27.

63. Paus. VIII, 42, 5-7. La formule, connotant ici la nature démétriaque, définit le feu dans un texte d'Héraclite d'Ephèse, fr. 65; Paus. VIII, 42, 4-7 : «elle (Déméter) fera bientôt de vous des gens qui se mangeront les uns les autres et se repaissent de leurs enfants». La Dévoreuse apparaît dans l'*Hymne* que Callimaque lui dédie, v. 65. Enfin, pour châtier Triopas (Hygin, *Astr.* II, 14, 3), elle le condamne à souffrir la faim .

64. G. Jung, *Les Métamorphoses de l'âme*, p. 276; p. 288.

65. Sur les lécythes **(*(1-3)* ; Pl. I)**, les déesses effectuent des gestes amples, comparables à ceux qu'on prête à Artémis et aux Ilithyies qui assistent à la naissance d'Athéna (p. ex. *El.* I, pl. LVIII etc.).

66. *JHS* XV (1916), p. 42 et n. 29 : τοῦ ἀποθεωθέντος ἐν τῷ λέβητι δι'οὗ αἱ ἑορταὶ ἄγονται.

67. Voir p. 49, la cryptie dans le feu.

68. Ph. Borgeaud, *op. cit.*, p. 41 et G. Piccaluga, *Le sacrifice dans l'Antiquité*, 1981, p. 265, ont analysé cet aspect de la question.

69. L. Lacroix, *loc. cit.*, *BCH* 100 (1976), p. 327, mentionne les noms évocateurs des descendants de Lycaon: Troizèn, Sikyôn, Corinthos, Epidauros, etc. ...

70. Certains récits et certaines scholies présentent Tantale comme un

fils d'Atlas et, donc, comme un neveu de Prométhée. cette généalogie l'apparente aux titanides : Clem. Roman. Rufin *Recogn.* 10. 22; sch. à Euripide, *Or.* 345; Ant. Liberalis, *Mét.*, 36; Paus. II, 22, 3; Hygin, *Fab.* 82, *fab.* 155. Ailleurs, on le tient pour un fils de Zeus ou de Tmôlos. Selon la tradition hésiodique, Prométhée est également un titanide, contemporain de Tantale. C'est Eschyle qui, dans le *Prométhée enchaîné*, décale le personnage d'une génération, afin d'en faire un Titan; là-dessus, A. Moreau, *Eschyle, la violence et le chaos*, p. 134-138. Ajoutons qu'il existe une autre tradition péloponnésienne du vol du feu, perpétré par l'Argien Phoroneus (Paus. II, 19, 5). Celle-ci relie aussi le larcin à l'instauration conjointe de la royauté et du premier sacrifice (Hygin, *Fab.* 143).

71. J. Rudhardt, *MH* 27 (1970), p. 5.

72. **(T 141)**; Pindare, *O.*, I , v. 59-61, **(T 140)** : «il reste condamné, inéluctablement, à cette vie de torture obsédante, quatrième supplice joint à trois autres, pour avoir dérobé (*klépsais*) et avoir livré à des humains, à ses commensaux, le nectar et l'ambroisie auxquels il devait l'immortalité» (traduction A. Puech, Les Belles Lettres, 1962). On conçoit parallèlement l'importance sacrilège des "bavardages" de Tantale, lorsqu'on se souvient du caractère secret de la religion grecque. Le silence, lié à l'indicibilité du divin, était de règle dans les cultes à mystères, *aporrhêto* , au Mont Lycée **(T 135)** et, surtout, à Eleusis : sur cette question, A. Motte, *loc. cit., Actes du Colloque de Liège et de* Louvain, nov. 1984, 1986, p. 317-331.

73. Epopée du *Retour des Atrides*, ap. Athénée VII, 281 b. c.

74. J. Rudhardt, *ibidem*, p. 9, n. 26; p. 12. Deucalion a instauré le culte de Zeus à Argos, à Athènes et à Dodone, un sanctuaire où l'activité oraculaire s'organisait autour du chaudron et d' un chêne (*cf.*, les glands, *supra*, p.131).

75. *Ibid.* p. 13-15. Prométhée stabilise et garantit l'ordre du monde, ayant mis fin à la succession des règnes divins et des générations humaines.

76. Ils sont mus par "le désir mimétique et la compulsion de rivalité", pour reprendre une formule de R. Girard, *La violence et le sacré*, p. 216.

77. C'est l'ambroisie qui générant l'*ichôr* dans les veines des dieux confère la divinité (*Il.* V, v. 341; 399). Inversement, mais conformément à la logique du mythe cannibale, c'est parce que Typhon avait goûté aux pâtures des mortels qu'il aurait été vaincu par Zeus (Apollod. I, 6, 3). J. P. Vernant, *Le sacrifice dans l'Antiquité*, a mis en évidence le fait que le régime alimentaire divin explicite la nature des dieux, mais qu'il renseigne surtout sur leurs différences et sur leurs relations avec l'humanité.

78. *Erg.*, v. 90-93. Empédocle, *Purifications*, fr. 128, évoque aussi ce temps où "l'on ne faisait pas couler sur l'autel le sang pur des taureaux" et où la consommation de viandes passait "pour la pire abomination".

79. La montagne de Lydie où s'est déroulé l'*éranos* a été nommée Sipyle. Ce nom, construit à partir de *pylon* - la porte -, montre bien qu'elle

était considérée comme un seuil entre les deux univers. Dans la mythologie mésopotamienne, aussi, la montagne centrale réunit ciel et terre, M. Eliade, *Le mythe de l'éternel retour*, p. 125.

80. Fr. 62.

81. Au plan des hommes, c'est précisément le but de l'expérience dionysiaque qui, par le biais de l'omôphagie, bouscule les limites entre l'humanité et l'animalité (*cf.* M. Detienne, *Dionysos mis à mort, passim*).

CHAPITRE VI

Rituels et mythes apparentés au festin cannibale

D'autres récits, abondamment glosés, se rattachent, de par leur structure événementielle, aux grandes légendes du festin cannibale. Arétalogiques et étiologiques, ils dépassent la simple fiction mythologique parce qu'ils ont été liés à des pratiques spécifiques, de caractère sôtériologique, qui font regarder en direction de Delphes, de Thèbes et de Corinthe. Croyances et rituels se sont développés autour d'un noyau mythique ancien (le thème de la cuisson) qui, ici, explicite les mystères de Dionysos; là, les sacrifices humains destinés à Mélicerte. Ailleurs, à Delphes, le scénario rituel a été longtemps perpétué, alors même qu'on avait oublié jusqu'à l'*aition* initial de la cérémonie.

LE STEPTERION

Corpus des textes (T 162- T 164).

La connaissance que nous gardons de la cérémonie delphique repose sur deux témoignages de Plutarque ainsi que sur une brève mention de Strabon.

Le *Steptérion* ou *Septérion* qui, tous les neuf ans se donnait avec les *Héroïdes* et les *Charila* à Delphes, est toutefois demeuré une fête obscure dont la signification réelle échappe[1]. Nombreux sont les historiens modernes qui ont tenté de percer les arcanes de ce rituel, vraisemblablement destiné à commémorer la *Pythoctonie* apollinienne[2]. Il est hors de question de réouvrir, ici, le dossier concernant ces manifestations. Le lecteur voudra bien se reporter aux différentes publications (notamment à celles de A. Brelich et de W. Burkert), citées en note, afin de recueillir des informations plus détaillées[3]. Mon propos est de mettre davantage en évidence les correspondances qu'on décèle entre les phases du rite et la structure mythique du festin cannibale.

La fête nocturne débutait par une procession qui, quittant l'*Halos*, conduisait un jeune adolescent vers un lieu nommé *skênè*. Le jeu rituel consistait à pénétrer silencieusement dans une cabane (la *skênè* elle-même pour Strabon, la *kalias* pour Plutarque) située sur l'aire sacrée. Si le mot utilisé par Strabon offre une acception plus vaste, les deux termes définissent une construction légère et périssable, probablement en bois, un matériau indispensable par ailleurs à la suite de l'action rituelle. Cette habitation n'est toutefois pas le repaire du monstre que l'on s'attendrait à rencontrer dans le contexte de la *Pythoctonie*. Selon Plutarque, la *kalias* représente "la demeure d'un tyran ou d'un roi" Quant à Strabon, jugeant que l'*apomimesis* relate bien la mort du Serpent, il précise que ce dernier y apparaissait sous les traits d'un homme cruel. Aspect anthropomorphe et caractère prêtés au monstre dans la transposition scénique que relate Strabon, mention de l' architecture dans la description de Plutarque, incitent à penser que le *Stepterion* se jouait dans un cadre palatial et qu'un souverain tyrannique s'y trouvait mêlé. Cette première indication est d'importance puisque, de Lycaon à Tantale et à Atrée, on se souvient que le festin cannibale s'est toujours reproduit dans des familles royales; comme d'ailleurs la réjuvénescence et l'immortalisation par le feu. Plutarque fournit les détails relatifs à la cérémonie. La théorie, éclairée par des torches, traversait l'endroit dit de la Dolonie. Ce toponyme évoque le nom de Dolon, à partir duquel il semble avoir été construit. Il pouvait faire référence à un lieu particulier du sanctuaire (hypothèse Flacelière) ou désigner l'agression rituelle (W. Burkert) qui préludait à l'action[4]. La référence à Dolon, l'espion troyen qui, vêtu d'une peau de loup, se déplace de nuit et à quatre pattes, introduit dans le parcours géographique de la fête le lycanthrope, figure centrale des rites cannibales arcadiens. Après que le groupe avait, soit franchi ce passage, soit perpétré l'agression liminaire, la fête se déroulait selon trois étapes majeures, reliées entre elles par un rapport évident de cause à effet, qui consistaient dans :

(1) le renversement d'une table;
(2) l'incendie de la cabane;
(3) la fuite des participants.

A la lueur d' autres mythes (festins de Lycaon et de de Tantale), il est aisé de restituer l'enchaînement logique des événements *(1, 2, 3)*, Plutarque l'ayant curieusement inversé, puisque dans son récit, il mentionne l'incendie *(2)* avant le renversement *(1)*.

Premier acte : la table, placée à l'intétieur de la *kalias*, est renversée (τὴν τραπέζαν ἀνατρέψαντες Plutarque). La scénographie rituelle mime le geste qui, chaque fois, symbolise dans les mythes qui nous intéressent le refus du repas cannibale. Qu'on se rappelle le comportement de Thyeste, vomissant, de Térée, écoeuré, ou de Zeus, lorsqu'ils comprennent la nature des mets qu'on leur a servis[5]. Alertés, par sa clairvoyance pour ce qui concerne Zeus, par l'exhibition des *endrata* pour ce qui est des pères tecnophages, les convives du repas contre nature ont tous ce réflexe négatif de jeter à terre la table festive. On a déjà souligné que ce renversement signifiait de surcroît la rupture entre les dieux et les hommes, lorsque le festin les réunissait; puisque, juchée sur une montagne, la *trapeza* délimitait un espace intermédiaire où immortels et humains se côtoyaient jusqu' alors.

A Delphes, le feu, mis ensuite au moyen de torches, détruit la cabane qui s'écroule. Plutarque et Strabon, cette fois, attestent l'incendie. Cette seconde action violente est conforme au *crescendo* des manifestations colériques de Zeus, à l'issue du banquet truqué. Ovide (*met.* I, v. 227) évoque à propos de Lycaon ce second palier du courroux divin :

«d'une flamme vengeresse... je (Zeus) fis crouler la demeure.»

Les deux premiers actes du scénario delphique correspondent très strictement aux phases du châtiment qui, dans la légende arcadienne du moins, précèdent le déluge. Puisqu'en noyant la terre l'Olympien entend faire périr les hommes, la colère s'attaque à des espaces progressivement plus vastes, jusqu'à la destruction totale. Elle se déchaîne d'abord contre l'espace de la convivialité (la table et la demeure), puis contre la planète[6]. La fête qui reproduit les deux premiers événements ignore le cataclysme final qui n'est évoqué, ni par Plutarque, ni par Strabon. A moins que la déroute qui interdisait ensuite aux fuyards de se retourner en arrière (ἀνεπιστρεπτὶ φεύγουσι) ne l'ait exprimé d'une autre manière? Evite-t-on, regardant droit devant, les lueurs du foudre qui — on songe à Sémélé — contemplé, embrase dans l'instant ? Car ailleurs, Zeus conjugue les effets du feu et de l'eau dans ce processus d'anéantissement total. Cette fuite collective entraînait les participants hors du sanctuaire, comme si l'endroit avait été le siège d'une souillure dont il convenait de se purifier. La catharchie, associée à une daphnéphorie, menait la procession aux rives du Tempé, en Thessalie, dans une région où ont été localisés d'autres infanticides. Plutarque laisse entendre qu'un audacieux sacrilège avait dû se dérouler dans la cabane[7]. Si l'on cherche des points de comparaison, on doit bien admettre que l'unique crime impie qui ait été lié au renversement du mobilier et à la vindicte divine demeure le sacrifice cannibale du type Lycaon-Tantale.

Quelle qu'ait été la nature de ces rites, il reste qu'ils s'apparentent, de par la mise en scène, aux violences successives qui, dans le mythe cannibale, frappent le meurtrier et sa descendance. Les Eolades accomplissent à Delphes les gestes du dieu courroucé. Manifestent-ils dans le sanctuaire apollinien la fureur de Zeus, ou bien celle du maître des lieux ? On ne peut que se perdre en conjectures sur l'identité du dieu, comme sur celle du meurtrier et de la jeune victime[8]. L'enfant présenté à la table divine put-il être Dionysos, dévoré par les Titans, dont les reliques avaient été inhumées à Delphes [9]? S'agissait-il d'Apollon lui-même [10] ? Ou de Deucalion, le fils de Prométhée qui, comme Nyctimos en Arcadie, a échappé au déluge ? Si la procédure rituelle a bien été calquée sur le scénario du festin cannibale, les indices fournis par les témoignages ne permettent toutefois pas d'identifier les protagonistes dont le *Steptérion* perpétue le drame.

Il convient, pour tenter de progresser néanmoins dans la compréhension du rite, de se référer au mythe delphique du déluge. Car il existe une continuité narrative et chronologique entre la légende arcadienne de Lycaon et le mythe de fondation de Delphes, le site où se déroule le *Steptérion*.

Le festin de Lycaon qui s'achève par le déluge prélude, en effet, à l'installation de Deucalion et de Pyrrha, sur le Mont Lycoréia, au flanc du Parnasse. La malédiction proférée à l'encontre de l'Arcadien, par Zeus, désireux d'anéantir la race humaine, a contraint les descendants de Prométhée et d'Epiméthée à s'embarquer, pour échapper aux flots ravageurs. Dans les *Métamorphoses* (I, v. 262), Ovide relie les deux cycles. Il dit comment, pour châtier Lycaon, le Cronide a déchaîné les éléments :

> «Aussitôt il (Zeus) enferme l'Aquilon ...» V. 310 : «sous cette immense débordement de la plaine liquide, les hauteurs avaient disparu ... les flots insolites battaient les sommets des montagnes.»

Le poète, après quelques vers descriptifs, enchaîne avec le récit de l'arrivée de Deucalion sur le Paranasse :

> «Lorsque Deucalion, en ce point — car l'eau avait recouvert le reste du monde — ... eut abordé», v. 321-324.

Les survivants accostent au flanc d'un sommet qui n'a heureusement pas été recouvert, guidés par les hurlements d'une meute de loups[11]. Ne serait-il pas plus économique de considérer le déluge auquel survivent les descendants de Prométhée (Deucalion) et d'Epiméthée (Pyrrha) comme un cataclysme local, dont l'origine ne remonterait pas au crime de Lycaon, mais à une faute commise par un habitant de la Phocide? Il pourrait alors s'agir du crime dont la fête delphique a gardé la trace. Le jeu du *Steptérion*, avec la table renversée et l'incendie de la *kalias*, reproduirait les premières étapes du châtiment divin, tandis que le mythe de fondation delphique attesterait la dernière — le déluge — qui fait précisément défaut dans le mime rituel. En s'en tenant à la généalogie mythique, on constate d'ailleurs que "le" déluge ne coïncide pas exactement avec les générations auxquelles appartiennent Deucalion et Lycaon, pourtant simultanément impliqués. Une évaluation, à partir des premières lignées mythiques, permet même de distinguer deux déluges, l'un arcadien, l'autre delphique. Le delphique est nettement antérieur à l'arcadien. Lycaon qui appartient à la septième génération à dater de Cronos, est le petit-fils de Niobé, la fille de Tantale qui a sa place, lui, dans la génération qui suit celle de Deucalion; soit la troisième à partir de Cronos (Tableau généalogique, n°IV)[12]. Il faut se résoudre à admettre que quatre générations mythiques séparent Lycaon, à l'origine du cataclysme divin, du fondateur delphique, Deucalion, censé pourtant y avoir survécu. Le déphasage paraît d'autant plus paradoxal qu'on tient parallèlement les Arcadiens, mangeurs de glands, pour le premier peuple de la terre. Distinguer chronologiquement et géographiquement les deux déluges autorise à rattacher les événements delphiques à une cause locale, vraisemblablement analogue à celle qui en Arcadie (Lycaon), en Béotie (Les Titans), les provoque : un festin contre nature. Mystérieusement perpétué dans les rites du *Steptérion* qui emprunte au grand mythe cannibale ses séquences majeures, il aurait été progressivement oublié.

Il faut encore se souvenir qu'Athamas, le roi béotien, fondateur d'Athamantia en Thessalie, exilé après le crime perpétré contre ses fils, s'est également rendu à Delphes. La Pythie l'y a informé qu'il devrait errer et s'établir à l'endroit où une meute de loups lui accorderait finalement l'hospitalité[13]. Le loup, impliqué tant dans le contexte du meurtre cannibale que dans les évocations arcadienne et delphique du déluge, resurgit dans cet épisode. Cette omniprésence se trouve confortée par la toponymie, souvent élaborée à partir du radical *lycos*, propre aux régions où se sont déroulés ces événements : mont Lycaios, Lycossoura en Arcadie; mont Lycoréia dans la chaîne du Paranasse[14]. La horde qui hurle pour Deucalion ou qui abandonne les parts de mouton à Athamas, joue le même rôle de guide et préside à la fondation d'une ville.

L'apparition du canidé dans ces différents récits, délimite une aire de répartition mythico-géographique qui, compte tenu des épisodes relatifs à Deucalion et à Athamas, couvre l'Arcadie, la Phocide et la Thessalie. C'est dire qu'elle coïncide, *grosso-modo*, avec les régions où ont été situés les principaux mythes "autour du chaudron" (*cf.* carte, en fin de volume). Le loup et le déluge qui constituent les données syntagmatiques du mythe arcadien reparaissent dans un rituel delphique (le *Steptérion*) ainsi que dans deux légendes ponctuellement localisées à Delphes. Les itinéraires de la théorie passant par la Dolonie, de Deucalion fuyant les eaux diluviennes et d'Athamas, souillé par un crime qui s'apparente probablement au cannibalisme, convergent vers ce site. En outre, conseillé par l'oracle, Athamas gagnera la Thessalie, la région où s'achève, pour une ultime purification, le périple de la procession du *Steptérion*.

A la lumière de ces occurrences, il n'est pas déraisonnable de penser que la cérémonie delphique ainsi que les légendes de Deucalion et d'Athamas, aient fait originellement référence à des pratiques lycanthropiques de l'ordre de celles qui se déroulaient au Mont Lycée et que seul le récit étiologique arcadien explicite clairement.

DIONYSOS — ZAGREUS

Corpus des textes (T 165) à (T 195)

L'élaboration du mythe orphique du démembrement et de la cuisson de l'enfant Dionysos remonte au VIè siècle[15]. Dans cette tradition cependant, le nom de Zagreus n'est pas mentionné. Seuls les auteurs tardifs (Nonnos), reliant en une unique figure l'enfant déchiré et le fils de Zeus et Sémélé, le nomment ainsi.

On ne saurait revenir sur l'analyse du mythe, après l'exégèse que M. Detienne a proposée dans son *Dionysos mis à mort*, démontrant qu'il illustrait un paradigme antiprométhéen du sacrifice, impliquant le rejet de l'immolation sanglante et de l'alimentation carnée[16]. Cette conduite se fonde sur des principes éthiques et philosophiques en vigueur dans d'autres contextes, notamment dans la pensée pythagoricienne, qui remettait en cause le bien fondé du sacrifice institutionnel[17]. C'est précisément avec l'intention de dénoncer l'horreur de cet acte que les orphiques ont choisi pour victime un dieu-enfant, dont les adeptes se livraient à des pratiques alimentaires libératrices parmi lesquelles l'omôphagie figurait en bonne place.

Toutefois, le déroulement du meurtre et du repas sacrificiels que conte la fable orphique n'est solidaire ni du mythe, ni du rituel dionysiaques. Le mode de dévoration des Titans qui cuisinent les chairs de la victime, parce qu'il entend symboliser celui du sacrifice civique, diffère du manger cru propre aux ménades. Ces éléments rapidement évoqués, il convient d'appréhender la passion de Dionysos dans ce qu'elle emprunte formellement aux mythes du festin cannibale.

Le récit orphique ne répond qu'apparemment aux archétypes des grands mythes cannibales. On y retrouve les schèmes du dépècement et de la cuisson d'un enfant, ceux aussi de sa renaissance puis du châtiment cosmique final. Car l'expiation est également consommée par le déluge (*Dion.* VI, v. 227). Zeus courroucé frappe encore la terre du foudre. La seconde naissance aligne plus particulièrement l'événement sur le modèle des festins de Tantale et de Lycaon (variante d'Arcas). Pour opérer cette résurrection les Olympiens ont collecté les membres de l'enfant mis en pièces. Les témoignages divergent qui citent tantôt Zeus, Déméter, Rhéa, Athéna et Apollon (la quête relie alors l'épisode au sanctuaire de Delphes où la légende voulait que les membres eussent été ensevelis), comme le principal collecteur. Pourtant, dans les versions orphico-philosophiques, c'est autour du coeur, assimilé au *noûs*, que s'effectue la palingénésie. A partir du coeur dérobé par Athéna-Minerve, ils l'auraient en effet refaçonné, comme Arcas[18]. Firmicus précise que l'organe a été installé dans une effigie de gypse, dont la matière évoque la nature des mortels. Selon les orphiques, en effet, les hommes auraient été modelés dans la boue et les cendres des Titans foudroyés, qui, pour attirer l'attention de Dionysos s'étaient préalablement enduits de gypse (Harpocrate). Gestatoire, la fonction du simulacre est analogue à celle du chaudron dans lequel Pélops reprend vie[19]. Cette variante n'est pas non plus éloignée de celle relatée par Hygin. Zeus aurait donné à avaler, *in potionem*, le coeur de l'enfant à Sémélé. La nouvelle mère tient alors le rôle dévolu au chaudron ou au simulacre, ingérant l'organe pour une nouvelle grossesse. (La fécondation, conséquence de l'avalement (Cronos) ou de l'ingestion (d'un fruit, d'une pierre précieuse) est un thème commun à de nombreuses mythologies, de l'Asie à l'Amérique). Toutes les versions, en fait, disent métaphoriquement les péripéties de cette "nouvelle naissance"[20]. Complémentaires ou indépendantes, deux traditions (celle du recollement des membres **[T166; 167; 175; 176; 184; 186; 191; 192]** et celle du remodelage péricardiaque **[T 169; 177; 187; 190]**), contradictoires en apparence, coexistent. On refaçonne l'enfant autour de son coeur épargné, parce que le reste de son corps a été dévoré. Quelques auteurs sont formels, précisant que les Titans "ont goûté la chair", "dévoré les membres" (Firmicus). En sorte que, en l'absence de mention aux *endrata*, le thème de la collecte est illogique. Raccordé de manière artificielle, il répond à la volonté d'aligner le récit dionysiaque (axé sur l'indivisibilité du coeur indévoré) sur le modèle du festin de résurrection, type Pélops, où, toutefois, une unique part de chair ou de viscère aurait été manduquée. Les témoignages qui envisagent la renaissance à partir du coeur se conforment à la doctrine orphico-pythagoricienne, pour laquelle cet organe était l'essence des êtres, et rendent compte du même coup des interdits relatifs à sa consommation. Mais le coeur, dont M. Detienne va, dans cet environnement, jusqu'à faire un homologue du phallus, est aussi fortement impliqué dans les conceptions que dans les manifestations du dionysisme[21]. Les orphiques prétendaient même que ses palpitations rythmaient la transe bacchique et que le ventre de Sémélé, gravide de Dionysos, entransait les femmes qui l'effleuraient[22].

Une approche attentive met pourtant l'accent sur de nombreuses inversions qui révèlent, par rapport aux récits cannibales de référence, le caractère insolite de cet épisode. Parce qu'il vise à discréditer le rituel civique, le récit s'écarte des normes.

Loin de "consentir" au sacrifice titanique, à la façon des bêtes bougeant la tête sous les grains de la lustration, l'enfant Dionysos est entraîné par la ruse et abattu grâce à une série de pièges. Ensuite, égorgée au couteau, la petite victime aurait été, contrairement à l'animal immolé, déchirée à mains nues.

Clément d'Alexandrie et Diodore suggèrent, par le vocabulaire qu'ils utilisent (διασπαύω, déchirer), qu'elle a été mise en pièces selon le mode du *diasparagmos*. Dans les autres versions, l'enfant est découpé ou dépecé (δαιτρεύω, κατακόπτω, δαίω, διαιρέω), mais jamais déchiré, sauf lorsque l'action (c'est le cas évidemment chez Ovide, *met.* VI, v. 343, (*dilaniant*), coutumier du fait dans les autres récits [Lycaon, Térée]) a été intentionnellement teintée de dionysisme.

Divisé, le corps de Dionysos a été partagé en sept parts (Proclos). Ce chiffre n'intervient dans aucun des récits cannibales qui font, en revanche, une large place au motif des *endrata.* Lors des préparatifs, les meurtriers séparaient les chairs, accommodées pour le repas, des *endrata* (tête; mains et pieds), conservés pour la révélation finale. Le nombre de parts préparées par les Titans ne correspond ni aux deux lots (humain / divin), définis par le modèle prométhéen, ni aux douze qu'Hermès a destinés aux dieux, lors du premier sacrifice arcadien[23]. Il pourrait évidemment répondre au nombre des convives[24]. Mais en se référant aux théories pythagoriciennes sur les nombres, on apprend que le sept, parce qu'impair, symbolise l'indivisibilité[25]. Cette notion convient bien à la nature de l'enfant-dieu qui, protéiforme lorsqu'on le frappe, se métamorphose sous de multiples aspects (Nonnos). Indestructible, il renaît, chaque fois, sous une forme nouvelle dans une parfaite intégrité physique. Le chiffre sept vient rappeler cette caractéristique de la divinité que les orphiques définissent comme

«le principe un et indivisible dans le divisible» (Julien).

De telles spéculations ont alimenté la pensée philosophique, celle du platonisme plus particulièrement. Que l'on songe à l'Ame du monde, telle qu'elle a été conçue dans le *Timée*, 35 a-b. C'est en effet, à partir de sept parts inégales (1, 2, 3, 4, 9, 8, 27), divisées selon les multiples alternés du pair et de l'impair (1, 2, 4, 8 et 3, 9, 27) que le démiurge a effectué le mélange des substances divisible et indivisible. Cette nouvelle substance, "intermédiaire, comprenant et la nature du Même et celle de l'Autre", il l'a partagée ainsi qu'il suit :

«en premier lieu, il a séparé du mélange total une portion. Puis il a pris une seconde portion double de celle-là, puis une troisième égale une fois et demie la seconde» ... (ainsi de suite jusqu'à la septième,) «égale à vingt-sept fois la première».

On discerne dans l'interprétation d'Olympiodore un processus que la psychanalyse nomme sublimation, puisque la mise en pièces est assimilée aux déchirements de l'âme humaine, en proie aux passions, tandis que la palingénésie marque l'accès à la vie spirituelle. Un texte orphique, relaté par Servius (fr.213 O. Kern) assimile encore le récit et les mystères dionysiaques, voyant dans la passion du dieu l'expiation et la *catharsis* de l'âme.

La pensée orphique entend, par le *diasparagmos* de Dionysos reproduire la genèse de l'âme cosmique réduite, cependant, à l'échelle microcosmique dans la personne du dieu. Car, redivisée encore par le biais du cannibalisme titanesque, cette part d'âme universelle habitera le corps de chaque mortel[26].

Le meurtre de Dionysos qui doit susciter le refus de la viande reste calqué sur le sacrifice sanglant, encore qu'il présente une série d' inversions par rapport au modèle[27]. Conformément aux usages, les Titans font bouillir une partie des chairs de l'enfant dans le chaudron de bronze ("ils cuisirent de différentes façons"). Mais les écrits d'Eusèbe et de Clément d'Alexandrie révèlent que les meurtriers rôtissent ensuite les chairs bouillies :

«après les avoir bien fait bouillir, ils les embrochèrent (les membres), les suspendirent à la flamme d'Héphaïstos».

Arnobe (*Adv. Nat.* V, 19) ne retient, lui, que la phase de l'ébullition. Inversant l'ordre de la cuisine, les Titans dénoncent leur sauvagerie. Les narrateurs usent d'ailleurs, pour qualifier cette cuisson, d'un composé verbal particulier — κάθεψω — qui signifie bien bouillir, jusqu'à l'attendrissement ou jusqu'au déssèchement des viandes. Tout comme la déviation des pratiques culinaires, le renforcement introduit par le préfixe *kata* paraît signifiant. Il est vraisemblable que, dans les esprits, la figure de Dionysos ait appelé plutôt l'ébullition que le rôtissage. Car sa nature, semblable à celle du vin, est elle-même "effervescente" et "bouillonnante"[28]. Rien d'étonnant donc à ce que les chairs du "bouillonnant" aient spontanément bouilli dans la marmite.

La cuisson dans le chaudron, primant le rôtissage, surdétermine en quelque sorte cet aspect du dieu qu'on retrouve à la fois dans la fermentation du moût et dans la *mania* qui égare.

Si les modalités de la cuisson détournent les règles, l'action même du récit dérape, par rapport aux procès du festin cannibale. Dans les légendes tecnophagiques et cannibales, le crime est perpétré par un unique meurtrier. Ce rôle est attribué à la mère (parfois assistée de sa soeur (**II**)), exceptionnellement à l'oncle dans la première série ; au père dans les récits du festin anthropophage servi aux Olympiens (*Cf.* Tableau n° 7 et 8). Toujours, il s'agit d'un parent, ascendant direct (père ; mère) ou collatéral (oncle) de la victime. Le récit orphique fait entrer en scène des Titans, c'est à dire des êtres primordiaux, dépourvus de liens de parenté avec l'enfant Dionysos. Rassemblés pour un meurtre collectif, ils dévorent, à l'exclusion du coeur, le corps aussitôt démembré[29]. Le passage de l'unicité au groupe qui instaure une situation comparable à celle des rites lycéens affecte aussi la consommation des chairs. Le corps est divisé en sept parts, contrairement aux habitudes attestées par les précédents festins, lors desquels un unique organe (épaule de Pélops; viscère du nouveau-né arcadien) était dévoré[30]. Le mythe titanique rompt donc aussi avec l'individualité qui caractérisait le repas cannibale et tecnophagique. Le père mangeait seul, en toute inconscience; une seule divinité (Démeter ou Thémis) touchait étourdiment à la chair humaine, un lycanthrope en puissance (Mont Lycée) goûtait par hasard au viscère. Cette unicité, liée à la méconnaissance de l'acte, visait, on l'a dit, à déculpabiliser en partie le cannibale involontaire. Inversement, les Titans qui tuent et consomment eux-mêmes agissent en toute responsabilité.

A en croire Firmicus (*De l'erreur* VI, 1-4), le coeur de Dionysos aurait été destiné à Minerve qui, participant au meurtre, se serait finalement abstenue de le consommer.

Doit-on se défier de ces allégations partisanes qui, comme toutes celles des pères de l'église, visent à discréditer les religions païennes étudiées ? Ou bien, en tentant d'impliquer les divinités dans le cannibalisme des Titans, répètent-elles un élément structural propre au festin mythique de type tantalo-lycaonien ? L'emprunt paraît plausible puisqu'on prête, en ce cas, à la déesse la double nature, nourricière et dévoreuse, que le récit du festin de Tantale attribuait à Déméter.

Alors que dans les précédents mythes, les mobiles du crime relevaient de la passion (haine, vengeance), l'acte des Titans répond à la préméditation. Structuré à partir d'éléments empruntés au repas tecnophagique, le récit orphique reproduit le thème de la rivalité amoureuse. Héra, jalouse de ce bâtard et désireuse comme les mères du mythe tecnophage de châtier l'infidélité conjugale, aurait dit-on parfois stimulé leur colère ("la femme de Jupiter, exacerbée par son animosité de marâtre, machinait par tous les moyens le meurtre de l'enfant")[31]. Mus par "le courroux de l'implacable" déesse, ils deviennent les acteurs de sa vengeance. De la même manière, Héra manipulera les parents nourriciers de Dionysos, détournant sa colère contre un autre nouveau-né, Mélicerte. C'est en lui présentant traîtreusement des objets, des fruits et des jouets qu'ils sont parvenus à s'attirer la confiance du nourrisson. On parle de miroir (Arnobe, Firmicus), de hochet (Arnobe), de rhombe, de cônes, de balles, de roues, de toupies et de poupées articulées (Clément d'Alexandrie); de pommes (Arnobe) ou de pommes de pins (Clément d'Alexandrie). Mais s'ils aident à capter l'attention de la victime, certains des *symbola* (rhombe et miroir en particulier) qu'ils lui offrent renvoient plutôt à la magie orphique[32].

Le crime perpétré selon leurs plans, ils dévorent l'enfant en toute conscience. Soucieux peut-être d'atténuer la sauvagerie de cet acte déterminé et collectif, Nonnos de Panopolis introduit dans son poème le motif des métamorphoses successives qui, dans la phase ultime, assimile l'enfant-dieu aux victimes animales du sacrifice. Par cette évocation et pour le mieux réprouver, il cherche aussi à faire coïncider le mythe orphique avec le sacrifice canonique. C'est, en effet, sous la forme d'un taureau que les Titans achèvent Dionysos qui, égorgé, a réapparu sous divers aspects zoomorphes (*Dion.* VI, v. 202) :

> «le taureau téméraire succomba; et Bacchus, sous sa nature de taureau, fut mis en pièces par les poignards alternatifs de ses assassins»[33].

Dans les *Bacchantes* d'Euripide de nombreuses métaphores indiquent l'ancienneté de cette association qui veut que, dans un hymne, les femmes d'Elis invoquent le dieu comme le "vaillant taureau"[34]. L'invention poétique fait encore écho à un épisode de l'*Iliade* (VI, v. 128-140) où Lycurgue, un autre homme-loup, de par l'étymologie de son nom, pourchasse Dionysos et ses nourrices. Si Lycurgue ne tue pas l'enfant, mais provoque le *katapontismos* à l'issue duquel Thétis le recueillera[35], c'est avec la *bouplex* — la hache d'hécatombe — qu'il le menace néanmoins[36]. Le récit de Nonnos, assimilant la victime divine au taureau, renoue avec ces sources anciennes; déjà, l'arme de Lycurgue reliait implicitement l'enfant Dionysos au contexte sacrificiel.

Dans le récit orphique, le choix des meurtriers atteste encore la volonté de dénoncer l'horreur du sacrifice civique. Il ne faut pas, en effet, confondre ces Titans avec les six Titans qui, dans la Titanomachie, affrontent les Olympiens et que l'orphisme réconcilie avec Zeus[37]. Les théophages appartiennent à la race des premiers humains, s'apparentant aux autochtones, tels ce Titan à Sicyone, ce Titénios en Attique, qui, comme Lycaon, vivaient encore dans l'intimité des dieux. Ils doivent leur nom générique au gypse (*titanos*, en grec) dont ils ont enduit leurs visages. Nés de leurs cendres, après qu'ils ont été foudroyés, les hommes ont génétiquement hérité leurs tendances sauvages, portées au paraxoysme dans le mythe. Mais, celles-ci ont été nuancées par l' étincelle divine, la substance de Dionysos que les Titans avaient ingérée, et qui, à jamais, les habite[38]. Le cannibalisme, réalisé par Titans interposés, a fonctionné de manière positive, parce qu'il a consisté à manger la chair d'un enfant divin. Platon, dans les *Lois*, 701 et 854 B, fait à deux reprises allusion à "la vieille nature" des Titans qui survit en l'homme et à ses pulsions qui n'étant "ni des hommes, ni des dieux", renvoient à cette nature interlope qui caractérise aussi Lycaon et le myste du Mont Lycée. De par son origine titanesque et grâce à la dévoration de Dionysos, l'être humain a acquis un statut intermédiaire, entre dieu et Titan; entre le haut et le bas de l'échelle des valeurs existentielles[39]. La théophagie a permis à l'homme d'acquérir une parcelle divine qui implique parallèlement, pour l'orphisme, de rejeter la part titanesque qui réside en lui. Ce rejet doit s'accomplir par la purification ainsi que par le refus du sacrifice sanglant. Les humains ne réitèrent-ils pas le crime titanesque, lorsqu'ils abattent les bêtes et touchent à la nourriture carnée?

C'est là, du moins, la leçon de morale que le récit orphique entend enseigner.

PALAEMON — MELICERTE

Corpus des textes (T196) à (T 210).

La légende de Mélicerte, qui fait regarder en direction de Thèbes, ressortit à la fois aux structures du repas tecnophagique et du festin cannibale. De la première catégorie mythique, elle garde les figures topiques : celles du père, remarié, de la seconde épouse et du jeune enfant mâle. Elle doit évidemment aux deux le motif de la coction dans le *lébès*, mais emprunte à la seconde le schème de la palingénésie, exprimée métaphoriquement par la déification de la petite victime.

Extrêmement complexe, l'histoire de Mélicerte comporte plusieurs volets qui débordent sur des récits parallèles et dont il faut tenir compte avant que de l'appréhender. Elle figure, en fait, au centre d'un triptyque consacré au thème du sacrifice humain, encadrée par les épisodes de la pseudo immolation de Phrixos et du démembrement de Dionysos.

Phrixos :

Le sacrifice de Phrixos, dont on se bornera à rappeler les données événementielles, inaugure la saga "funeste" des descendants de Cadmos (Oppien, *Cyn.* IV, 237 : *"atartèroisi domoisi"*). Funeste est l'adjectif approprié puisque les petits-fils du souverain fondateur connaîtront le même sort tragique et périront tous déchirés. Actéon, le fils d'Autonoé, pris pour un cerf, sera déchiqueté par ses chiens; Penthée, déchiré par sa mère Agavé qui croyait chasser un lionceau; Labdacos, le fils de Polydore, démembré par les Bacchantes[40]. Le fils de Sémélé, sera dépecé par les Titans avant que d'être, comme Mélicerte, l'enfant d'Inô et d'Athamas, plongé dans le chaudron de bronze. (*Cf.* Tableau généalogique, n° IV). D'ailleurs, si Actéon n'est pas à proprement parler ni un doublet ni un archétype de Dionysos et de Mélicerte, son histoire véhicule nombre de données identiques à celles qui caractérisent la légende de ces deux personnages.

Le motif du *diasparagmos* suivi ou non d'une cuisson, fût-il narré sous des formes diverses, se répète donc avec insistance dans la lignée thébaine, berceau et hâvre du dionysisme dur[41]. Son itération provient sans doute d'un phénomène de démultiplication, à partir d'un modèle unique. C'est évident pour Penthée et Labdacos, deux figures punies de la même manière pour avoir résisté à Dionysos. Pour le reste, les déchirements se classent selon trois types de contextes: sacrifice humain, *diasparagmos* dionysiaque et attaque par des animaux. On dénote cependant la redite jusque dans la topographie des lieux où ces morts violentes se superposent. Ainsi Penthée, implicitement perçu comme une figure plus récente, meurt, mis en pièces, "à l'endroit où jadis Actéon fut déchiré par ses chiens" (Euripide, *Bacch.*, v. 1290).

Toute incursion dans la lignée thébaine prédispose les jeunes héros aux pires violences. Il en va donc ainsi de Phrixos et d'Hellé qui, de par le voisinage de leur marâtre, Inô, la fille de Cadmos, se trouvent projetés dans ce mileu sanguinaire. (Tableau généalogique n°V).

Ces enfants, nés du premier mariage du roi Athamas, auraient dû, à l'issue de machinations ourdies par leur belle-mère, être offerts en sacrifice à Zeus *Laphystios* - Glouton. C'est dire qu'ils étaient promis à une fin semblable (dépècement et dévoration) à celles de leurs cousins Dionysos et Mélicerte. Pourtant, en donnant à cette immolation la forme d'un sacrifice de substitution, la tradition a, d'emblée, édulcoré la structure mythique originelle. En leur permettant de fuir vers la Colchide, sur le dos d'un bélier à la toison d'or, Hermès ou Néphélé, leur mère, a sauvé les enfants[42]. L'iconographie relative à l'épisode a gardé toutefois le souvenir du sacrifice humain. Sur une amphore nolienne du Musée de Naples, par exemple, Phrixos, déjà grimpé sur le bélier salvateur, est poursuivi par Inô qui brandit elle-même la hache sacrificielle[43].

Certains éléments narratifs laissent à penser qu'Hellé et Phrixos avaient été offerts à Zeus pour un sacrifice d'enfant, de type lycéen. De telles immolations se seraient, semble-t-il, aussi pratiquées par couple. Deux des nombreux enfants de Thyeste, les deux fils d'Inô ont été, dans le mythe, les victimes conjointes de meurtre comparables[44].

La nature du culte rendu à ce Zeus *Laphystios*, la personnalité ambiguë d' Athamas, le père des deux enfants, et ses accointances avec la Thessalie et les loups, étayent l' hypothèse.

(1) le culte béotien à Zeus *Laphystios*.

Comparant dans un dialogue (*Minos*, 315 b.c) les sanctuaires arcadien et béotien, le pseudo Platon a établi un parallèle étroit entre les rites perpétrés en l'honneur de Zeus *Lycaios* et de Zeus *Laphystios* «Ces gens — écrivait-il — qui participent au sacrifice lycéen et les descendants d'Athamas qui pratiquent de tels sacrifices»[45]. A ses yeux, les deux sanctuaires accueillaient le même type de rituel, fondé sur des sacrifices cannibales. On rendait encore un culte du même ordre à Mélicerte, le demi-frère de Phrixos, dans l'île de Ténédos. Les épiclèses attribuées aux bénéficiaires de ces rites, exprimant la voracité des divinités auxquelles ils étaient destinés (Tueur de nourrissons pour Mélicerte; Loup, Glouton, pour Zeus) ne sont pas moins révélatrices de la cruauté de ces cultes.

A cause d'une souillure dont on avait oublié jusqu'à l'origine (le sacrifice humain initial?), les descendants d'Athamas, sous peine d'être immolés à leur tour, s'étaient vu interdire à jamais l'accès du *Leiton* sur le Mont Laphystios. Le meurtre de Phrixos, originellement cannibale, aurait-t-il effectivement suscité cette éviction? Si tel avait été le cas l'acte, ritualisé, trouverait comme en Arcadie son *aition* dans le mythe.

(2) la Thessalie.

Le sanctuaire béotien du Mont Laphystios dépendait du sanctuaire thessalien d'Halos. C'est à dire qu'il était situé dans la région où Athamas exilé avait fondé la cité d'Athamantia, après avoir rencontré la meute de loups annoncée par l'oracle delphique[46]. Ces relations font déborder le cadre de l'histoire, l'orientant vers l'aire géographique des mythes du chaudron (Carte, en fin de volume).

(3) les loups.

Bien que l'onomastique ne soit pas révélatrice de sa nature, Athamas côtoie la horde des loups[47]. La transformation, qui reste pour lui du domaine de la métaphore, advient après le meurtre de ses enfants Léarque et Mélicerte, et non pas à l'issue du sacrifice de Phrixos.

«Hors la loi et menant la vie errante d'un fugitif, Athamas n'appartient plus au monde des hommes; traqué ... il est condamné à une vie si sauvage que les Grecs la comparent à celle du loup. Mais le loup séparé de la meute : le solitaire qui mange plus facilement l'homme»[48]. Lorsque la meute lui abandonne ses parts de mouton, Athamas, à la manière des Arcadiens initiés par les Anthides s'étant abstenus de manger la chair humaine, retrouve sa dignité d'homme et de citoyen.

Cherchant la compagnie des loups après le sacrifice de son fils Phrixos sur le Mont Laphystios, le héros thébain ferait pendant à la figure arcadienne de Lycaon. La lycanthropie, réelle et métaphorique, sanctionnerait un même acte : le sacrifice d'un enfant à Zeus - Loup, en Arcadie, à Zeus - Glouton en Béotie. Mais la "transformation" d'Athamas n'advient qu'après le second infanticide, perpétré contre les enfants qui lui sont nés de sa seconde épouse, Inô. Le fait que les meurtres de Léarque et de Mélicerte répètent, en le déformant, ce premier sacrifice a pu susciter ce décalage. Tout comme la substitution finale dut y contribuer : l'intervention d'Hermès qui a permis d'éviter l'immolation de Phrixos en a modifié la nature première, rendant parallèlement l'épreuve lycanthropique superfétatoire. De même que dans l'histoire des enfants de Médée les étapes de l'immortalisation avaient été fractionnées entre plusieurs nouveaux-nés (Médéides / Médéios), de même le sacrifice laphystien originel aurait fait l'objet d'un report, de la personne de Phrixos vers les enfants nés du second lit d'Athamas.

Dans la version que nous connaissons et selon laquelle le sacrifice de Phrixos s'est définitivement fixé, nombre d'éléments, en dépit de l'heureuse issue, sont demeurés conformes aux situations du festin cannibale, servi pour honorer les dieux.

Dionysos :

Le second volet du polyptyque, qu'il convient de réenvisager plus brièvement, raccorde la légende de Mélicerte aux enfances de Dionysos. Né des amours de Zeus et de Sémélé, le dieu n'est autre que le neveu d'Inô (la marâtre de Phrixos et la mère de Mélicerte). C'est dire qu'ils sont unis par des liens collatéraux et qu'ils entretiennent la relation familiale typique des protagonistes du repas tecnophagique[49]. C'est sous les traits d'une courotrophe qu'Inô, associée ailleurs dans ce rôle à Sémélé et aux Néréides, intervient dans le mythe dionysiaque[50]. Avec Athamas, elle a, en effet, recueilli Dionysos après la fulguration de Sémélé (Ovide, *met.* III, v. 309-315). Ce sont les liens du couple royal avec l'enfant divin qui, réactivant la jalousie de Héra décidée à le perdre, provoqueront le double meurtre de Léarque et de Mélicerte[51] :

«Ce que sont les effets de la fureur, par le meurtre de Penthée, il (Dionysos) en donne une démonstration suffisante et au-delà. Pourquoi Inô n'en sentirait-elle pas l'aiguillon et ne suivrait-elle pas, par ses propres fureurs, l'exemple de ses proches» dit la déesse trompée. Ovide (*met.* V, v. 428-432).

Les traditions, parfois contradictoires et peu respectueuses de la chronologie mythique, s'accordent pour expliquer l'acte criminel par la démence des deux parents. La possession qui n'est pas, en ce cas, suscitée par Dionysos, mais seulement causée par sa présence, devient le moteur de l'action. De même que les Titans du récit orphique, le couple a été poussé à la folie par Héra. Comme si elle cherchait à rivaliser avec Dionysos, la déesse a usé de l' arme habituelle du dieu : la *mania*[52]. «Il (Dionysos) me dicte lui-même ma conduite; on a le droit d'accepter, même d'un ennemi, une leçon» s'écrit Héra à son adresse (*met.* IV, v. 427-428).

Conformément au champ d'action qui, dans la pensée antique, délimite les fonctions divines, Héra ne détient pourtant pas le pouvoir d'aliéner directement[53]. Incapable de troubler les esprits, la déesse doit, pour ce faire, dépêcher des intermédiaires. Pour Inô et Athamas, Héra envoie l'Erinys vengeresse. La furie opère, ici, pour son compte, comme Lyssa provoquant également pour elle la folie d'Héraclès ou excitant pour Artémis les chiens contre le chasseur Actéon (Euripide, *Hér. Fur.*, v. 821).

L'épisode thébain débute comme le récit du démembrement de Dionysos, à la différence près que, contrairement aux Titans, le couple ne tue pas Dionysos mais s'acharne sur sa propre descendance. Déviée de son objet, la haine de Héra se répercute sur un autre nouveau-né, Mélicerte. Ovide se plaît d'ailleurs à jouer sur ce transfert et fait dire à la déesse, lorsqu'Inô se donne la mort en plongeant avec le corps de son enfant :

«Voilà bien ...,le genre de profits que tu peux attendre de ton nourrisson (Dionysos)» (*met.* IV, v. 529).

Les modalités du meurtre de Mélicerte:

L'interprétation que le poète latin offre de l'épisode (v. 500-509) retient l'intérêt, parce que ne laissant pas vraiment place à la *mania,* elle associe la démence à la magie. L'Erinys, à qui l'on prête pourtant "un sang vicié, stérilisant, mortel à la feuille, à l'enfant" (Eschyle, *Eum.*, v. 782; 812), confectionne la drogue qu'elle injectera aux malheureux parents. La décoction préliminaire de sang frais, de venin d'Echidna et de bave de Cerbère mêlés ("qui fera naître ... la fureur et le bouleversement") a été concoctée dans un chaudron de bronze, comme, ailleurs, les philtres de Médée. Le *lébès* où réduit le poison devient, chez Ovide, instrument de magie noire, avant même que de recevoir la petite victime.

L'action dramatique connaît ensuite plusieurs variantes dont on rappellera brièvement les faits essentiels :

— *1ère variante :*

Euripide — (T 197 b).

Selon Euripide, mais sans que soient développées les modalités de l'acte, Inô, chassée par Héra, tue elle-même ses deux fils. Le dramaturge se contente d'évoquer le *katapontismos* final qui immortalisera la mère et l'enfant :

> «d'un bond par-delà la falaise marine, elle les entraîna tous deux dans la mort».

Le double infanticide sert à créer, en fait, un précédent au crime de Médée. Il permet de dénoncer l'horreur du forfait commis par la Colchidienne qui, contrairement à celui d'Inô, n'a pas été perpétré sous le coup de la folie.

Les autres témoignages relatifs à la légende distinguent les fins des deux enfants qui meurent, chacun victime d'un parent ou tués de manière différente lorsqu'un seul parent agit.

— *2ème variante :*

Apollodore — **(T202; 203)**.

Inô plonge Mélicerte dans le chaudron de bronze, placé sur le feu, tandis qu'Athamas tue simultanément Léarque de ses flèches. Cet argument relie le geste de la mère, conforme aux agissements de

Procné, d'Harpalycé, aux modalités du repas tecnophagique. L'invention, vraisemblablement tardive, dut d'ailleurs être suscitée par les récits du meurtre d'Itys.

— *3ème variante* :

Nonnos **(T208)**, scholiastes —

Le père est chargé du double meurtre, auquel Inô, ici, ne prend aucune part. Après avoir traqué l'aîné, il jette lui-même le corps de Mélicerte dans le *lébès*, placé sur la flamme. Cette tradition doit renouer avec des sources anciennes, puisqu'elle était déjà mentionnée dans l'*Athamas* d'Eschyle (fr. 1-2) : "l'un fut reçu par le chaudron à trois pieds de la maison, qui toujours garde sa place au-dessus du feu", dit le fragment conservé.

En immergeant l'enfant dans la cuve, Athamas réitère le comportement du père dans les mythes du festin cannibale qui se déroulent à la table des dieux (voir : Tantale, Lycaon).

— *4ème variante* :

Ovide — **(T198)**.

Athamas tue Léarque, avec une sauvagerie toute guerrière :

«Du sein de sa mère il arrache Léarque ... et fracasse férocement ... la face de l'enfant», v, 520.

Inô, affolée par ce crime, se précipite dans les flots, serrant son dernier-né, Mélicerte, sur son sein.

Le schème du plongeon marin, parce qu'il confère la divinité à Inô et à son fils, reste commun à toutes les variantes, d'Euripide à Nonnos. Même lorsque le nourrisson a été jeté dans le chaudron (Nonnos), la mère n'hésite pas à l'en retirer avant que d'effectuer le saut immortalisant. Exception faite du récit d'Apollodore, dans lequel Inô tue Mélicerte, la tradition littéraire ne fait pas d'elle une meurtrière. Euripide, même, confond l'infanticide et le *katapontismos.* Contrainte à ce plongeon, elle apparaît davantage comme une victime de la furie d'Athamas. Hautement symbolique, le saut dans la mer lui confère d'ailleurs le statut de divinité courotrophe.

L'enfant voué à la coction est le dernier- né de la famille royale, assurément un nourrisson. Ovide, Hygin et Pausanias insistent sur son très jeune âge :

«te portant dans ses bras, tout petit encore» (*met* IV).

On oppose Léarque, capable de s'enfuir sous les flèches et donc toujours présenté comme un frère aîné, à la petite victime immergée, encore au sein. L'estimation convient parfaitement aux données du festin cannibale, puisque le sacrifice mythique comme le rituel lycéo-laphystien imposent l'immolation d'un nouveau-né.

Dans ces récits Athamas, le plus coupable des parents, perpètre le forfait de différentes manières. Les textes relatent, en effet, trois types de meurtre qui, chacun, renvoient à des contextes distincts. Les deux premiers (*a*, *b*) sont accomplis sur la personne de l'aîné, Léarque, le troisième (*c*) sur le dernier-né, Mélicerte.

ATHAMAS — LES TROIS TYPES D'INFANTICIDE.

a) Le crime cynégétique — (Léarque).

Ayant, en état de démence, pris son fils Léarque pour un jeune cervidé, Athamas le perce de flèches :
«autem in venatione» (Hygin, Fab. 4).
«il a aperçu son fils qu'il voit sous l'aspect trompeur d'un cerf»
(Apollodore, Nonnos).

Selon le même schéma, dans le poème d'Ovide, le père abusé croit apercevoir une lionne (Inô, en l'occurrence), suivie de ses deux lionceaux :
«*Io* ! camarades, — s'écrit-il —, tendez vos filets dans ces forêts!» (v. 515).

Le choix de ce fauve peut faire référence à Penthée, également pris pour un lionceau par sa mère, et viser, selon une tendance que l'on sait maintenant chère au poète, à connoter l'épisode de touches dionysiaques, également suggérées par le "*Io*" rituel que poussent d'habitude les sectateurs du dieu.

La confusion avec le lionceau ou le cerf qui provoque la poursuite cynégétique reste un motif récurrent dans la mythologie thébaine et renvoie aux antécédents familiaux d'Actéon et de Penthée. La meute d'Actéon, enragée par Lyssa ou par Artémis, le force aussi comme un cervidé :

«le museau enfoncé dans son corps, ils (les chiens) déchirent leur maître, caché sous l'apparence trompeuse d'un cerf» (Ovide, *met.* III, v. 250).

Napé, l'un d'eux, a été conçu d'une chienne et d'un loup dit allusivement Ovide, afin de rappeler que, dans la mentalité antique, le cerf constitue la proie privilégiée des loups[54].

Agavé, en proie à la transe dionysiaque, croit lorsqu'elle rapporte à Cadmos la tête de Penthée, brandir celle d'un jeune lion (Euripide, *Bacch.*, v. 1278-1282)[55]. Devenus gibier, les trois descendants de Cadmos, tous cousins germains, — Actéon, Penthée, Léarque — trouvent la mort, à la suite de la même méprise. Ces récits retracent une poursuite monstrueuse dont l'homme constitue la proie. Dès lors qu'on les rapproche, ils esquissent une sorte de hiérarchie dans la cynégétique, de l'animal jusqu'au chasseur, en passant par les ménades, de statut intermédiaire, mi-femmes, mi-bêtes sauvages.Les victimes meurent tour à tour : sous les crocs des chiens (Actéon), entre les mains nues et sous les dents des ménades (Penthée, Labdacos), sous les flèches du chasseur (Léarque). Selon une gradation de valeurs l'histoire réfléchit, pour chaque cas, les lois propres à la meute, à l'*oribasie* dionysiaque, à la chasse noble.

Les auteurs mettent tous l'accent sur la sauvagerie du meurtre commis par Athamas. Du fait de la confusion entre l'enfant et un gibier, il s'apparente à la technique cynégétique. Mais, à l'inverse de la chasse traditionnelle, pratiquée à la javeline, il est perpétré avec l'arc[56]. C'est porteurs de l'arc, leur arme par excellence, qu'on voit ainsi Artémis ("l'archère qui de ses traits frappe les cerfs") et Apollon exterminer les Niobides[57]. Mais cette arme pend aussi à l'épaule de Dolon, qui, déguisé en loup, se distingue dans l'*Iliade* (X, v. 333-336) de l'égorgeur présenté dans le *Rhésos* d'Euripide (v. 254). Apollon, parfois en compagnie des loups, et Dolon travesti se croisent autour de l'objet qui représente à la fois la chasse divine et l'affût le plus traître (58). Lorsqu'il n'est pas manié par les Létoïdes, l'arc est même considéré comme l'arme des lâches. Dans l'*Héraclès furieux*, (v. 160), Lycos, évoquant Héraclès, critique le fait que :

«jamais il n'a tenu le bouclier à son bras gauche, ni affronté une lance; mais, portant un arc, la plus lâche des armes, il était toujours prêt à la fuite»[59].

Les manifestations délirantes, dionysiaques ou pré-dionysiaques, qu'elles eussent été déchaînées par les dieux ou par les furies de leur suite, ont incontestablement joué un rôle déterminant dans la mythologie thébaine.

Le délire initial, qui trouble le meurtier, relève tour à tour d'Artémis / Lyssa ou de Zeus (Athamas; la meute d'Actéon), de Dionysos (Agavé, la mère de Penthée) et de Héra (les parents de Léarque), motivée, elle, par la présence de Dionysos au foyer d'Athamas. Par deux fois au moins, comme dans le repas cannibale, il sanctionne la transgression de l'ordre monogamique : c'est l'adultère, commis par Zeus et Sémélé, que Héra châtie en frappant les parents nourriciers du bâtard ; et, selon une variante moins répandue, Actéon est puni pour avoir tenté de s'introduire dans la couche de sa tante (Sémélé)[60]. L'adultère (Zeus) et l'inceste (Actéon), ont été cristallisés sur la figure de Sémélé qui, par ses débordements amoureux, scelle involontairement le destin tragique de ses neveux. A l'arrière-plan dans le contexte du meurtre de Léarque ou acteur direct dans la mort de Penthée, Dionysos, comme sa mère Sémélé, ne cesse de susciter la violence dans l' entourage familial. Tous deux, générateurs du désordre, incarnent les effets ambigus et parfois destructeurs du dionysisme naissant.

Quoiqu'elle résulte dans le mythe d'une impulsion divine, la confusion avec le cervidé ou le lion peut encore se faire l'écho de mascarades rituelles qui se seraient déroulées sous forme de jeux cynégétiques[61]. Le fait qu'Actéon ait revêtu parfois une dépouille de cerf, qu'Artémis lui aurait jetée hâtivement pour mieux le perdre, incite à croire que des chasses rituelles ont pu s'accomplir sous des déguisements zoomorphes[62]. D'autres mythes semblent en avoir gardé la trace. Lorsque Callisto, l'Ourse, poursuivie par Arcas, pénètre dans le sanctuaire de Zeus *Lycaios*, les Arcadiens tentent de la tuer (Hygin, *Astr*. II, v. 2). On apprend aussi, dans l'*Iphigénie en Tauride* (v. 280) d'Euripide, que, dans l'*Artémision*, les victimes destinées au sacrifice étaient préalablement "chassées". Plutarque, enfin, révèle que celui qui osait pénétrer dans l'*abaton* du sanctuaire lycéen était "appelé cerf"[63]. Pour avoir transgressé l'interdit, lié à des réglementations cynégétiques en vigueur dans le *téménos*, l'imprudent visiteur était lapidé, ou bien, exilé, mourait dans l'année (64). Etroitement liés à la figure mythique de Lycaon, les règlements du Mont Lycée ne trouvent-ils pas de troublants prolongements dans l'histoire d'Athamas qui, avant que d'être expulsé du *Laphistion*, a tué Léarque qu'il prenait pour un cerf ?

b) Le meurtre guerrier, (Léarque).

Seul le poème d'Ovide assimile le crime d'Athamas à des violences guerrières. Saisi de folie, le père arrache Léarque du sein de sa mère, puis :

«deux ou trois fois, il le fait tournoyer dans les airs, comme une fronde et fracasse ... la face de l'enfant».

Déjà reproduit au VIII ème siècle, le motif iconographique du fracassement de la petite victime, ressortit essentiellement aux illustrations de l'*Iliou persis*[65]. On montre Néoptolème catapultant Astyanax ou un enfant troyen contre le corps de Priam, réfugié à l'autel de Zeus *Herkéios*[66]. Transposée, l'image n'a cessé de fasciner, inspirant encore le cinéma italien contemporain[67]. Le geste meurtrier évoque aussi celui d'Achille, lançant violemment, le plus souvent la tête tranchée, — mais parfois le cadavre de Troïlos —, après le crime sexuel dont il s'est rendu coupable[68]. Lorsqu'Athamas a percé Léarque de flèches, selon le mode du meurtre cynégétique (*a*), "de son coutelas" il tranche aussi "cette tête méconnue dont ses illusions ont fait un faon ... et sourit à l'aspect de cette noble prouesse", précise la version contée par Nonnos de Panopolis. Le comportement du chasseur (Athamas) rejoint alors l'acte du guerrier triomphant (Achille), soulignant l'homologie entre chasse et guerre antiques. Dans l'imagerie ces violences présentent un dénominateur commun : le fracassement qui se déroule le plus souvent près de l'autel[69]. L'image poétique qui demeure un *hapax* peut être expliquée par un phénomène de mythologie "optique". La vision ovidienne résulterait d'une transposition écrite des scènes picturales, largement diffusées. Les modèles iconographiques du cycle troyen susceptibles d'avoir marqué le poète relèvent de l'imaginaire des artisans. Tôt élaborées, ces compositions violentes contredisent d'ailleurs les sources littéraires qui voudraient qu'Astyanax, par exemple, eût été précipité du haut des remparts de Troie[70].

c) Le meurtre cannibale (Mélicerte).

Nonnos assigne le double meurtre à Athamas, mais prend soin de distinguer les morts de chaque enfant. L'aîné fait l'objet d'une poursuite cynégétique, comme chez les prédécesseurs du poète (Hygin, Apollodore); le second, Mélicerte, est cuit dans le *lébès*, à la manière des victimes du festin cannibale offert aux dieux.

Après avoir pourchassé et tué Léarque comme un faon, Athamas, "roulant d'horribles prunelles", plonge le plus jeune de ses fils dans le chaudron où "l'eau bouillonne" et fume. Commis par le père, ce crime de type culinaire renvoie aux modèles des mythes de Tantale et de Lycaon. Aussi les mobiles de ces deux meurtres ont-ils été strictement différenciés, afin de les conformer, chacun, à son archétype mythique : chasse - cannibalisme. Alors que le crime cynégétique a été provoqué par une hallucination (schème de la confusion avec un animal sauvage), la coction de l'enfant relève d'un acte délibéré. Pleinement conscient, Athamas s'occupe de placer d'abord "le chaudron sur le foyer à l'haleine de feu" (v. 68-72), afin d'y précipiter son fils, dès l'ébullition. Il résiste même, impavide, aux suppliques de Mélicerte qui l'appelle "à grands cris" (v. 73-74). C'est dire qu'il témoigne de la même maîtrise de soi qui, dans l'action, distinguait Atrée, Astyage, Tantale et Lycaon. Le double infanticide juxtapose donc les thèmes du crime cynégétique, accompli sous l'empire de la *mania*, et du meurtre sacrificiel, emprunté aux récits du festin cannibale. Il sera revenu sur la particularité de ce second forfait.

Les structures mythiques et le double crime :

Inspirée par l'imagerie, la variante guerrière de la mort de Léarque n'éclaire pas *a priori* la conduite d'Athamas. Les deux autres types de meurtre, en revanche, paraissent déterminants pour la compréhension de l'action. Rapprochées, ces variantes tissent un réseau d'interférences entre sacrifice, chasse et guerre, qu'Euripide avait déjà soulignées dans l'*Héraclès furieux*. La rencontre mérite que l'on s'y arrête.

Poussé à la folie par Héra, Héraclès, sur le point d'accomplir un sacrifice domestique, prend soudain ses enfants pour ceux du tyran Lycos et entreprend de les massacrer ainsi que leur mère, Mégare. Une flèche atteint le premier fils au foie (v. 989); la mort est identique à celle de Léarque (version d'Apollodore). Le second, réfugié à l'autel, trop proche pour être correctement visé, meurt la tête fracassée d'un coup de massue (v. 991). L'enfant frappé, périt par enfoncement du crâne, comme Léarque dans la version ovidienne. Enfin, le héros tente d'égorger le dernier, mais l'intervention de la mère (qui, comme Inô, s'enfuit avec le malheureux) entrave la mise à mort sacrificielle. La déroute n'empêchera pourtant pas ces deux derniers de périr, encore, sous les flèches[71]. La narration tragique associe les trois modes de tuer, rencontrés dans les variantes concernant Athamas : flèches (chasse), fracassement (guerre), égorgement, équivalent de la cuisson (sacrifice)[72]. Les auteurs tardifs (Ovide, Nonnos) qui mettent en scène le double meurtre thébain ont certes pu se souvenir des situations euripidéennes. Au-delà de simples réminiscences littéraires, cependant, la rencontre dénote une association profondément ancrée dans la pensée grecque, peut-être fondée, pour ce qui concerne la chasse et le sacrifice, sur l'existence de rituels réunissant poursuite cynégétique et mise à mort (n. 64). Lorsqu'au début du récit tecnophagique la mère et la tante frappent Itys de concert, chaque blessure — l'une portée à la gorge, l'autre au foie — confère une mort différente : rituelle (= égorgement de l'animal), héroïque (= coup au flanc droit du guerrier).

Imputant les deux meurtres au père, la dernière variante du crime d'Athamas ramène vers les rites lycanthropiques. La poursuite de Léarque et la cuisson de Mélicerte, qui peuvent correspondre à des moments successifs d'une même cérémonie, reproduisent des usages attestés dans le sanctuaire de Zeus *Lycaios*. Les phases du mythe refléteraient-elles des rituels dans lesquels le sacrifice humain, la chasse et la métamorphose en loup auraient tenu, comme en Arcadie, une place essentielle[73]?

C'est, à en croire la chronologie mythique, à l'issue du double meurtre qu'Athamas, banni, aurait recherché la compagnie des loups. L'interdiction faite ensuite aux Athamantides de pénétrer dans le Prytanée du Mont Laphystios, correspondrait effectivement à la condamnation du festin cannibale, ailleurs matérialisée par le renversement de la table ou par la déroute collective, consécutive à la souillure, réitérée lors du *Steptérion* delphique[74]. Seulement, la trame narrative pourrait indifféremment convenir aux crimes successifs d'Inô et d'Athamas : à celui, interrompu, de Phrixos, comme à celui de Léarque et de Mélicerte ... Confus et tardivement mis en forme, ce mythe oscille, en fait, entre les structures du festin cannibale, du repas tecnophagique et des crises de souveraineté. On a vu que, structuralement, lorsque la mère jette l'enfant dans l'eau bouillante, l'acte ressortit au contexte du repas tecnophagique. Du mobile qui aurait aiguisé la vengeance d'Inô (un adultère), la tradition pourtant ne souffle mot. C'est la jalousie de Héra qui, reportant sur des tiers (Inô, Athamas et leurs enfants) le thème de la transgression des règles matrimoniales, a motivé le double drame. Détournée du bâtârd Dionysos ("ce fils, né d'une rivale", dit-elle dans les *Métamorphoses*, IV, v. 421), l' ire a été cristallisée sur la descendance légitime de la nourrice du dieu. En revanche, les relations hostiles qui, par le remariage d'Athamas avec Inô, opposent Phrixos à sa marâtre, sont, comme la présence du bélier à la toison d'or, conformes aux arguments d'une rivalité dynastique[75]. L'onomastique qui attribue au fils ainé d'Inọ le nom de Léarque (λεώς, ἀρχῶ : celui qui commande le peuple) ne dément point la référence à ce contexte[76]. Cette désignation laisse supposer que, bienqu'évincé dans le mythe, le prince a évolué dans une histoire d'investiture royale. L'étymologie n'est pas sans rappeler d'ailleurs celle du nom porté, à Eleusis, par le fils de Célée, Démophon[77]; une figure rapidement occultée elle-aussi par celle du roi Triptolème. Ces considérations projettent le récit thébain dans un cadre historique, comparable à celui de l'avènement des Pélopides à Mycènes ou à celui des Lycaonides en Arcadie.

Quand Athamas plonge, lui-même, Mélicerte dans le chaudron, on croit discerner le motif focal du festin cannibale, auquel la suite des événements se réfère par ailleurs. Comme les victimes immolées par leur père (Pélops, Arcas), Mélicerte, divinisé sous l'épiclèse Palaemon (le Lutteur), échappe, en effet, à la mort[78]. Le saut, à la symbolique funéraire et sôtériologique, lui confère la divinité. Toutefois les variantes de ce cycle présentent des écarts notables par rapport aux grands mythes de référence. Elles ne gardent pas la trace du défi initial qui devrait opposer logiquement Athamas à Zeus, le convive habituel lorsque le festin se consomme à la table des dieux. A l'arrière-plan, ce sont davantage Héra et Dionysos qui règlent leurs différents (*met.* IV, v. 428). Jetée dans le *lébès*, la petite victime n'est pas non plus l'objet du démembrement préalable à toute cuisson. L'enfant, qui crie, est immergé tout vif dans l'eau du récipient! Aucune partie de ses chairs ne subit, de ce fait, le rôtissage sacrificiel. La cuisine, enfin, ne débouche sur aucun repas : personne ne touche au corps ébouillanté. Omettant les préparatifs comme les conséquences de la coction, du festin cannibale le récit n'a retenu que l'immersion dans le chaudron, devenue, à l'évidence, un doublet du saut dans la mer. Dans l'une des versions (*Dion.*, v. 120), la mère retire le corps de Mélicerte, "mi-cuit ", pour, le serrant contre elle, se précipiter dans les flots. Cas limite, ce scénario télescope les schèmes du plongeon rituel et de la cuisson palingénésique. Ailleurs, et déjà chez Euripide, le *katapontismos* s'était, purement et simplement, substitué à la cuisson dans le chaudron (Ovide ; Hygin ; Pausanias). Tandis qu'Athamas perce Léarque de ses traits, Inô, "sans se laisser arrêter par la peur, se jette à la mer avec son fardeau".

Courotrophe de Dionysos, elle reproduit, en fuyant Athamas, le saut salvateur que, "pris d'effroi", le jeune dieu avait lui-même accompli en compagnie de ses nourrices, lorsque Lycurgue le pourchassait de sa double hache[79]. D'ailleurs, Ovide, coutumier de ces connotations dionysiaques, fait sauter Inô dans les vagues aux cris d'"Evohé! Bacchus" (*met.* IV, v. 528). Originellement ordalique, le thème du saut dans la mer a, dans l'environnement de Dionysos, évincé celui de la cuisson sacrificielle[80]. Nombre de poursuites ménadiques (les Proétides, par exemple) s'achèvent par de tels plongeons. La résurrection de Mélicerte, confondue dès lors avec celle de sa mère, ne s'effectue plus par le biais d'une seconde coction de type Pélops, mais découle du *katapontismos* même. Il confère, à l'un et à l'autre, le statut de divinité marine tandis que, paradoxalement, le corps de l'enfant, ramené à Corinthe, sera honoré par les cérémonies Isthmiques.

Superpositions et disparates mettent en évidence la complexité de la légende qui emprunte à différents matériaux, mythologiques et cultuels. Certains éléments narratifs sont d'ailleurs communs aux mythes d'Actéon et de Dionysos. Les morts de Dionysos et de Mélicerte reproduisent les thèmes de la cuisson et de la résurrection; Actéon et Léarque détiennent le triste privilège d'être forcés et abattus comme des cervidés, que ce soit par les morsures des chiens ou par les flèches du chasseur. L'histoire d'Actéon et celle de Dionysos répètent, enfin, les motifs du déchirement et de la confection d'un simulacre à leur image[81]. Les générations littéraires ont contribué, à force d'amalgames et de syncrétismes, à ventiler ou à centrer, au contraire, des événements archétypiques sur les différents membres de la famille de Cadmos.

Transportant la dyade du continent à l'univers marin, l'apothéose conjointe d'Inô-Leucothéa et de Mélicerte-Palaemon a relégué à l'arrière-plan l'épisode du double meurtre sacrificiel qui l'a précédée. La juxtaposition de la battue (Léarque) et de la cuisson (Mélicerte) garde néanmoins une certaine cohérence, explicitant probablement des rites qui furent destinés à Zeus *Laphystios* avant que d'être transférés sur la figure de Mélicerte divinisé. Hors de Béotie, on a vu que d'autres centres avaient conservé de telles pratiques cultuelles. On aurait continué d'immoler des nouveaux-nés à Mélicerte dans l'île de Ténédos; cela jusqu'à une époque assez récente pour que les scholiastes de Lycophron en fissent état[82].

L'évolution interne du mythe reflète, en définitive, les étapes historiques de l'implantation des cultes dans les régions de Thèbes et de Corinthe, où le souvenir de Palaemon est demeuré vivace. Le cumul des séquences (sacrifice humain, chasse à l'homme, cuisson cannibale, folie ménadique, saut dans la mer) correspond à des strates progressives dans la gestation du récit. A mesure que se succédaient les divinités, leurs rituels et leurs étiologies se seraient confondus[83]. Dans cette inévitable syncrèse, le sens initial de la poursuite du "cerf" a été oublié, tout comme s'est effacée, au profit de Mélicerte, la figure princière de Léarque dont le nom évocateur fleure encore la souveraineté perdue. Les derniers arrivés en Béotie, Dionysos en l'occurrence, ont supplanté leurs prédécesseurs, leur empruntant, alors même qu'ils provoquaient leur déchéance, certains de leurs faits et gestes. Aussi, le souvenir des rites lycanthropiques qu'Athamas dut instaurer sur le Mont Laphystios s'en trouva-t-il occulté.

CLASSEMENT DES SEQUENCES DU MYTHE :

Contexte		Structures du :	
Dionysiaque	Autre culte	Repas tecnophagique	Festin cannibale
-	-	Jalousie de Héra	-
Folie (parents)			
-	Poursuite cynégétique	Cuisson (Mélicerte) par Inô	Cuisson (Mélicerte) par Athamas
Katapontismos			
-	-	-	Divinisation de Mélicerte
-	-	-	Athamas en quête des loups

L'ICONOGRAPHIE DU FESTIN CANNIBALE.

Catalogue 1,*(1-4)*.

On a parfois souhaité reconnaître le démembrement de Dionysos, sur une hydrie du Musée Britannique (*supra*, p. 114, **Pl. II, fig.4**), à propos de laquelle certaines réserves ont déjà été formulées. En revanche, un relief d'époque romaine et de style néo-classique, conservé à la Villa Albani, (**Pl. II, fig.5**), montre les violences qui préfigurent le déchirement de l'enfant dieu (84). Les attitudes des Titans qui semblent, à la façon d'Athamas dans le récit béotien, fracasser la tête de la victime, maintenue tête-bêche, appartiennent à l'iconographie dionysiaque du *diasparagmos*. De tels démembrements, animaux et humains, sont monnaie courante dans le répertoire pictural sévère et classique[85]. Ils n'ont affaire ni à la cuisson, ni à la manducation de l'enfant. A vrai dire, on ne connaît pas d'illustrationdu festin cannibale. Ce thème n'a pas manqué de soulever les mêmes difficultés de figuration que celui du repas tecnophagique, toujours suggéré; des questions qui ont été précédemment évoquées[86]. On peut s'étonner que les artisans n'aient pas toutefois tenté, comme dans les représentations du meurtre d'Itys, de contourner ces embarras techniques. Il eût été possible, sans même innover, de recourir au motif conventionnel du renversement de la table, omniprésent par ailleurs dans les témoignages littéraires (**Pl. VIII, fig.21,** p. ex.)[87]. Associée à la figure de Zeus ou au chaudron la *trapeza* renversée n'eût-elle pu permettre d'exprimer clairement le festin cannibale? Le désintérêt manifeste pour ce sujet paraît avoir été déterminé par des choix thématiques plutôt que subordonné à des contraintes techniques. Outre leurs pudeurs relatives à l'infanticide, les imagiers ont préféré cacher la présence — choquante (*cf.* Sch. à Pindare *O* I, 55 d; Eur. *Or.*, v. 8 *sq*) — des dieux au banquet cannibale. Ces réticences ont été de pair aussi avec le faible intérêt qu' ont paradoxalement suscité les exploits des grands héros civilisateurs; qu'il se soit agi de Prométhée ou de Tantale. Dans les deux cas, les artisans ont choisi d'illustrer la peinture de leurs supplices (ou celle de leur libération), plutôt que celle de leur fraude ou de leur larcin. N'est-il pas frappant de constater que, lorsqu'il a été montré, vers 450-420, le vol du feu, porté au creux de la férule par Prométhée *Pyrphoros,* soit demeuré limité au domaine, essentiellement comique, du drame satyrique ? Entre la représentation de l'acte philanthropique et le châtiment divin qui le réprime, on a pris le parti, conformément à l'éthique tragique, de montrer le second afin de dénoncer l'orgueil et la démesure qui caractérisent de telles conduites.

Porteuse de la leçon morale et divine, l'imagerie a sélectionné les mythes exemplaires. D'ailleurs, la représentation des *endrata* dans l'iconographie tecnophagique a déplacé, de la même façon, l'accent sur le châtiment du père, puni dès lors qu'il prend conscience de son acte involontaire.

Délaissant le volet négatif de ces récits d'infanticides et de cuissons cannibales, les artisans ont été mobilisés par celui, évidemment positif, de la palingénésie, consécutive au festin. A l'opposé du châtiment, mais semblablement, la renaissance exalte la toute puissance des dieux qu'on a choisi d'exprimer dans les images.

Les monuments autour desquels s'est articulée cette étude ne représentent donc pas l'*éranos* avec les Olympiens, mais relatent la renaissance qui, pour Pélops, s'accomplit dans le chaudron de bronze. Les lécythes attiques et le miroir étrusque*(4)* content, à leur manière, ce même épilogue : Pélops, après avoir été cuit et en partie dévoré, subit la seconde coction racontée dans le mythe. Les différences entre ces monuments tiennent au fait que, si les peintres de vases ont agencé la scène à partir de formulaires[88], le toreute, contraint à l'adapter au champ circulaire du support, l'a recomposée. Les gestes de l'adolescent dont l'âge sur le miroir convient aux rebondissements pédérastiques que connaît l'aventure de Pélops indiquent le mouvement. Renaissant, le fils de Tantale s'apprête à bondir hors du récipient, mortel dans un premier temps **(Pl. IV, fig. 11)**. L'idée de palingénésie a été exprimée de manière plus convaincante sur l'oeuvre étrusque, puisque l'éphèbe s'élance, ayant pris appui sur le rebord de la vasque. Sur les lécythes attiques toutefois, l'attitude de Pélops, émergeant dans la cuve, rend de manière plus statique, parce que moins habilement, la même issue. L'exégèse ne fait aucun doute. Car, dans les autres légendes de cuisson cannibale, la résurrection s'effectue toujours selon d'autres voies : par le remodelage, Arcas, Dionysos; par le *katapontismos*, Mélicerte. Seule la figure de Pélops, l'adolescent réssuscité dans le *lébès*, convient au type reproduit sur les différents monuments.

Bien qu'elle fasse allusion au pseudo rajeunissement de Pélias, il faut à nouveau mentionner la métope du Silaris *(5)*, parce qu'elle constitue l'archétype de nos images. Cette représentation qu'un faible écart chronologique sépare des peintures, puisque ces monuments s'échelonnent de 540 à 480 *ca*, émane, en effet, d'une même aire géographique que ces dernières. En sorte que la connaissance de leurs provenances s'avère instructive : les lécythes du Peintre d'Haimon ont été respectivement trouvés à Vulci et à Chiusi; l'exemplaire du Peintre de Sappho provient de Géla. C'est dire que les trois compositions montrant l'enfant "dans le chaudron", connues pour l'ensemble de la peinture grecque à ce jour, ont été découvertes en Etrurie et en Sicile. Les autres témoignages iconographiques — dont l'archétype,*(5)* — appartenant à des techniques différentes (sculpture et toreutique), orientent aussi vers le milieu italique : Paestum d'une part, l'Etrurie *(4)*, d'autre part, mais sans localisation précise pour le miroir. On en arrive à ce constat, qu'aucune des illustrations (même attiques) de la coction dans le *lébès* ne provient du sol grec. On est, dès lors, en droit de se demander si le seul hasard des trouvailles archéologiques a présidé à cette répartition. Le thème a, de toute manière, suscité en Italie un intérêt évident, attesté par l'existence des oeuvres locales, lucanienne et étrusque. La présence des lécythes, à

Vulci, à Chiusi et à Géla, répondrait-elle alors à un phénomène, connu pour d'autres ateliers attiques, à savoir la fabrication de vases destinés à l'exportation? Ou relève-t-elle d'une "coïncidence" de clientèle, dans un commerce de seconde main? Les intérêts locaux auraient été heureusement servis par les hasards de la revente. On sait que les séries d'amphores, dites tyrrhéniennes, ainsi qu'une part de la production de Nicosthènes, reprenant dans l'argile des formes de récipients étrusques, furent, compte tenu des contingences stylistiques et thématiques qu'un tel trafic implique, réalisées à l'intention du marché étrusque. Il n'est pas impossible que les lécythes, tournés et décorés en Attique, aient été commandités de la sorte au Peintre d'Haimon et au Peintre de Sappho par des clients d'Etrurie et de Sicile, particulièrement sensibilisés aux thèmes qu'ils illustraient[89]. La palingénésie de Pélops exprime simultanément deux registres antithétiques : l'un sôtériologique (la renaissance); l'autre, par allusion à la cuisson cannibale qui précéde, quasiment "sadique", pour utiliser un qualificatif anachronique, mais néanmoins approprié. Il se trouve que ces deux tendances reflètent celles, plus générales, de l'imagerie étrusco-italiote, riche en compositions violentes et sanguinaires. Déjà les fauves, disposés dans les frises "anodines" d'inspiration orientalisante, serrant dans leurs gueules les reliefs des cervidés dévorés, avaient été adaptés au goût étrusque! C'est également à la demande de la clientèle locale que les peintres grecs du VIè siècle avaient reproduit, sur les amphores tyrrhéniennes, des scènes aussi rares en Grèce que l'égorgement de Polyxène et que l'exhibition de la tête de Troïlos, brandie par Achille[90]. On connaissait dans les ateliers du Céramique l'intérêt porté à de tels sujets par un public apparemment accoutumé à des scènes d'amputation et de déchirement d'enfants[91]. La plupart des vases qui content la mort de Troïlos et d'Astyanax, décollés ou catapultés par leur meurtrier, proviennent encore de sites italiens[92]. D'autres cruelles étrangetés, ignorées en Grèce, sont demeurées communes au répertoire étrusco-sicéliote[93]. On pourrait multiplier les exemples. Bornons-nous à rappeler encore que le thème, si réprouvé en Grèce, du matricide (meurtre de Clytemnestre) devait être exploité par les artisans italiotes et étrusques.

Autant que la violence, le thème de la palingénésie a fasciné ce milieu. Le *regressus ad uterum*, implicitement rendu par l'immersion dans le chaudron, a intéressé tout particulièrement les Étrusques. On se rappelle la série des trois miroirs, montrant l'apothéose d'Héraclès, devenant, par le biais d'un accouchement simulé, le fils de Héra[94]. Ces scènes, étrangères au répertoire sinon à la mentalité grecs, donnent à voir le héros, adulte et barbu, allaité par la déesse (95). Un vase italiote du Musée Britannique reproduit cet événement insolite, confortant la proximité des répertoires en Italie centrale et méridionale[96]. Et peut-être la même immortalisation fut-elle encore symbolisée par un étrange bain de siège dans le feu, sur un miroir de Todi (chap. III, n. 100) ? Rapprochés de la ciste prénestine représentant l'onction d'Arès, plusieurs miroirs étrusques reproduisent encore les soins accordés à des *putti*, jumeaux ou triplés joufflus, par des divinités courotrophes (Menfra) et pédophores (Turms). Inconnues en Grèce (et déjà baroques !), de telles compositions confirment s'il était besoin l'attrait manifeste des artisans latino-étrusques pour les scènes de renaissance et de bains, vraisemblablement immortalisants, des nourrissons.

Il existe entre la renaissance de Pélops et la surprenante divinisation d'Héraclès, qui, chaque fois s'opère par une gestation métaphorique, une indiscutable parenté sémantique. Le fait que les miroirs, figurant l'apothéose du héros thébain (datés des Vè et IIIè siècles), soient postérieurs aux peintures des lécythes ne doit pas entrer en ligne de compte, la chronologie ne constituant pas un paramètre pertinent dans un tel rapprochement. Force est de constater, en Italie, la réalité d'un terrain, au sens géographique et biologique du terme, fortement perméable aux thèmes eschatologiques.

Tableau n° 8. Le festin à la table des dieux et la cuisson palingénésique.

Notes

1. Sur la forme du nom, *Septérion* ou *Steptérion*, on verra A. Brelich, *Paides e Parthenoi*, p. 387, n.182.

2. **(T162;163).** H. Jeanmaire, *Couroi et Courètes*, chap. V; L. Gernet, *Anthropologie de la Grèce ancienne*, p. 211; M. Delcourt, *Pyrrhos et Pyrrha*, p. 98; p. 109; A. Brelich, *op. cit.*, p. 392-394; Ph. Borgeaud, *op. cit.*, p. 47; W.

Burckert, *Homo Necans*, p. 146.

3. Voir la bibliographie, p. 5.

4. C. Mainoldi-Marelli, *L'image du loup et du chien*, p. 21 et p. 33, n. 49; F. Lissarague, "Iconographie de Dolon le Loup", *RA*, 1981, fasc. 1, p. 3-30.

5. *Supra*, p. 100. A. Brelich, *op. cit.*, p. 393, dont nous suivons les conclusions, interprète cette attitude comme le refus pur et simple du repas, servi dans la cabane.

6. Platon, *Lois* III, 676 a, mentionne plusieurs déluges, à la suite desquels les rescapés, gagnant les hauteurs encore épargnées, sont décrits comme : «des petites étincelles du genre humain, conservées sur les sommets». Ce n'est pas le hasard, mais bien la symbolique dévolue aux montagnes, qui veut que l'humanité nouvelle apparaisse, entre ciel et terre, après que la précédente a été anéantie par les flots.

7. μεγάλου τινὸς ἄγους καὶ τολμήματος ὑποωίαν ἔχουσιν **(T 164)**. *Infra*, Athamas, p. 175

8. A. Brelich, *op. cit.*, p. 388 et n.184, s'interroge sur les acteurs potentiels de ce drame.

9. **(T 165; 175)**; Philochore, fr. 22-23, *FHGr* I, 388-389.

10. Voir chap.V, à la n. 60, la légende locrienne du démembrement d'Apollon, s'inspirant, peut-être, d'une histoire initialement localisée en Grèce même.

11. Paus. X, 6, 2.

12. On a dit, chap. V à la note 52, que plusieurs traditions relatives au déluge ont, en fait, coexisté. Cérambos aurait aussi survécu à ce cataclysme et accosté sur le Pélion (Ovide, *met.* VII, v. 352-356) alors que Mégarée aurait gagné le sommet du Mont Géranéia (Paus. I, 40, 1). Voir les mentions d'Ovide, *met.* I, v. 317; sch. à Euripide, *Or.*, v. 1095; Hygin, *Fab.* 153; Servius, *ecl* de Virgile VI, 41; sch. à Pindare, *O.* IX, 42; Plutarque, *Les animaux rusés*, 13.

13. Apollod., *bibl.* I, 9; 2; *Infra*, p. 176-177.

14. Plusieurs épiclèses divines, associées à Apollon, à Artémis et à Hécate, ont été agencées à partir de ce même radical : C. Mainoldi-Marelli, *op. cit.*, p. 22, n. 95.

15. Selon Pausanias, (VIII, 37, 5), l'épisode aurait été inventé par Onomacrite; *cf.* E. R. Dodds, *Les Grecs et l'irrationnel*, 1959, p. 159.

16. M. Detienne, *Dionysos mis à mort*, p. 147 à 152. Auparavant, H. Jeanmaire, "Dionysos mythique et mystique", *Dionysos*, chap.VIII, p. 333 sq.

17. J.L.Durand, *Sacrifice et labour*, 1986, p. 11-14.

18. Zeus **(T175)**, Déméter **(T166)**, Rhéa **(T167)**, Athéna **(T186)**, Apollon **(T 191, T 192)**;«*imaginem eius ex gypsa plastico opere perfecit et cor pueri ... in ea parte plastes collocat*» **(T177)**. M. Detienne, *Dionysos mis à mort*, p. 191.

19. N'oublions pas que dans la *Théogonie* d'Hésiode la première femme — Pandora (elle-même sentie comme un moule primordial?) — n'est qu'une effigie de glaise, parée par Athéna et au coeur de laquelle Hermès a insufflé la tromperie.

20. Le terme est emprunté à Diod. III, 62, 6. Voir *infra*, n. 81 : Chiron façonne un *agalma* d'Actéon, pleuré par ses chiens. Sur la grossesse et l'avalement : P. Cambry, *L'érotisme et le sacré*, 1989, p. 17-19. A Naxos, on croyait que la fulguration de Sémélé avait, à elle seule, conféré l'immortalité à Dionysos (H. Jeanmaire, *op. cit.*, p. 338), l'immortalisation de l'enfant "hybride" passant, logiquement, par l'épreuve du feu (*cf.* chap. III).

21. Diog. Laërt. VIII, 1, 17. M. Detienne, *La vie quotidienne des dieux grecs*, 1989, p. 263-264.

22. Le rapprochement entre coeur et vie est tellement évident que les textes décrivant le *diasparagmos* disent les palpitations des chairs déchirées, encore rythmées par les mouvements cardiaques. M. Detienne, *Dionysos à ciel ouvert*, 1986, p. 85; p. 93.

23. Les douze parts de viande : *Hymne homérique à Hermès*, v. 128.

24. Dans l'*Odyssée*, III, v. 434-436, par exemple, Eumée prépare un porc pour un repas communautaire : «il répartit le tout en sept parts, mit l'une de côté en invoquant les Nymphes et Hermès fils de Zeus, et servit une autre à chacun des convives».

25. *Les Penseurs grecs avant Socrate*, p. 39.

26. En parodiant la langue du banquet sacrificiel, on a d'ailleurs attribué au Dionysos orphique l'épiclèse de *Isodaitès* — celui qui distribue à tous également — **(T 171)**. Dionysos est, pour les mêmes raisons, placé en sixième position dans la généalogie orphique (Tableau n° IV), alors que, dans la mythologie traditionnelle, il se situe en huitième position. Six constitue, en effet, le nombre parfait : le commencement et la fin (Jamblique, *Theol. Arithm.* 42, 19 : ἡ ἑξὰς πρώτη τέλειος). Sur la symbolique des nombres dans la philosophie pythagoricienne, voir encore G. Sissa, *Corps des Dieux*, 1986, p. 368 et n.37.

27. **(T165, 175, 177, 185)**. M. Detienne, *Dionysos mis à mort*, p. 173. La succession, admise, du rôti et du bouilli avait retenu l'intérêt d'Aristote, *Problèmes* III, 43, éd. Bussemaker IV, 331, 15.

28. M. Detienne, *Dionysos à ciel ouvert*, p. 83-85.

29. M. Detienne, *ibidem*, p. 166.

30. *Infra*, p. 130-139.

31. **(T177, 180)**. Chez Firmicus, Junon attire la petite victime en lui présentant, elle-même, les jouets. Dans cette version rationaliste, l'auteur a emprunté le motif de la colère de l'épouse trompée à la structure du repas tecnophagique.

32. Un papyrus du Fayoum (Gourob), du IIIè s. de notre ère, mentionne

encore les jouets mystiques : toupie, rhombe, osselets et miroir (H. Jeanmaire, *op. cit.*, p. 383). L'attirail rentrait dans la panoplie des accessoires dionysiaques et magiques (sur l'utilisation du rhombe et du miroir dans la magie : Théocr. II, 30; Apul. *de mag.* XIII). Dans l'iconographie archaïque et classique, la toupie est représentée, mais toujours maniée par Hermès qui, du fouet, la fait pivoter (coupe de Florence (*ARV* 377, 113), coupe du Musée de Baltimore (Douris), lécythe Université de Tübingen, voir A. Minto, "Di una singolare figurazione di Hermes", *Atti Torino*,1924, p. 132-140, fig. 1-3.).

33. A Ténédos, une île où des nouveaux-nés, rappelons-le, étaient immolés à son cousin Mélicerte, on sacrifiait à Dionysos *anthroporrhaistès*, un veau, habillé comme un enfant : Euelpis de Carystios, relaté par Clément d'Alexandrie et Porphyre, cité par H. Jeanmaire, *Dionysos*, 1978, p. 299. Sur les rites de substitution en général, on consultera *Le sacrifice dans l'Antiquité*, 1980, p. 206; p. 222 et n. 6.

34. *Hymne des femmes d'Elis*, D. L. Page, *Poeta Melici Graeci*, 1962, p. 462, n° 25. Euripide, *Bacch.*, v. 618 et v. 890 : «c'était un dieu à cornes de taureau». Pour l'iconographie : G. Siebert, "Un masque de Dionysos cornu à Délos", *Griechische und romische statuetten und Grossbronzen*, Vienne, 21-25 avril1986, p. 274-278 ; *LIMC* III, 1986, *s. v.* Dionysos, p. 440, n° 154-159.

35. Il ne s'agit pas du Lycurgue arcadien qui intervient dans un autre épisode de l'*Iliade*, (VII, v. 144). On trouvera les références à l'iconographie de ces événements dans le *LIMC* III, cité à la note précédente, aux p. 489-490, n° 796 à 799.

36. On voit, sur un aryballe corinthien du Musée de Berlin, VI 3419, une représentation de cette hache (J. L. Durand, *Sacrifice et labour*, 1986, p. 104, fig. 24 a et b).

37. **(T174)**; M. Detienne, *Dionysos mis à mort*, p. 184.

38. E. Dodds, *Les Grecs et l'irrationnel*, p. 159.

39. De manière indirecte, le récit orphique relie le repas titanesque à la quête de l'immortalité, une préoccupation essentielle des mythes de cryptie et de fraude alimentaire.

40. Selon une variante, relatée par le seul Apollodore, (III, 5, 5), Labdacos qui aurait offert quelque résistance à la propagation du dionysisme, aurait, comme Penthée, péri lui-aussi, déchiré par les Bacchantes (Tableau n° IV).

41. C'est, du moins, le dionysisme tel qu'il transparaît dans les *Bacchantes* d'Euripide.

42. Apollod. I, 80.

43. *ARV* 1161,1.

44. *Infra*, p. 181

45. Hdt. VII, 197; sch. de Tzetz. à Lycophron, *Al.* 21-22; Hygin, *Fab.* 5. Ces sacrifices auraient été encore accomplis à l'époque historique.

46. *Supra*, p. 164 Apollod. I, 9, 2; sch. à *ps*. Platon, *Minos* 315 c.

47. Lire, à ce sujet, les belles pages de M. Detienne et I. Svenbro, *La cuisine du sacrifice*, p. 226 sq. M. Jost, *Sanctuaires et cultes d'Arcadie*, paraît gênée du fait que la meute de loups s'éclipse à l'approche d'Athamas. Loin de l'exclure, la fuite, par laquelle ils lui abandonnent la nourriture, invite le roi à leur festin. "Le lycanthrope Athamas", n'hésitait pas à écrire H. Jeanmaire, *op. cit.*, p. 340.

48. Je cite, ici, un extrait du texte de M. Detienne et I. Svenbro, *ibidem*, p. 227.

49. *Supra*, p. 111. Le Dionysos des orphiques est aussi présenté comme un fils de Déméter ou de Corè **(T166)**.

50. Pindare, *P*. II, v. 1-4.

51. Voir *supra*, p. 171, sa réaction auprès des Titans.

52. E. Will, *Korinthiaka*, p. 177-178. Sur la double nature de la *mania* dionysiaque, à la fois souillure et catharchie, M. Detienne, *Dionysos à ciel ouvert*, 1986, p. 38-40.

53. Mais selon d'autres sources, la rivalité entre Héra et Dionysos remonterait à une époque bien antérieure, quand la déesse rendit Dionysos fou, au point qu'il aurait dû chercher réconfort auprès de Rhéa. Platon, *Lois* II, 672 B; Apollod., *bibl.* III, 5, 1.

54. Ovide, *ibidem*, III, v. 206

55. Ovide, *met.* IV, v. 720; également Euripide, *Bacch.*, v. 337.

56. Ex. de chasse pratiquée à la javeline : *ARV* 151, 52; 600, 17; J. P. Vernant *et alii*, *La Cité des images*, 1984, p. 67-84 et fig. 87, 88, 89.

57. *Hymne homérique à Artémis*, II, v. 2; iconographie : *LIMC* II, 1984, *s. v.* Artémis, p. 451, illustrations n° 109 a; 110 (chasse au cerf); n° 1072, p. 275; 1077-1079, p. 276; n° 1347-1349, pour le massacre des Niobides.

58. Le type iconographique d'Apollon à l'arc et au loup orne, de manière caractéristique, les monnaies de Tarse, L. Lacroix, *Les reproductions des statues sur les monnaies grecques*, 1949, pl. IV, 10.

59. Suit, évidemment, la réfutation d'Amphitryon, *ibidem*, v. 195.

60. **(T198; 202)**. Variante de l'inceste : Stésichore, fr. 68; Paus. IX, 2, 3; Acousilaos, cité par Apollod. III, IV, 4. La métamorphose de Callisto montre que, dans le mythe arcadien, il existe aussi un lien entre la poursuite cynégétique et la chasse érotique (Ovide, *fast.* II, v. 153-192; *met.* II, v. 401-530).

61. W. Burckert, *Homo Necans*, p. 128-129.

62. *LIMC* I, 1981, *s. v.* Aktaion, p. 455 et *ARV* 285, 1; 287, 24; 552, 20; *Para* 347, 8 *ter*.

63. *Qu. Gr.* 39; *mor.* 900 C: **καὶ γὰρ ἔλαφος ὁ ἐμβὰς καλεῖται.**

64. Théopompe, cité par Polybe; M. Jost, *Sanctuaires et cultes d'Arcadie*, 1985, p. 255; Paus. VIII, 38, 6; Plutarque, *op. cit.*, parlent de lapidation ou

d'exil, selon le caractère fortuit ou intentionnel de la transgression. C. Marelli, *op. cit.*, pense que les "cerfs" seront les victimes du sacrifice et que Plutarque évoque à tort l'exil. Les mythes arcadiens suggèrent une poursuite rituelle, comparable à celle de Callisto, chassée par son fils Arcas, qui conduisait les poursuivis jusqu'à *l'abaton* du Mont Lycée, où Zeus choisissait alors de les épargner (*cf.* n.60). Ph. Borgeaud, *Recherches sur le dieu Pan*, p. 61. D'autres rituels à déguisements zoomorphes ont été attestés, ainsi par les trouvailles de Brauron; voir l'article de G. Lily-Kahil, *AntK* 20 (1977), p. 92-93.

65. Pithos de Mykonos, *AJA* (1976), p. 19; fragment géométrique d'Athènes, *AntK* 2 (1959), p. 35, pl. 17; *DHA* 10 (1984), p. 206-212.

66. Amphore de Lydos, *RA* (1957), p. 27, fig. 1; couvercle de lékané de Naples, Peintre C, *RM* 27 (1912), pl.V; amphore de Florence, *CVA* Italie 13, Florence 2, pl. 34; *LIMC* II, 1984, p. 683, fig. 4; 5; 7; 8; 10; 18; fr. de coupe, Euphronios, *Acmè* VI, (1966), p. 497-508, pl. 1-2, p. ex. Cratère corinthien du Louvre, *RA* (1957), p. 32, fig. 6; cratère falisque, Villa Giulia 17 1197, *EVP*, pl. 23; brassard de bouclier, *OlForsch.* 2 (1950), p. 71 et 82.

67. On se souvient que dans *Mille neuf cent*, le film de Bertolucci, Attila, incarné par J. Sutherland, faisait ainsi tournoyer un enfant, dont il fracassait finalement la tête contre les murs de sa chambre ...

68. Lécythe du Musée Nat. d'Athènes, *JHS* 14 (1894), pl. 9. Têtes coupées : lécythe Musée Nat. d'Athènes 11050, *ABL* 166, 1; hydrie, Musée Britannique *RA* (1957), p. 35, fig. 8; amphore tyrrhénienne, Musée de Florence, *ABV* 95, 5; 6.

69. Les peintures de vases, sur un registre comique cette fois, mais selon un schéma iconographique similaire, peignent ainsi Héraclès fracassant les acolytes de Busiris, *ARV* 554, 82; *Para* 134, 23 ter, notamment.

70. Euripide, *Andr.*, v. 9-11; Ch. Dugas, *AntCl* VI (1937), p. 5-26; O. Touchefeu, *LIMC* II, 1984, *s. v.* Astyanax et *Image et Céramique grecques*, Actes du Colloque de Rouen, Publ. Univ. n° 96, 25-26 nov. 1982, 1983, p. 21 à 28 et fig. 3 à 8.

71. Euripide, *Hér. furieux*, v. 991-994 : «avec le geste du forgeron qui frappe le fer en fusion, il lève la massue au-dessus de sa tête, la laisse retomber sur la tête blonde de l'enfant et lui brise le crâne»; Vers 1000-1001 :«et d'une même flèche, il abat sa femme et son fils». Sénèque, reprenant l'itinéraire euripidéen de ces crimes, insiste toutefois davantage sur le fracassement du crâne et atteint à l'horreur des images laissées par les peintres de vases grecs : *Héraclès furieux*, v. 1004-1008 : «il a saisi par la main droite l'enfant qui l'implorait et après l'avoir, dans sa fureur, fait tournoyer à deux ou trois reprises, il l'a lancé; mais sa tête s'est fracassée et sa cervelle a jailli, éclaboussant les murs».

72. R. Girard, *La violence et le sacré*, p. 64-65, commente le sacrifice,

perverti par la violence d'Héraclès.

73. Voir, *supra*, p. 130.

74. M. Detienne, *La cuisine du sacrifice*, p. 226, n. 3.

75. *Supra*, p. 92.

76. Archélaos, dont le nom a été composé à partir des mêmes racines que celui de Léarque, a été lui-aussi l'objet d'une curieuse tentative de crémation, Hygin, *Fab.* 219; (fr. de l'*Archélaos* d'Euripide, *Nauck*, p. 427).

77. *Dêmos; phaos.*

78. L'épiclèse évoque d'autres divinités marines, opposées à Héraclès dans des combats à mains nues (Halios Géron, Nérée). Sur les représentations de ces figures, on verra l'étude de G. Ahlberg-Cornell, *Herakles and the Sea-monster in Attic black-figure Vase-Painting,* Acta Instituti Atheniensis Regni Sueciae, XXXIII, 1984.

79. *Il.* VI, v. 140. Le ménadisme d'Inô s'exprime plus pleinement encore dans les *Bacchantes* d'Euripide, v. 1127, puisqu'elle participe, avec ses soeurs, au démembrement de Penthée.

80.*JHS* 36 (1916), p. 42; E. Will, *Korinthiaka*, p. 176.

81. Actéon : Apollod. III, 4, 4. Chiron aurait confectionné une effigie du chasseur, afin de consoler ses chiens de sa mort; Dionysos : Euripide, *Bacch.*, v. 289; Héra,étant désireuse de précipiter du haut du ciel l'enfant Dionysos, né d'une rivale (comme elle l'avait fait d'Héphaïstos), Zeus aurait imaginé un subterfuge que seul un dieu pouvait concevoir : «il déchira une partie de l'éther ... en fit un être ressemblant à Dionysos et le livra en otage à la jalousie de Héra». On doit distinguer ce simulacre de l'effigie de gypse dans laquelle le coeur du dieu démembré fut déposé **(T 177)**. Récurrente dans la mythologie thébaine, la confection d'effigies ramène aussi au domaine de la magie, à la fabrication de figurines d'envoûtement ou de défixion : statuettes découvertes à Délos, en Etrurie, *BCH* 39 (1913), p. 413; *EAD* XVIII, p. 363-365, pl. CI; I. Falchi, *Vetulonia*, 1891, p. 194, pl. XVII, 33 et *Ausonia* (1909), p. 33, fig. 3 et 4. Une autre variante, concurrente et tardive (Oppien, *Cyn.* IV, 237-277) qui reprend en substance les enfances d'Erichthonios, apprend que, pour le soustraire à la furie de Héra et de Penthée, les ménades ont caché l'enfant dieu dans une ciste mystique, avant que de le confier à Inô dans la grotte d'Aristée, l'élève de Chiron (H. Jeanmaire, *op. cit.* p. 382). Dans l'épisode de la naissance à partir de la cuisse de Zeus, le séjour de l'embryon dans le corps paternel confère plus que l'immortalité (peut-être acquise au contact du foudre, voir n. 20) : la légitimation divine. Il a pour but de transférer la génération au principe mâle (Zeus), selon un processus qui s'assimile à la confection des *agalmata* de résurrection (Pélops, Arcas, Actéon).

82. Textes **T 209**; **210**; Plutarque, *Thés.*, 25, parle de cérémonies nocturnes qui se déroulaient dans le *Palaimonion* de Corinthe.

83. On se reportera à l'étude, fondamentale, d'E. Will, *Korinthiaka,* p. 172-174; p. 177-178; p. 217, qui tient Mélicerte pour une très ancienne divinité, déchue, mais prédionysiaque, voire même préposéidonienne dans l'isthme. Iconographie d'Inô et de Mélicerte : F. Brommer, *Denkmälerlisten* III, 1976, p. 349-350.

84. Relief Villa Albani : A.B. Cook, *Zeus* I, p. 658, fig. 506; *DA, s. v.* Zagreus, p. 1037, fig. 7558; *Helbig* 2 II, 898. D'autres images font allusion au démembrement de Bacchus-Zagreus, *LIMC* III, 1986, p. 559, n° 265 et 267. On voit encore des ménades malmener des nourrissons qu'elles tiennent par les pieds, à la manière des Titans sur le relief Albani, prêtes soit à les catapulter, soit à les déchirer, *cf.* : fr. de Samothrace, couvercle de pyxide du Musée Britannique E 775, in J. R. Green, "Dedications of masks", *RA* 1982, fasc. 2, fig. 4-5.

85. Voir, p. ex., P. d'Achille, *ARV* 987, 2; P. de Kléophradès, *ARV* 298; Douris, coupe Coll. Borowski, Toronto, en couverture du livre de J. P. Vernant, P. Vidal-Naquet, *Mythe et tragédie 2,* 1986. Dionysos lui-même (*ARV* 298) ou, plus rarement, un satyre (H. Metzger, *Représentations,* pl. 1, 3, IV è s.) déchirent des cervidés à mains nues, selon la pratique sauvage plus généralement réservée au cortège féminin du dieu.

86. *Supra,* p. 114. On conçoit, pour ce qui concerne Dionysos, que les peintres attiques et italiotes aient préféré illustrer la naissance à partir de la cuisse, plutôt que la passion et la palingénésie de l'enfant dieu: p. ex., cratère apulien de Tarente (vers 410) *in Hellènikè Mythologia, Oi Theoi,* 1986, p. 201, fig. 88.

87. La *trapeza* renversée, posée à l'envers sur le sol, indique le sacrifice sacrilège auquel Héraclès, en massacrant Busiris et ses acolytes, vient d'échapper: cratère f. r., marché d'art, *in* J. L. Durand, *Sacrifice et labour,* p. 115, fig. 35. *Supra,* p. 100-141.

88. *Supra,* p. 14-18.

89. Pour les problèmes de la vente et de l'exportation, on se réfèrera à l'ouvrage de T. B. L. Webster, *Potter and patron,* 1972, et à l'article de J. D. Beazley, "Spina e la ceramica etrusca", *StEtr,* Suppl. aux vols. XXV-XXVI (1959), p. 47-50. Egalement : G. Bermond-Montanari, Problemi sulla diffusione e sul commercio della ceramica attica nell'Italia settentrionale, *Cisalpina* 1,(1959); J. Boardman, The Athenian Pottery Trade, *Expedition* 21, 4, 1979; *cf.* n. 394.

90. *ABV* 95, 5, 6. Le motif orne aussi les urnes funéraires d'Etrurie méridionale : R. Rebuffat, *Le meurtre de Troïlos sur les urnes étrusques,* MEFRA 84, 1972, 11, p. 515; F. H. Massa-Pairault, *Recherches sur l'art et sur l'artisanat étrusco-italique à l'époque hellénistique,* 1985, p. 150 et fig. 39.

91. Il existe une amphore chalcidienne, Louvre E 779, vraisemblablement produite par un atelier étrusque, qui montre une scène de décol-

lation, particulièrement atroce. L'image a été publiée dans les Actes du Colloque de Rouen, *Image et céramique grecques*,1983, p. 29, fig. 6. L'enfant représenté semble trop jeune pour qu'on puisse y reconnaître Troïlos, adolescent au moment du meurtre. Le répertoire italiote abonde en scènes d'infanticides ou de violences, commises sur des enfants (J. M. Moret, *L'Ilioupersis*, 1975, pl. 52, 53, 54; *Coll. Ludwig*, I, Bâle, 1979, p. 183; p. 239.). Des mutilations assez semblables ont été représentées sur des gemmes étrusques (P. Zazoff, *EtrSk*, 1968, pl. 24, 107).

92. En répertoriant les images de la mort du "dit" Astyanax, on constate que cinq peintures ont été mises au jour en Grèce (Tanagra, Athènes et Mykonos), alors que les dix autres ramènent encore à l'Etrurie (Vulci, Bomarzo, Orvieto), à Cumes et à Géla; tandis que cinq sont demeurées non localisées (*cf. LIMC* I, 1981, n° 11, 12, 13, 15, 18, 20, 22, 23, 25, 28).

93. Voir le fr. de plat mégarien du Musée de Syracuse, représentant une énucléation : Vallet-Villard, *La cér. arch.*, p. 175-176 et pl. 195; M. Halm-Tisserant, "L'aigle du casque", Convegno internazionale. *I vasi attici ed altre ceramiche coeve in Sicilia*, 28-31 mars 1990, à paraître.

94. Miroir de Bologne, *EtrSp.* V, pl. 59; 60, 126; miroir de Berlin, A. B. Cook, *Zeus* III, pl. 93; miroir de Florence, *JHS* 69 (1929), p. 14 et 15, fig. 19; F. H. Massa-Pairault, *op. cit.*, 1985, p. 38 et fig. 9. On aura noté les contradictions entre les données mythiques (chap. III) qui, du fait de la proximité du lait et du sang ont rendu impensable la notion d'allaitement divin, et les images étrusques, italiotes et même grecques montrant Héra et Aphrodite donnant le sein, qui à Héraclès adulte, qui à Eros : p. ex. crat. en cal. de Wurtzbourg 523, (*ARV* 1415, 1).

95. On jugera de la pérennité du thème en Italie, différemment formulé dans l'histoire de Pero et Cimon. Le motif de l'allaitement (ici du père) a passé de la peinture romaine à l'art classique et a notamment retenu des peintres comme Manfredi et le Carravage (*les sept oeuvres de miséricorde*).

96. Vase italiote du Musée Britannique F 107, A. B. Cook, *Zeus* III, pl. 15; *JHS* 69 (1949), p. 14 et n.6.

CHAPITRE VII

Cosmogonie, immortalité et cannibalisme

> «Si on se donne la peine de pénétrer la signification authentique d'un mythe ... on est obligé de constater que cette signification révèle la prise de conscience d'une certaine situation dans le cosmos et qu'elle implique, par conséquent, une position métaphysique.»
>
> M. Eliade, *Le mythe de l'éternel retour*, p. 14.

CANNIBALISME ET MYTHOPEE

L'ensemble des actions envisagées jusqu'ici, occultes, illusionnistes ou trompeuses, confinent à l'irrationnel et ramènent essentiellement à la magie et à la ruse. Néanmoins, les différentes catégories, de la réjuvénescence du vieillard à la cryptie dans le feu, en passant par le cannibalisme, s'insèrent chacune dans des structures mythiques spécifiques.

Exclusivement tributaires de la magicienne Médée, les récits de rajeunissement nous sont apparus, en définitive, comme des fictions littéraires, composées autour d'une utopie : l'immortalité. Le rajeunissement du vieil Aeson sert uniquement à la réalisation du meurtre de Pélias, tandis que la coction du bélier, particulièrement fréquente dans l'imagerie, ressortit seulement au paraître. Ce cycle n'attribue donc qu'un rôle secondaire, instrumental, au chaudron dans lequel — et en dépit des épiclèses attribuées à Médée — aucun vieillard ne sera directement plongé.

Au même titre que l'immortalisation du nouveau-né, pourtant, la réjuvénescence cherche à bouleverser l'ordre biologique. Celui qui souhaite donner l'immortalité s'assimile, au regard des dieux, aux bienfaiteurs du genre humain, qu'ils fussent voleur d'ambroisie comme Tantale, résurrecteur comme Asclépios, ou porteur du feu comme Prométhée. Aussi l'échec, garant de l'ordre universel, sanctionne-t-il toujours la cryptie, même lorsqu'ayant pris la place de la mère une divinité a opéré. Réduite à l'échelle humaine, parce que la tentative n'a porté que sur un seul enfant, une sanction qui reflète celle que Zeus, irrité par les héros philanthropes, déchaîne au plan planétaire, se répercute alors sur le microcosme familial, exprimée par la séparation du couple et l'abandon de l'enfant, confié au centaure.

On a rapproché, parfois, les épisodes relatifs à Pélias, Pélops et Phrixos, des coutumes concernant le roi-*pharmakos*, une figure attestée dans d'autres contextes par l'anthropologie[1]. Dispensateur de la prospérité et responsable de la collectivité, le roi légendaire venait, en cas de calamités envoyées par les dieux, à être sacrifié. Mais la mort pouvait tout aussi bien frapper son fils ou être reportée sur la personne d'un bouc-émissaire[2]. Le schème du *loimos*, s'il préludait à l'immolation de Phrixos, dut être détourné, pour permettre à Inô, la marâtre, de "sacrifier" l'enfant à sa jalousie personnelle[3]. Dans les légendes de Pélias, de Tantale et de Lycaon cependant, le patrimoine littéraire n'a pas conservé le souvenir d'un fléau originel; un motif qu'on a cru discerner, en revanche, derrière les histoires de cryptie dans le feu[4]. Inversement, le festin cannibale ignore le schème de la calamité initiale, le crime du père étant sanctionné *a posteriori*, par un cataclysme d'origine divine qui s'étend à l'humanité toute entière.

L'approche conjointe de ces mythes indique que la mort du roi, ou celle de ses enfants, reste davantage liée à des conflits dynastiques. Jason et Atrée se vengent d'avoir été évincés, en frappant l'usurpateur (Pélias) ou ses enfants (Tantale et Plisthène). La rivalité reproduit, en l'atténuant, le conflit qui, dans le festin cannibale, met initialement aux prises le roi civilisateur et les dieux. Dans tous les cas de figure, la cuisson dans le chaudron survient, à des plans divers et d'importance décroissante, lorsqu'ont été bafoués les principes de l'odre : cosmique, politique ou familial.

Accommodé par les mères, le repas tecnophagique découle de la transgression des lois matrimoniales. Il ne faut pas s'y méprendre, plus que l'adultère c'est l'inceste que Procné et Harpalycé punissent. Car, à l'instar d' Agamemnon, d'Héraclès et de Jason, les Grecs se montraient permissifs, ayant quasiment institutionnalisé le concubinage. La faute, sinon l'orgueil, de la Médée tragique revient, alors que l'ordre monogamique n'est pas forcément celui du coeur, à châtier Jason pour des relations qu'elle juge coupable mais que la société tolère.

Opposés, en fait, les récits de cryptie et de tecnophagie mettent en parallèle deux modes de comportement qui enrichissent notre connaissance de la psychologie féminine antique, confrontée au mariage et à la maternité. A ce propos, l'attitude de Médée est particulièrement révélatrice. Elle qui n'a pas hésité, pour conquérir Jason, à dépecer son frère, à "cuire" un vieillard, se montre soucieuse de sauver ses enfants malades, en pratiquant dans l'*Héraion* l'ensevelissement salvateur. Le double infanticide, diffusé par la tragédie, s'est venu greffer sur l'histoire très ancienne des nourrissons cachés dans le foyer du temple, occultant la conduite initialement maternelle de la Colchidienne. Car la cryptie répond à une structure plus simple que le meurtre des enfants, un thème qui introduit dans l'action des données psychologiques subtiles. L'on sait par ailleurs que la figure de Médée, tard venue d'Asie, a été refondue au moule d'une divinité courotrophe, plus anciennement implantée à Corinthe. En revanche, Inô (dans l'épisode de Phrixos), Procné et Harpalycé appartiennent *stricto sensu* à la catégorie des "mauvaises mères". Ces cas exemplaires circulent entre les comportements extrêmes des femmes, déchirées entre leur condition d'épouse et de mère. En pratiquant la cryptie, la mère courotrophe choisit de sauver l'enfant fragile que le père a, vraisemblablement, rejeté et provoque l'éclatement du couple (Thétis; Médée). Inversement, l'épouse bafouée et en proie au désastre affectif n'hésite pas à tuer l'enfant pour crier son attachement et assouvir sa vengeance. Ces mauvaises mères (auxquelles ne s'apparente pas la Médée de l'*Héraion*) sont de la même race que la Médée du théâtre, femmes trop passionnées et trop exclusives. La Colchidienne à elle seule, parce qu'elle se situe aux deux antipodes (mythe/tragédie) résume ces attitudes contradictoires : plus mère qu'épouse dans l'épisode de la cryptie; plus épouse que mère, lorsque la trahison amoureuse la fait se lamenter ou l'incite à la vengeance[5]. Mythe et théâtre réprouvent mêmement de telles outrances et, derrière ces situations exacerbées, défendent la "sagesse", la tolérance et la soumission de la femme, revendiquée précisément par Jason qui s'adresse en ces termes à Médée (v. 1367-1369) :

«C'est pour ta couche que tu as accepté de les tuer» (les enfants).
M. : «Crois-tu que ce soit pour une femme un léger malheur?»
J. : «Oui, si elle est sage.»

Les facettes du caractère maternel dont Médée incarne le modèle, se confondent autour d'un dénominateur commun : le chaudron et le feu; lieu et outil de la thérapie (cryptie) ou du meurtre cannibale. Les infanticides (Procné, Aédon, Harpalycé) y plongent leur enfant, alors que les courotrophes l'exposent aux flammes, afin de le guérir. Les deux conduites relèvent, à l'origine, d'un même agent, la guérisseuse, si peu différenciée de la sorcière dans la pensée antique. Entre les philtres que Médée fait réduire, pour occire ou rajeunir, et les antidotes que Déméter se targue de connaître pour soigner Démophon, le départ est malaisé. Et seule, la finalité de l'acte en détermine la nature, bénéfique ou maléfique. Guérisseuses ou meurtrières de leurs enfants, ces mères mythiques ont gardé quelque chose de la dualité propre à ces divinités maternelles et équivoques qu'étaient les courotrophes primordiales.

La cryptie dans le feu et le festin cannibale suscitèrent d'étonnants rituels, à Corinthe, à Delphes et, plus particulièrement, au Mont Lycée[6]. Ces deux catégories offrent par ailleurs certaines correspondances. On demeure frappé par la complémentarité des rôles qu'elles assignent à la mère ou à la nourrice dans le premier cas, au père dans le second. Toujours (hormis dans la variante éleusinienne, où Métanire intervient), le père compromet l'immortalisation de l'enfant, tandis qu'il l'immole pour le festin cannibale. A travers ses actions négatives, on perçoit le père comme un inhibiteur et un sacrificateur. Ce comportement délétère se voit apparemment compenser par l'attitude positive de la mère ou de la nourrice, généralement d'essence divine. Toutefois l'égorgement du fils, offert aux dieux, vise à bouleverser cet ordre cosmique que l'interruption de la cryptie, inversement, rétablit. Le père qui espérait — par le bas — ravaler au rang des humains les Olympiens devenus cannibales sera châtié par les dieux; tandis que, découverte par un humain, la courotrophe (divine) ne parviendra pas davantage à déifier — par le haut — l'enfant qu'elle "cachait" dans le foyer.

Le festin cannibale et l'immortalisation par le feu prennent place dans un même contexte, celui de la quête de l'immortalité. Mais défi lancé aux dieux, le banquet contre nature visait, conjugué au vol de l'ambroisie, à inverser les statuts existentiels, divin/mortel. L'action, en ce cas, atteignait au collectif et non plus à l'individuel, puisque le voleur entendait dispenser parallèlement les nourritures divines au genre humain.

Des mobiles aux acteurs le festin cannibale touche, en fait, à l'alimentaire. Il commémore les temps révolus d'une pré-civilisation de cueillette (balanèphagie) et de chasse. Les relations entre la consommation des glands et la manducation de la chair humaine expriment cet état primitif, d'avant la religion; ces conduites alimentaires caractérisant la période qui dut précéder la culture céréalière et l'instauration du sacrifice. On se souvient que Lycaon était tenu pour le père de Dryops (le chêne). Rencontre intéressante, le Thessalien Lycurgue qui, bien avant les Titans, a tenté d'égorger l'enfant Dionysos était, pour sa part, le fils de Dryas[7]. Tmôlos, enfin, parfois considéré comme le père de Tantale, est décrit comme un démon de la montagne, couronné de chênes[8]. L'onomastique et la généalogie mettent en parallèle, par le biais des situations mythiques, les deux modes de nutrition. Placées chacune à un emplacement distinct de la chaîne alimentaire, — Lycaon en amont, Lycurgue en aval — ces figures concrétisent en quelque sorte l'association entre le cannibalisme (exprimé par le sacrifice humain) et la consommation des fruits du chêne, deux attitudes tenues pour rétrogrades[9]. A en croire d'autres sources, cet arbre connoterait même le sacrifice impie ou perpétré hors les règles. Lorsque, dans l'*Odyssée*, les compagnons d'Ulysse ont égorgé les boeufs consacrés qu'ils ont dérobés au Soleil, ils ont remplacé les *oulai* et le vin sacrificiels par de l'eau et par des feuilles de chêne[10]. La précarité de ce rite n'a pas manqué de susciter le désordre et, par là même, d'invalider le sacrifice. Cuites ou crues, les chairs et les dépouilles se sont aussitôt remises à marcher et à meugler (v. 395). Elles ont bénéficié d'une résurrection spontanée et monstrueuse qui, comme la palingénésie de la victime du festin anthropophagique, rachète en partie l'acte sacrificiel. Dans le drame d'Euripide, (*Bacch.*, v. 96), aussitôt déchaînées par la transe, les ménades se parent aussi de feuilles de chênes. Substitué au lierre qu'elles tressent habituellement en touffes et en couronnes, ce feuillage souligne le retour à l'état primitif et vient augurer du tumulte et de l'oribasie qui s'annoncent.

L'un des traits essentiels du festin cannibale réside dans les relations, mythiques ou cultuelles, du meurtrier avec les lycanthropes[11]. Jusque dans l'onomastique, les récits présentent le loup-garou comme le sacrificateur, le dévoreur d'enfants. Ce n'est pas un hasard si le personnage royal qui, dans l'*Héraclès furieux* médite d' égorger Mégare et les enfants du héros, se nomme Lycos[12]. Meurtrier de ce loup et possédé à son tour, Héraclès accomplira de sa propre main le sacrifice impie qu'il voulait éviter. Pères (Lycaon) ou persécuteurs dépourvus de liens de parenté directs (Lycos (Héraclès); Lycurgue (Dionysos)), ces criminels portent le nom du loup ou se fondent à leur meute (Athamas). Ailleurs adeptes de la lycanthropie, ils se métamorphosent même, à l'issue des rites du Mont Lycée et du Mont Laphystios, après avoir goûté au viscère humain. La transformation n'est régressive que dans le mythe (Ovide), puisque la métamorphose concomitante à la fulguration et au déluge punit le crime de Lycaon. On doit supposer que, dans le rituel, l'épreuve valorisait au contraire celui qui avait été distingué par le sort[13]. L'entraînant vers la bestialité, le régime cannibale déclenchait vraisemblablement l'ascension du myste jusqu'au divin[14]. De sorte que la transformation rituelle pouvait reproduire un processus analogue à la renaissance. Si l'hypothèse n'est pas démontrable pour le rite grec, il faut se souvenir que, dans d'autres civilisations, le *regressus ad uterum* s'opérait par l'assimilation de l'homme à un animal : être enveloppé d'une peau de bête signifiait la gestation, en sortir en rampant symbolisait une nouvelle naissance[15].

Loin de retrouver dans les rites arcadiens du Mont Lycée le souvenir d'un culte totémique à un dieu Loup[16], on a davantage le sentiment que le mythe oppose l'homme-loup (Lycaon) à une divinité accomplie qui n'a rien gardé d'un zoomorphisme initial. Le conflit qui éclate entre Zeus et l'Arcadien répète la rivalité des Titans et des premiers autochtones avec les Olympiens, à partir de laquelle ont été élaborés les mythes de Tantale, de Prométhée, de Salmonée, de Phoroneus ou d'Echion[17]. Ces épisodes présentent la particularité de se dérouler dans un univers mal défini, où coexistent des individus de statuts contradictoires. Zeus s'y comporte en jeune souverain contesté et, à la manière du dieu arbitraire présenté dans le *Prométhée enchaîné* d'Eschyle, tente d'affermir son pouvoir, n'hésitant ni à châtier, ni à déchaîner le déluge pour sauvegarder l'ordre absolu qu'il incarne.

Les Titans et les titanides (Prométhée, Atlas, Tantale) côtoient dans ce monde en gestation les autochtones, tels Pélasgos, le père de Lycaon, Cécrops, en Attique; tandis que les derniers dieux (Dionysos) viennent au monde.

Tous les êtres qui se rebellent et/ou innovent en matière d'immolation répondent, en effet, à des statuts spécifiques et imprécis. Hermès est un dieu enfant; Prométhée un Titan ou un titanide, comme Tantale; Lycaon est le fils d'un autochtone, jailli du sol[18]. De telles origines expliquent pourquoi, chaque fois, l'acte perpétré ne saurait à proprement parler constituer un sacrifice. La relation pseudo religieuse qu'établissent diversement ces "pionniers" ne met pas en présence divinités et simples mortels, comme l'exigerait le lien cultuel. Hermès ne consomme d'ailleurs pas la part de viande qu'il s'était destinée(?) parmi les douze, offertes aux dieux. Pour Prométhée, Lycaon et Tantale, en outre, le sacrifice n'a pour but ni d'honorer, ni de se concilier les dieux. Mais, fondé sur le vol et la ruse, il vise bien plutôt à les défier[19]. C'est en cela que le mythe grec de l'offrande du fils, fût-il par le biais de Tantale emprunté à l'Asie, se distingue radicalement du sacrifice du premier-né, propre à la sphère phénico-punique. Ces héros civilisateurs qui, dans les récits grecs, dérobent pour le compte des hommes le feu et les nourritures d'immortalité recherchent un *modus vivendi* avec ou contre les dieux.

Emergeant du sol ou de la nuit des temps, ces personnages, entre deux statuts, s'offrent en médiateurs entre le monde divin et l'humanité. Platon, dans les *Lois* IV, 713 c, considérait de manière générale les rois fondateurs «non pas comme des hommes, mais comme des êtres d'une race supérieure et plus divine, des démons». Leur caractère démonique était représenté par leur double nature, généralement hybride, mi-humaine, mi-tératomorphe. La lycanthropie de Lycaon correspond à la morphologie monstrueuse de ces êtres primordiaux. Elle symbolise l'état intermédiaire entre l'homme et l'animal, représentatif du passage qui sépare la vie sauvage de la civilisation[20]. En Attique, Cécrops, un autre fondateur du sacrifice, avait l'aspect d'un roi, mi-humain, mi-ophidien, que l'iconographie n'a cessé de reproduire[21]. «Double, il est ainsi mieux placé pour dédoubler en l'homme l'humanité et la bestialité»[22]. Lycanthropes, Lycaon et Athamas (bien qu'ils n'aient pas manifesté la même philanthropie) se voient, en raison de leur dimorphisme, hissés au rang des souverains civilisateurs du type Cécrops-Prométhée-Tantale; fonctions que Pausanias avait déjà mises en avant[23].

Paradoxe, c'est l'enfant immolé qui, grâce à l'intervention des dieux, goûte à l'immortalité que les pères sacrificateurs espéraient dérober aux Olympiens. Opérée par des nourrices divines, la renaissance paraît, de façon plus générale, une notion inhérente au sacrifice grec, qu'il fût animal ou humain. Faire couler le sang soulevait à ce point la réprobation que nombre d'élucubrations mythologiques attestent les tentatives mises en oeuvre pour justifier l'injustifiable : le sacrifice sanglant[24]. «Dans l'ancien temps — écrivait Porphyre —, c'était un acte contraire à la loi divine que de tuer les animaux»[25].

Senti comme un crime, l'abattage rituel même exigeait l'expiation du coupable et la résurrection compensatoire de la victime. Ainsi, le premier boeuf immolé par Sopatros à Athènes reçut-il, comme un être humain, les honneurs funèbres avant que d'être l'objet d'une renaissance simulée, par taxidermie, et métaphorique à travers la permanence de l'acte, institué :

«après ces opérations, on cousit la peau du boeuf, on le bourra de foin et on la mit sur pied en lui donnant l'allure même qu'avait l'animal quand il était vivant, puis on l'attela à une charrue, comme si on le mettait au travail»[26].

Confrontés à ces récits étiologiques, on ne peut s'interdire de songer au bricolage des dieux qui, modelant et sculptant, tentaient de rendre vie à Pélops ou à Arcas. Et l'on se rappelle la vision, quasiment surréaliste, de la résurrection des boeufs dérobés au Soleil[27]. L'acte devint licite dès lors que, collectivement, «ils remettaient sur pied le mort à l'intérieur même du sacrifice que celui où précisément il avait perdu la vie» et qu'ils en consommaient les chairs sans s'en faire de scrupule[28]. L'accord de la victime, à qui l'égorgeur laissait l'initiative de décider de son sort, achevait, dans le rite canonique, de lever les angoisses.

Ces variantes anecdotiques soulèvent un problème de hiérarchie existentielle qu'on ne saurait ignorer dans le contexte du sacrifice cannibale. Elles laissent, en effet, percevoir une indifférenciation entre le statut animal et humain, que J. L. Durand a d'ailleurs rapprochée de l'intimité ambiguë qui reliait les dieux aux premiers mortels[29]. Cette absence de hiérarchisation entre les êtres et les règnes reflète assurément une parcelle du rêve d'harmonie et d'intimité propre à l'Age d'or dont les récits relatifs à l'humanité primordiale n'ont cessé de dire la nostalgie. (L'atmosphère de cette époque révolue n'était guère éloignée, semble-t-il, du climat hédonique régnant au Jardin d'Eden, avant la faute originelle). On conçoit mieux sous cet éclairage idéalisé les remords qui ont incité, pour racheter le crime, à recoudre le boeuf immolé et à remodeler l'adolescent en partie dévoré. Toutefois, l'enfant revient à la vie à l'issue d'une immolation, abhorrée des dieux et tellement monstrueuse qu'elle ne devra pas, contrairement à l'abattage rituel, connaître de prolongements[30]. Si le sacrifice animal est sauvé par la réitération de l'acte, la souillure due au meurtre cannibale est effacée par la palingénésie de la victime ainsi que par les châtiments divins qu'il a motivés. Cette renaissance acquiert une importance majeure qui explicite le rôle fondamental imparti aux divinités courotrophes dans les différentes versions du mythe. Globalement, celles-ci ordonnent une sorte de généalogie des mères primordiales, d'abord cosmiques, puis divines. Confirmant la portée cosmogonique de ces récits, elle précise la situation chronologique du festin, relégué aux origines :

Gaia :

Prégnante de l'univers dans la *Théogonie* d'Hésiode, v. 128, Gaia qui enfante tout d'abord «un être égal à elle-même, capable de la couvrir toute entière, Ciel étoilé» représente la matrice initiale. Mais elle se voit empêchée d'accoucher par le principe mâle qu'elle avait préalablement généré seule, Ouranos, qui la féconde sans trêve (v. 155 : «Car c'était de terribles fils que ceux qui étaient nés de Terre et de Ciel ... A peine étaient-ils nés qu'au lieu de les laisser monter à la lumière, il les cachait tous dans le sein de Terre et, ... l'énorme Terre en ses profondeurs gémissait, étouffant»). Le verbe hésiodique (ἀποκρύπτασκε) qui définit l'action d'Ouranos, cachant les embryons dans la matrice terrestre pour entraver leur venue, suggère la proximité de la cryptie et de la gestation[31]. A la stérilité provoquée de Gaia répondra la castration, paradoxalement fécondante, du père-fils; puisque le sperme et les bourses sanglantes d'Ouranos susciteront aussi la vie. Le refoulement des enfants dans l'utérus maternel par le père et l'émasculation génératrice de celui-ci par la mère dévient la gestation et l'enfantement au profit du mâle, une idée qu'on retrouve, différemment formulée, à la génération suivante (Rhéa/Cronos). L'épisode révèle la dualité de la mère cosmique, procréatrice et castratratrice, c'est à dire à la fois dispensatrice de vie et de mort.

Dans le mythe arcadien, la déesse qui n'agit pas directement, intercède, auprès de Zeus pour sauver Nyctimos de la fulguration (Apollodore, *Bibl.* III,8, 1).

Rhéa :

Parèdre de Cronos, elle a engendré les dieux du monde ordonné, auquel appartient sa fille Déméter, courotrophe par excellence. Si Ouranos avait en quelque sorte tenté de stériliser Gaia, Cronos, pour les mêmes raisons, assume métaphoriquement la grossesse et l'enfantement. Ingérant, de la même manière que Zeus avalera Métis grosse d'Athéna, chaque enfant né de Rhéa, il les portera jusqu'à ce que, les régurgitant en bloc, il les mette une seconde fois au monde. Le schéma de Terre porteuse de ses enfants, a été adapté au principe mâle, à son tour gravide : à Cronos, d'abord, puis de façon atténuée à Zeus. Après la Terre (Gaia), Rhéa, symbolise la génération primordiale et, en provoquant la régurgitation des dieux avalés, préside, de manière générale et avant même que d'intervenir dans le mythe de Pélops, à la palingénésie de l'enfant dévoré.

Thétis :

Cette déesse marine, fille de Nérée, recueille Dionysos, persécuté par Lycurgue[32] et tente d'immortaliser son fils Achille[33]. Par opposition à la terre, Thétis figure l'utérus marin. En dépit de son règne maritime, elle n'a aucune parenté avec Téthys, qui formait, elle, un couple originel avec Océanos[34]. Héra courotrophe établit néanmoins un lien entre les deux divinités. L'épouse de Zeus aurait nourri Thétis, de la même manière qu'elle aurait été précédemment élevée par Téthys. De Téthys à Thétis, les gestes se répètent et la fonction courotrophique de ces divinités élémentaires perdure.

Tour à tour donc, le mythe fait appel à ces nourrices originelles qui sont les mères de l'univers (Gaia) et de la lignée des Olympiens (Rhéa). Leur vocation maternelle fait qu'elles participent aux différentes résurrections. Et leur épiphanie reflète, par référence aux règnes successifs auxquels elles appartiennent, soit les strates qui ont pu marquer l'élaboration des légendes, soit les tentatives des poètes à repousser ces récits toujours plus loin dans le temps.

Les histoires d'avalement, de régurgitation, d'ensevelissement, auxquelles s'apparentent de près ou de loin les épisodes développés autour du chaudron, reproduisant des schèmes simples, de l'ordre de l'impression physiologique, semi-consciente, orientent vers un état primaire de l'imaginaire humain. Soucieux, dirait-on, d' attester leur primitivité, les auteurs se sont ingéniés à les placer haut dans les généalogies divines et humaines. Comme si l'éloignement chronologique avait permis d'atteindre à ces substrats de la pensée primitive.

A d'autres déesses qui ont hérité des fonctions de ces mères primordiales, Athéna, Déméter, est échu un rôle équivoque, parce que double[35]. Athéna qui, chez Firmicus, participe au démembrement de Dionysos, s'est vu réserver le coeur de la victime auquel elle s'est néanmoins abstenue de toucher. Déméter, pour sa part, a mangé l'épaule de Pélops mais, selon d'autres sources, a également réssuscité le petit Dionysos (Diod. III, 162, 6). Mis en parallèle, ces témoignages confirment la nature antithétique de la courotrophe, dans le même temps nourricière et ogresse. Le motif de l'avalement — qui a passé à des divinités masculines — parce qu'il reproduit métaphoriquement la gestation, a pu initialement conditionner cette dualité de nature. D'une manière atténuée, elle est encore l'apanage de Héra qui, protectrice de l'accouchement et mère des Ilithyies, provoque, par criminel interposé, la dévoration de plusieurs enfants, parmi lesquels figurent Dionysos et Mélicerte[36]. Inô, enfin, qui ne participe toutefois à aucune action cannibale, tue et sauve son fils, Mélicerte, le jetant dans le chaudron, puis l'en retirant pour l'entraîner dans les flots divinisants[37]. On a vu reparaître cette ambivalence, mais fractionnée selon deux modes de se comporter, chez les mères qui s'aventurent vers les flammes du foyer ou le ventre du chaudron : irrémédiablement guérisseuses ou infanticides.

SANG DES FILLES CONTRE CHAIRS DES GARÇONS

Un dernier point mérite encore commentaire qui nous renvoie au temps des premiers sacrifices grecs : la place, exclusive, réservée aux garçons dans les mythes de tecnophagie et de cannibalisme en compagnie des dieux. On est en droit d'associer, à ce propos, les deux catégories mythiques puisque, omettant le schème final de la résurrection, le repas tecnophagique reproduit, en l'appauvrissant cependant, le modèle du festin à la table divine.

C'est donc en Attique, une région qui sert tout particulièrement de référence dans l'étude de ce thème, que Sopatros a instauré, sous le coup de la colère qui égare, le sacrifice du boeuf. Tandis que s'élaborait le rite civique, les descendants de Cécrops perpétraient parallèlement, comme les autres héros antédiluviens, les premiers sacrifices humains. Si l'on envisage à la suite de Philochore d'attribuer l'abattage du premier bovidé à Cécrops, (l'information marginale qu'il rapporte apprend en effet que ce roi fondateur aurait sacrifié le premier boeuf[38]), la généalogie autorise à placer la première immolation humaine immédiatement après ce sacrifice animal.

Au plan de la cité donc, le modèle canonique du sacrifice sanglant aurait d'emblée appelé la transgression : le sacrifice humain. Si l'on juge que c'est plutôt sous le règne d'Erechthée qu'a été inauguré, à Athènes, le sacrifice du bovidé (Paus. I, 28, 10), immolation animale et humaine seraient alors parfaitement contemporaines. Dans la perspective du système historique agencé par les Atthidographes, on aboutit par ailleurs au doublement de Cécrops et de Pandion (Paus. I, 5, 3). En sorte que les enfants de Pandion, Erechthée et Procné qui nous intéressent plus directement, s'insèrent dans la génération qui suit immédiatement celle de Cécrops. (*Cf.* Tableau généalogique IV).

Menacé par les troupes du Thrace Eumolpos, Erechthée, le frère, a immolé l'une, ou la totalité, de ses filles[39]. A l'offrande prophylactique de la vierge, offerte pour le salut de la cité, répond le meurtre cannibale de l'adolescent Itys, perpétré par Procné, la soeur. Les deux sacrifices ont été dictés par des désordres politiques (Erechthée) et familiaux (Procné), chaque fois suscités par un souverain thrace (Eumolpos; Térée). Dans les deux cas, parce qu'il touchait à l'humain, le sacrifice s'est corrompu[40]. Le meurtre d'Itys a été obvié par les gestes du rituel tandis que l'immolation propitiatoire des jeunes filles a engendré les violences les plus coupables[41]. Cette réversibilité apprend qu'à l'époque où le thème du sacrifice humain a mobilisé l'intérêt des auteurs et du public tragiques, il fut l'objet d'une réprobation générale. Nous ne reviendrons pas sur les intentions évidentes d'en relativiser toujours la portée, soit en l'excusant *a priori*, par la démence ou la possession du meurtrier, soit en le rachetant par la résurrection de la victime, deux attitudes qui impliquent la même condamnation de l'acte. N. Loreaux a insisté sur le glissement incessant du meurtre au sacrifice et inversement, à propos de la mort d'Iphigénie[42]. Toujours connotée par le vocabulaire du meurtre, lorsque Clytemnestre l'évoque, c'est au contraire en usant de la terminologie sacrificielle qu'Agamemnon la mentionne. De la même manière, les verbes dérivés de κτείνειν (ἀπέκτεινειν, ἀποκτείνας) ainsi que le substantif αὐτόφονα, construit à partir de *phonos* qui, traditionnellement désigne l'acte criminel, interfèrent dans les textes qui racontent les repas tecnophagiques et cannibales. L'imaginaire collectif a gardé, pour l'Attique du moins, le souvenir quasi simultané de l'institution du sacrifice civique et des premiers sacrifices humains. Mais le meurtre cannibale, repoussé aux confins de l'histoire dans les légendes de Tantale et de Lycaon, parce que senti comme un comportement primitif, n'est curieusement pas présenté comme un acte rétrograde dans le mythe attique. Bien que contemporaines, les deux immolations perpétrées par les enfants de Pandion, diffèrent dans leur finalité et par leurs modalités. La confrontation des deux sacrifices est susceptible, semble-t-il, d'aider à mieux comprendre les récits de cuisson dans le chaudron[43].

Etant donné les ressorts dramatiques qu'il leur offrait, les Tragiques ont exploité le thème du sacrifice humain, en sorte que leurs oeuvres constituent, en ce domaine, notre référence essentielle. Rappelons qu'Euripide, *Ion*, v. 277-278, évoque l'immolation des filles d'Eréchthée, "égorgées pour le salut de la patrie". Tandis que dans un fragment d'*Eréchthée*, 362, Praxithéa clame qu'elle immolera sa fille "à la patrie". La fille ou les filles du souverain d'Athènes subit/ssent le même sort glorieux qu'Iphigénie, que Macarie ou qu'Hypsipyle[44]. Les modalités du rite, de caractère chthonien, sont en tous points semblables à celles de l'immolation de Polyxène, sacrifiée aux mânes d'Achille. Les textes tragiques (*Hécube*, les *Troyennes*) ainsi que des peintures de vases[45] peignent l'égorgement de la jeune fille, soulevée de terre comme un animal[46]. Dans la mise à mort de ces vierges, seule importe la *sphagè* qui permet d'effectuer la libation de sang :

> «viens boire le sang noir et pur de cette vierge» (*Hécube*, v. 523)[47].

Aussi ce type de sacrifice d'anéantissement est-il suivi d'un holocauste et, *adaitos*, ne s' accompagne-t-il d'aucune consommation. Pourvu que coule le sang ; brûlées, les chairs des jeunes filles ne cuiront pas dans les marmites. Les récits tragiques insistent, de ce fait, sur les préparatifs de l'égorgement et sur le ruissellement du sang (*Hécube*, v. 569). Signe de la virginité offerte, coule de la gorge béante le même sang qui, dans la défloration, devait — encore récemment — maculer le drap nuptial ; dans les civilisations méditerranéennes, du moins[48]. Toujours consentantes, en définitive, les vierges meurent saignées au couteau sacrificiel.

A l'opposé du spectre des modes d'immolation, Itys, traîtreusement mis à mort, est, comme toutes les victimes du festin cannibale, dépecé et cuit par ses meurtrières. Ses viscères rôtissent sur les *obeloi*, tandis que ses chairs bouillent dans le *lébès*. L'action se déroule selon les étapes du sacrifice sanglant, suivi de manducation. Cousins germains, la fille d'Eréchthée et le fils de Procné sont, chacun, immolés selon deux usages sacrificiels paradigmatiques : celui du sacrifice chthonien pour la vierge; celui du modèle civique pour le garçon, à la différence près que l'adolescent remplace la traditionnelle victime animale. Indiscutablement, le mythe attique répartit différemment la mort sacrificielle et distingue nettement l'immolation des filles de celle des jeunes mâles. Cette distribution se vérifie dans d'autres régions ainsi que dans d'autres contextes narratifs. D'une certaine manière et bien qu'elles aient été décalées, les morts d'Iphigénie, d'une part, de Tantale-Plisthène, d'autre part, présentent les mêmes écarts. L'égorgement de Macarie qui oriente vers la Béotie, est le pendant des immolations violentes, mais viriles, des enfants qu'Héraclès massacre dans le sanctuaire (*Héraclès furieux*). Pour accentuer peut-être la différence, on réunit par des liens familiaux ceux que le sacrifice humain, dans ses modalités, oppose catégoriquement. On immole la jeune fille pour la pureté de son sang.

Qu'il soit nourrisson ou adolescent, le mâle se voit inversement assimiler à la viande : sang des filles contre chairs des garçons. Les textes, usant à propos des jeunes mâles du langage de la boucherie, parlent effectivement de viandes (κρεῶν), de chairs (σάρκας) et de viscères (σπλάγχνα)[49]. Lorsqu'il prépare le festin pour Zeus, Lycaon est même nommé κρεανομῶν, répartiteur des viandes, par Lycophron (*Al.*, v. 481). Sans cesse dans ce contexte le vocabulaire glisse du champ lexical du sacrifice (σφαγάς, σφάξας, σφάξαντες) vers celui, indissociable, de la cuisine et de l'alimentaire. On goûte et on mange les chairs du garçon immolé (φάγον, ἐγεύσατο). Et les verbes les plus répétés expriment les actions de dépecer et de faire cuire (καθεψηθῆναι, ἥψησε, ἧψον, κατακόψασαι; διατρεύσασα, διεδάσαντο, διασπασθῆναι). On insiste sur le repas, finalité de la mise à mort (δεῖπνα, δαῖτα), qui, par deux fois, est assimilé à la pâture animale (βορά, βρῶσις)[50]. Jamais il n'est question de sang. S'il est parfois évoqué, dans l'oeuvre d' Eschyle, c'est parce qu'il s'inscrit dans le programme thématique de la trilogie. Qu'il trace, en filigrane rouge, le fil conducteur qui relie les meurtres, qu'il dégoutte le long des murs du palais de l'Atride, il constitue un leitmotiv, récurrent dans toutes les fictions du poète. Mais dans la relation du crime d'Atrée (*Agamemnon*), il n'est, comme dans les autres récits, question que d'ossements, de viscères et de chairs, de leur cuisson et de leur manducation. L'opposition entre sang des vierges et chairs des adolescents paraît à ce point tranchée qu'Hygin, contraint d'introduire des figures virginales dans un mythe de type tecnophagique, dut en modifier la structure narrative. Relatant un récit de Phylarcos, un mythographe du IIIé siècle, le poète raconte comment, pour se venger de Démophon, roi d'Eléonte, qui avait fait immoler la fille de Mastousios dans l'espoir de juguler une peste, celui-ci l'a insidieusement convié à un repas sacrificiel[51]. Le père de la victime ayant à son tour tué les filles du souverain, lui sert, non point leurs chairs cuites, mais contrairement aux normes structurales, leur sang, mêlé à du vin. «Il tua les filles du roi, mêla leur sang à du vin dans un cratère et, à l'arrivée du roi, lui fit servir ce breuvage.»

Ensuite, et selon les règles du récit tecnophagique, Démophon s'étonne de l'absence de ses filles, pourtant arrivées en avance chez leur hôte, puis, de la bouche du coupable, apprend finalement leur sort. La remise en forme du récit a imposé de renoncer au motif des *endrata*, uniquement nécessaire à la révélation du banquet. C'est encore le sang des filles qui est versé au père fautif, fût-ce dans le contexte d'une vengeance de type tecnophagique.

L'aspect culinaire du repas cannibale fait fatalement passer les victimes dans le chaudron de bronze. Mais l'opposition des sexes dans le sacrifice humain, sang des vierges contre chairs des garçons/ couteau contre *lébès*, revêt-elle un sens précis?

Sang, chairs et sexualité?

Pour ce qui concerne le sacrifice des jeunes filles, un thème qui ressortit essentiellement à la fiction tragique, les textes disent l'homologie de l'immolation et de l'hymen[52]. La mise à mort de la fille nubile, offerte aux dieux par le père, équivaut à une cérémonie nuptiale. Libérant le flux sanguin, l'égorgement devient un analogue de la défloration et la gorge, tout comme dans la décollation de Méduse, un lieu spéculaire du sexe. Au-delà de simples métaphores, exprimées par des formules telles que le "mariage avec Hadès", l'instant de l'immolation consomme la perte de la *parthéneia*. Le changement de statut, de la vierge à la femme, est suggéré avec plus ou moins d'évidence : «vierge? Hadès ... l'épousera sous peu»; «épousée sans époux, vierge qui n'est plus vierge»; «trésor qui me tient lieu d'enfant, que ma virginité offerte»[53]. Cette relation avec Hadès n'est d'ailleurs pas éloignée du cliché médiéval et romantique de "la jeune fille et la mort" (fixé par les oeuvres picturales et musicales, de Baldung-Grien à Schubert notamment).

Seule pourtant entre toutes ces héroïnes, Macaria refuse de mourir de la main des hommes :

«que ce ne soit pas entre les mains des hommes que j'exhale ma vie»
(Les *Héraclides*, v. 565).

Entend-elle échapper ainsi au caractère phallique de la pénétration du fer dans cet autre lieu sexuel que représente la gorge, dès lors que, toujours des hommes opèrent[54]? Prêtres ou héros agissent, en effet, pour le compte du père, qui, contrairement aux mères meurtrières du repas tecnophagique, ne frappe pas son enfant. Mus par «les diseurs d'oracles» (Les *Héraclides*, v. 488), Erechthée ou Agamemnon livrent les jeunes filles à l'arme de Calchas (*Iph. A.*, v. 1564) ou de Néoptolème (*Héc.*, v. 569).

Les mères infanticides (repas tecnophagique) et les pères sacrificateurs (festin cannibale avec les dieux) égorgent eux-mêmes leur fils mâle. Mais la saignée reproduit alors l'opération fondamentale et liminaire du sacrifice civique. Réplique de l'égorgement dans l'abattage animal, elle n'est pas investie de la même signification que dans l'immolation chthonienne.

S'il est aisé, comme l'ont fait les Grecs, d'assimiler l'égorgement des filles à la défloration, l'établissement d'une relation analogue parait plus incertaine dans le cas de la cuisson des garçons. Si les victimes du repas tecnophagique sont bien des adolescents d'environ treize ans, les enfants servis en pâture aux dieux restent des nouveaux-nés qui échappent à toute notation érotique ou sexuelle. Encore que, dans le cas de Dionysos dont on mange le coeur, l' analogie de cet organe avec le sexe soit possible. Régulateur de la vie, le coeur répond au membre viril, qui en est, par la fécondation, le générateur. Il était, pensait-on, le premier élément organique à naître en chaque foetus, et, de ce fait, était tenu pour le dernier à mourir[55]. Il est vrai que les notions cliniques de mort cérébrale (encéphalogramme plat; coma dépassé) sont des découvertes récentes, avant lesquelles et de tout temps, l'arrêt cardiaque fut considéré comme le signe du décès. Aux bornes de la vie, donc, le coeur et le sexe, sièges de l' humeur vitale, se caractérisent encore par la même autonomie (Aristote), la même activité incontrôlable.

M Detienne a montré que, chez Dionysos, le phallus et le coeur "incarnent la même puissance" vitale. Par les pulsations et les pulsions (on ne peut s'interdire de songer, même si le parallèle est anachronique, aux effervescences incoercibles de la vie que Strawinski a si violemment suggérées par les rythmes dans *le Sacre du Printemps*) ils reproduisent tous deux les bouillonnements de la nature, ceux-là même de la fermentation du vin et du jaillissement de la sève, *sperma* en grec.

Manger le coeur revenait, dans le cas du *diasparagmos* de Dionysos, à ingérer cette force vitale qui se situe indifféremment dans l'appareil cardio-vasculaire ou dans le sexe. Il n'est pas impossible que dans le rituel du Mont Lycée la dévoration d'un viscère, qui avait toutes chances d'être le coeur de l'enfant, ait répondu à la même intention. A l'équation sang des vierges contre chair des garçons, on peut substituer, par deux fois peut-être, la formule : sang/hymen des vierges contre coeur/sexe des garçons.

Le séjour dans le *lébès*, dont on a dit qu' il représentait aux yeux des Grecs la matrice, ne saurait pourtant être assimilé à une initiation sexuelle ou à un mariage. Comme les candidats à la cryptie dans le feu, on a vu que certains des enfants immolés n'avaient pas atteint la tranche d'âge qui conviendrait à une telle symbolique. En revanche, à peine nés, ils détiennent une puissance vitale, neuve, comparable à celle qui bat en Dionysos, qu'on va cueillir en quelque sorte à la source. Seule victime du festin cannibale qui soit parvenue à l'adolescence, Pélops renaîtra à la vie pour connaître, au sortir du chaudron une relation pédérastique avec Poséidon suivant un cheminement conforme à un itinéraire initiatique[56].

Pour le nouveau-né comme pour l'adolescent éromène, la plongée dans le chaudron, lorsque la victime revient à la vie, équivaut davantage à une seconde gestation, le plus souvent immortalisante. Transparente dans le cas de Pélops, elle peut s'opérérer de différentes manières, toutes aussi révélatrices : par la confection d'une effigie (Arcas; Dionysos — image façonnée autour de son coeur), par une nouvelle grossesse (Dionysos porté par Sémélé), par le *katapontismos* (Mélicerte). Senties comme équivalentes, ces situations définissent un seul et même procès : le séjour dans le ventre maternel. Littéralement rendue dans le mythe de Sémélé — la mère porteuse — qui ingurgite le coeur/sexe de Dionysos démembré, la nouvelle gestation est suggérée dans les autres cas de manière métaphorique[57]. Tout comme le chaudron, l'effigie et l'eau marine, qui évoque vraisemblablement le liquide amniotique dans lequel baigne le foetus, renvoient à la matrice. Métaphore du mariage, par l'écoulement du sang, le sacrifice d'anéantissement des vierges n'est suivi d'aucune renaissance. Seules les chairs dévorées du garçon se reforment miraculeusement dans le chaudron. Il est vrai que, eussent-elles été perpétrées dans un passé révolu, les immolations de vierges qui sont restées confinées au répertoire théâtral, ressortissaient à la fiction. En revanche, les histoires de cuisson des enfants mâles ont alimenté l'imaginaire parce qu'elles se faisaient l'écho d'événements historiquement attestés et encore pratiqués à des époques tardives. L'importance accordée à la chair et aux viscères des victimes, dans les récits mythiques et littéraires, découle vraisemblablement du fait que des cérémonies cultuelles (Mont Lycée, Mont Laphystios) étaient demeurées axées sur la cuisson et la manducation d'organes humains. En goûtant aux chairs "vitales", le myste vivait et suscitait la seconde naissance que les récits étiologiques concèdent à la victime du festin cannibale.

Conclusion

Les mythes, cosmogoniques ou de fondation, qui ont été abordés attestent une extrême cohérence de pensée. Formulés de manière différente selon les régions, ces récits répondent, de la sphère arcado-argienne à la Thessalie et à l'Attique, à des constantes structurales très strictes (Tableau n° 6). Parmi ces données fondamentales, on a relevé le schème du déluge qui, pour l'Arcadie et la Phocide, consomme la rupture entre les dieux et les hommes, traduite par l'établissement de la relation cultuelle ainsi que par l'organisation progressive d'une société de type agraire. Débordant le strict cadre du sacrifice, les variantes mettent en évidence le rôle dévolu alors aux autochtones, quasiment contemporains du fléau; juste antérieurs (Pélasgos) ou postérieurs (Spartoi). Les écarts constatés entre les traditions régionales dénotent la vitalité des mythes qui, par le biais de redites et de contaminations ayant servi à l'agencement des chronologies locales, ont parallèlement démultiplié le cataclysme initial. La naissance de cinquante enfants, un chiffre qui a pu faire initialement allusion à des tentatives d'organisation de peuplement dans les zones touchées par le déluge, constitue un autre élément récurrent de ces histoires de fondation.

Ces mythes se jouent dans un contexte conflictuel, révélateur de crises de souveraineté et des aléas de l'installation du pouvoir politique à haute époque. Selon la catégorie à laquelle elles appartiennent, ces rivalités ont opposé les premiers mortels aux dieux (festin cannibale et fondation du culte) ou les premiers souverains, rivaux, dans l'élaboration des dynasties royales. Le dépècement et la cuisson d'un enfant mâle, placé vers la septième ou la huitième génération à dater de Cronos, ressortissent, sans nul doute, aux spéculations sur les origines du culte et de la royauté. Deux enfants dans la mythologie béotienne (Dionysos, Mélicerte), trois dans les versions arcadiennes (Nyctimos, Arcas et le fils d'Harpalycé) et argiennes (Pélops, les deux des enfants de Thyeste), un seul, enfin, dans la variante attique (Itys) passent pour avoir été les victimes d'un repas contre nature. Le thème a été reproduit avec plus d'insistance en Béotie, en raison de l'importance de pratiques ménadiques dionysiaques ou pré-dionysiaques. Assimilé au *diasparagmos*, le motif qui intervient même en dehors du contexte culinaire propre au repas cannibale, dans les déchirements des descendants de Cadmos, a été logiquement associé au récit du sacrifice de l'enfant Dionysos. La cohérence transparaît aussi dans la permanence des types ainsi que dans les relations familiales qui, toujours, unissent le meurtrier, le consommateur et la victime du repas cannibale. Ces liens sont directs (père/fils; mère/fils), ou indirects (collatéraux : tante; oncle/neveu). D'une région à l'autre, ces structures correspondent. D'ailleurs, la chronologie mythique serre de près l'ensemble des récits "autour" du chaudron. Les auteurs anciens avaient déjà noté que l'immortalisation de Démophon à Eleusis devait avoir été contemporaine de la mort d'Itys. Alors que Phrixos, issu du premier mariage d'Athamas, avait, lui, épousé la soeur de Médée (Tableau généalogique n° IV). Enfin, le bélier à la toison d'or rapproche dans le temps la saga béotienne (Phrixos) et l'aventure des Argonautes, conduits en Colchide par Jason. Les événements qui nous retiennent se seraient donc déroulés dans un laps de temps restreint — entre les cinquièmes et les huitièmes générations mythologiques — qui délimite cette période charnière où le mythe dut passer le relais à l'Histoire. On a dit que glissant d'une fiction cosmogonique vers une organisation historique, ces récits s'étaient attachés à réglementer la société des hommes. Ils proposent une éthique qui, narrant les périls de la transgression fixe dans le même temps les règles du culte, de la succession royale, du mariage et du comportement alimentaire. Parallèlement, ils ont été adaptés à des systèmes de pensée philosophico-religieux. Outil de propagande, la version orphique de la mort de Dionysos a ainsi contribué à condamner le sacrifice civique et la consommation de la viande.

Les grands récits de cannibalisme, à la table des dieux, racontent l'instant où, suscitant la relation cultuelle, se consomma la rupture entre les dieux et les mortels. Ils sonnent la fin d'un univers utopique et, à la manière d'un rite de passage, propulsent l'humanité dans un monde désormais civilisé. Rien d'étrange donc à ce que ces récits aient présidé à la toponymie ainsi qu'à la fondation des villes. Arcas et Pélops sont devenus les héros éponymes de l'Arcadie et du Péloponnèse, alors que, dans le même temps, les cités de Lycossoura, Lycoréia et Athamanthia passaient pour avoir été fondées respectivement par Lycaon, Deucalion et Athamas, lycanthropes ou survivants du déluge[58]. La plupart du temps les loups ont tenu le rôle d'animaux guides, menant les héros fondateurs jusqu'aux emplacements qui convenaient à l'édification d'une cité[59]. L'importance accordée à ces canidés conforte, s'il était nécessaire, la consubstantialité des héros civilisateurs et des hybrides thériomorphes, parmi lesquels évoluent les lycanthropes. Qu'ils rassemblent les hommes seuls ou les hommes et les dieux autour du chaudron et de la table, ces mythes content l'instauration des premières dynasties en Grèce. Chaque épisode, localisé dans une région différente, véhicule les mêmes matériaux narratifs. Le fils ainé du meurtrier — Nyctimos, Arcas, Pélops et Léarque (d'après l'étymologie de son nom) — dut être le premier roi historique, le pendant pour chaque centre d'Eréchthée et de Pandion à Athènes. Le statut de Démophon, évincé par Triptolème, souverain fondateur lui-même avant que héros nourricier, fut, à en juger par son nom, certainement identique. Autour de l'enfant dépecé, plongé dans le *lébès* puis héroïsé, vinrent se cristalliser des rites et des jeux, funéraires à l'origine, dont les mythes ont, à rebours, révélé l'étiologie[60]. Les Jeux Olympiques (Pélops), Isthmiques (Mélicerte), Les *Lycaia* (Nyctimos ou Arcas), le *Steptérion* delphique, n'ont pas occulté pour autant le souvenir de la petite victime pour laquelle ils avaient été organisés. L'*âgon* se déroulait à l'endroit même où, parfois, le corps de l'enfant, pourtant ressuscité et divinisé, avait trouvé une sépulture[61]. Et le prix offert aux vainqueurs de ces concours consistait en un trépied de bronze, réplique de l'objet même dans lequel le héros sacrifié avait été immergé ...

Sans cesse rites et légendes s'interpénètrent permettant d'entrevoir ce que durent être ces sacrifices d'enfants, historiquement attestés en Arcadie et à Ténédos, seulement pressentis à Eleusis et à Delphes. Le mythe de Mélicerte comme le culte lycéen ont appris que des chasses rituelles, jouées sous des déguisements zoomorphes (cerfs), précédaient probablement l'immolation. La légende des enfants de Médée, les rituels du Mont Lycée et d'Eleusis ont, en revanche, révélé l'importance accordée à la lapidation. Fictive, plutôt que réelle (?), comme la chasse évoquée par Euripide[62], celle-ci devait préluder au sacrifice. Dans le contexte du festin cannibale, toutefois, les victimes se recrutant parmi les nouveaux-nés, la lapidation et la chasse, apparemment concurrentes, devaient frapper une autre personne, en âge nécessairement de se déplacer.

Il convient de souligner encore l'intime relation entre la fiction mythique et la pensée philosophique antique que nous avons relevée à maintes reprises. Les mythes des origines, auxquels le festin cannibale ressortit sans nul doute, ont inspiré les penseurs, soucieux de concevoir l'univers, d'expliquer le système solaire, de raisonner sur la perception du temps ou sur la notion du divin. Les affabulations mythiques autour de Tantale et de Lycaon, comme les réflexions des philosophes n'expriment-t-elles pas la même revendication existentielle qui tient à ce paradoxe propre à la pensée grecque qui veut qu'à l'instant même où se sont organisés le panthéon et le rituel civique, la notion du divin ait été contestée? Se livrant à une sorte de défoulement psychanalytique, ne dirait-on pas qu' à travers les figures des héros philanthropes, la conscience collective a cherché à extérioriser ses doutes et à fixer, dans le même temps, en imaginant les catastrophes qu'elles avaient déclenchées, les limites de cette critique? Les agissements des pères cannibales, tout comme ceux de Médée et des mères pratiquant la cryptie, n'ont eu d'autre finalité que de conférer, individuellement ou à l'échelon de l'humanité, cette immortalité si difficilement concédée aux dieux. La réussite de telles opérations, inconcevable, parce qu'elles touchaient précisément à des données aussi fondamentales que le Temps et la Vie, aurait mis en péril l'ordre cosmique qui, à l'issue de crises successives, avait été instauré entre le monde des dieux et celui des hommes.

Substituant, enfin, le myste à la figure mythique de l'enfant immolé, le rituel a reproduit, soit par l'immersion dans le chaudron (culte de Palaemon-Leucothéa), soit par l'absorption de viscères humains (Mont Lycée), la cuisson et la palingénésie des victimes du festin cannibale. Identifié avec l'enfant cuit ou avec le lycanthrope qui réitère, en l'accomplissant jusqu'au bout, les gestes du père et du dieu cannibales, l'adepte tend ainsi à s'élever vers la divinité.

C'est l'ultime moment de cette renaissance que les peintres de vases ont choisi d'illustrer, en montrant Pélops régénéré, jaillissant du *lébès* fatal : une image grecque qui devait toutefois, en raison de ses notations initiatiques et eschatologiques, être particulièrement prisée par la clientèle de Grande Grèce et d'Etrurie, plus sensibilisée à de telles espérances[63].

Cette image qui nous était apparue familière, parce qu'on subodorait du Jérôme Bosch dans les peintures du Peintre de Sappho et du Peintre d'Haimon, nous a conduits, en définitive, bien loin de l'ogre et de la sorcière. Reflet d'un artisanat populaire, la représentation de l'enfant dans le chaudron a été prétexte à une double plongée, vers "le bas" et vers "le haut". Cet itinéraire qui retrace celui du myste, nous a permis, de l'ombre à la lumière, d'atteindre le tréfonds de l'inconscient ancestral et d'affleurer, dans le même temps, les plus hautes conceptions de la philosophie, sources consubstantielles de la pensée antique.

Notes

1. J. G. Frazer, *Le rameau d'or* III, R. Laffont, 1983, p. 403-674.
2. R. Girard, *La violence et le sacré*, p. 159-160.
3. C'est, en effet, Inô qui, arguant d'un faux oracle, persuade à Athamas que la stérilité frappera la région de Thèbes si Phrixos n'est pas immolé. On se souvient que Procné ruse de la même manière, en prétextant un rite attique, pour convier Térée à la table du cannibalisme.
4. *Supra*, p. 63.
5. *Médée*, v. 114 : «Hélas! Je souffre, infortunée»; v. 141 : «Quel intérêt ai-je encore à vivre?», s'écrie Médée, comme se lamentent, ailleurs Déjanire ou Ariane abandonnées. Puis, aussitôt vindicative, v. 380 sq. : «Mettrai-je le feu à la demeure nuptiale? Leur enfoncerai-je un poignard aiguisé à travers le foie?» La tradition s'est ingéniée à occulter les fonctions complémentaires - courotrophe/guérisseuse - de la Médée initiale. En relativisant, jusqu'à l'ignorer dans l'imagerie, le rajeunissement réussi d'Aeson au profit de la coction truquée, en faussant le sens de la cryptie salvatrice pour la conformer au double infanticide diffusé par le théâtre, on négligea les aspects bénifiques de la figure afin d' en faire l'archétype de la mère criminelle et de la sorcière. Dans le cas de Médée, on finit même par oublier que la facette négative correspondait au côté positif d'une double nature restée, pourtant, l'apanage des déesses nourricières du type Déméter.
6. On n'est pas en mesure d'évaluer la place assignée à Démophon, tôt supplanté par Triptolème, dans le rituel éleusinien. Mais le vocabulaire usité dans l'*Hymne homérique à Déméter* laisse supposer l'existence d'un lien métaphorique entre l'enfant fragile et le grain de blé, accessoire important, on le sait, lors de *l'epoptie*. Voir, chap. III, la formule augurale de fertilité, prononcée lors des mystères.
7. *Supra*, p. 128.

8. *FHGr* 3, 367; Apollod. III, 6, 3. Ces formes nominales ont été forgées à partir du substantif *drûs*, le chêne.

9. L'acte, fût-il manqué pour ce qui concerne Lycurgue, *supra*, p. 142. G. Piccaluga, *Lykaon, un tema mitico*, 1968, p. 65, conçoit le déluge comme une métaphore de l'irrigation qui a assuré le passage d'un type d'économie primitif à l'agriculture.

10. *Od.* XII, v. 356-362 «Ils prennent du feuillage aux rameaux d'un grand chêne, au lieu de l'orge blanche dont il ne restait plus».

11. *Supra*, p. 131; 176.

12. *Supra*, p. 185.

13. *Supra*, p. 142; Ovide, *fast.* II, v. 153-192. La punition de Lycaon ressemble au châtiment de sa fille, Callisto, qui a été métamorphosée en ourse par Artémis, pour avoir, en perdant sa virginité, défié la déesse.

14. *Supra*, p. 132.

15. M. Eliade, p. 117, n. 43 (rites indiens, Baudhâyana *Dh* III, 4, 4).

16. Si ces rituels découlaient du thériomorphisme originel de Zeus, il conviendrait d'élargir l'aire cultuelle de ce dieu-loup au Mont Laphystios, voire au Mont Sypile. Il paraît naturel, au demeurant, que dans une contrée pastorale, comme l'Arcadie, les figures des prédateurs, des loups, des ours, aient engendré des légendes et, parallèlement, des rites qui furent, peut-être, initialement propitiatoires. N'oublions pas que l'Hermès cyllénien, pastoral par excellence, est constamment présent aux côtés du Cronide, dans les sanctuaires qui lui sont dédiés sous l'épiclèse *Lycaios* et que l'Apollon, parfois *Lycaios*, est ailleurs *Carnéios*. Voir M. Jost, *Sanctuaires et rites d'Arcadie*, p. 266; C. Mainoldi-Marelli, *L'image du loup et du chien*, p. 31-32, n. 26, 27. Chez ces figures senties comme antithétiques (loup = dévoreur /ovin = dévoré), on rencontre le même type d'opposition que chez les divinités courotrophes, indifféremment affameuses et nourricières (Déméter).

17. Parmi ces êtres primordiaux, en conflit avec les dieux (*supra*, p. 145), figure Echion, né des dents du dragon qu'Euripide a dépeint (*Bacch.*, v. 546), comme un : «monstre sauvage, non pas homme mortel, mais espèce de géant sanguinaire en lutte contre les dieux.»

18. *Supra*, p. 145-148.

19. Le massacre des boeufs du Soleil, un épisode intégré à l'*Odyssée*, appartint peut-être, originellement, à ce type d'actions sacrilèges ou primordiales. Pour ce qui concerne le vol des troupeaux d'Apollon et le sacrifice perpétrés par Hermès, on se reportera au bref commentaire de J. P. Vernant *in Le sacrifice dans l'Antiquité*, p. 34.

20. J. L. Durand, *op. cit.*, p. 23.

21. U. Kron, *Phylenheroen*, 1976, p. 84-103.

22. J. L. Durand, *op. cit.*, p. 23; Philocore, *FHGr* 328 f, 2, a-b. Cécrops fut aussi, selon Cléarque *FGH* II, 139, ap. Ath. XII, 55 D, "le premier à établir la

monogamie". Les transgressions du couple Procné-Térée (adultère/inceste et cannibalisme) se placent donc dans la deuxième génération qui suivit l'instauration de la monogamie et du sacrifice civique en Attique.

23. Bien que les témoignages n'aient gardé le souvenir d'une quelconque hybridation à son sujet, il y a toutes chances pour que Tantale ait appartenu à cette même "classe".

24. J. L. Durand, *op. cit.*, p. 13; 15; p. 45.

25. Porphyre, *de Abstinentia* II, 28, 4; 39, 1.

26. J. L. Durand, *op. cit.*, p. 46; p. 53; J. P. Vernant, *Le sacrifice dans l'Antiquité*, p. 14-16.

27. *Supra*, p. 208.

28. Théophraste, relaté par Porphyre.

29. J. L. Durand, *ibidem*, p. 50-51.

30. Le rituel du Mont Lycée (*supra*, p. 128) perpétue pourtant le geste criminel de Lycaon, lui empruntant dans le même temps son *aition*.

31. *Théog.* v. 159-160. *Supra*, p. 55; 57. Gaia est nommée "Maman Terre" (*Suppliantes*, v. 890), "mère de tous les êtres" (*Prométhée enchaîné*, v. 90) : A. Moreau, "La race de Méduse", *Mort et fécondité dans les mythologies*, 1986, p. 4 et n. 15 et surtout D. Saintillan, "Fécondité, mort et mariage", *Mort et fécondité dans les mythologies*, p. 52- 58.

32. *Supra*, p. 188. Le plongeon et la cryptie n'ont guère retenu les imagiers qui ont, en revanche montré Rhéa, présentant à Cronos "la pierre langée" : p. ex., pélikè de New York, *in Hellènikè Mythologia, Oi Theoi*, 1986, p. 22, n° 5.

33. J. Rudhardt, *Le thème de l'eau primordiale dans le mythe grec*, 1971, p. 35-106.

34. Selon Alcman, Thétis, "celle qui fonde" était néanmoins à l'origine du monde, F. Bader, *Mort et fécondité dans les mythologies*, 1986, p. 23, n. 15. A ces figures formidables des commencements, les narrateurs ont associé des courotrophes d'essence divine et mortelle: Thémis **(T 147)**, Clothô; Inô, Sémélé **(T 169)** et Médée.

35. *Supra*, p. 143. Médée, divinité déchue, ressortit initialement à cette catégorie; voir chap. III, n. 17 et, ici, n. 5.

36. Cette déesse provoque la mort de Dionysos, de Léarque et de Mélicerte, des Proétides ainsi que des enfants d'Héraclès (*supra*, p. 185).

37. *Supra*, p. 188. Sur l'assimilation Leucothéa-Thétis, *RE* 6 A1, *s.v.* Thétis, col. 206.

38. *FHGr* 328 f 93.

39. Il n'est question que d'une fille dans les fragments conservés de l'*Eréchthée* d'Euripide.

40. F. I. Zeitlin, "The motive of the Corrupted Sacrifice in Aeschylius' Orestia", *JAPhA* (1965), p. 463-508.

41. *Mythe et tragédie* 1, p. 11.

42. N. Loraux, *Façons tragiques de tuer une femme*, p. 75.

43. Ces témoignages n'incitent pas à tenir le sacrifice animal pour un substitut du sacrifice humain; *Le sacrifice dans l'Antiquité*, p. 224.

44. στρατῖας πρόθυμα; Euripide, *Iph. A.*, v. 1315; v. 1477; v. 1512; v. 1560; v. 1564; v. 1585; Les *Héraclides*, v. 488; v. 503-515; v. 560; v. 565; *Hypsipyle*, fr. 60. N. Loraux, *op. cit.*, p. 29; p. 61; p. 70; Macarie : *AntK* 13 (1970), p. 71.

45. Amphore tyrrhénienne de Timiadès, *ABV* 97, 97; tesson proto-attique, *AJA* 75 (1971), pl. 72, fig. 5; J. M. Moret, *L'Ilioupersis*, pl. 25; *Desmos* n° 3, juin 1982, p. 9 et fig. 4 pour l'amphore du Musée Britannique B 5507, déjà mentionnée.

46. Eschyle, *Ag.*, v. 220; Euripide, *Héc.*, v. 189; v. 206-210; v. 220-223; v. 288. Euripide a choisi de transcender la scène qu' Eschyle avait dépeint avec la même violence que Timiadès (n. 45). Devant le consentement de la jeune fille, l'immolation acquiert une dimension exemplaire, conforme à l'éthique tragique.

47. Les filles d'Orion furent aussi égorgées aux divinités chthoniennes, dans le but de juguler une épidémie, Ant. Lib. XXV. Sur les rites chthoniens et leur terminologie, Casabona, *Recherches sur le vocabulaire des sacrifices*, 1967, p. 83; 84; p. 97; p. 155-163.

48. Le thème de la virginité et du mariage a donné la substance d'un roman de G. Garcia Marquez, *Chronique d'une mort annoncée*, 1981, pourtant situé dans la Colombie des années 1920-30.

49. On s'attachera aux significations de κρέας et de σάρξ deux mots commentés dans *La cuisine du sacrifice*, p. 260-261.

50. Les termes *epulis* et *de cocta* sont utilisés dans les textes latins.

51. Hygin, *Astr.* II, 3 : L'épisode, conté par Hygin, d'après l''Επιτομὴ μυθική de Phylarchos, se déroule en Chersonnèse de Thrace. «Là (Eléonte) s'abattit sur le territoire une soudaine dévastation ... Démophon, bouleversé ... envoya ... auprès de l'oracle d'Apollon une mission pour demander un remède ... Réponse fut donnée de sacrifier chaque année aux dieux Pénates une jeune fille de la noblesse; mais Démophon tirait au sort toutes les jeunes filles sauf les siennes et les faisaient tuer ... (il) choisit la fille de Mastousios sans tirage au sort et la fit tuer. Mastousios fit semblant sur le moment de s'y résigner par patriotisme ... Donc, comme le père de la jeune fille s'était donné l'air d'être presque le meilleur ami du roi, il dit qu'il célébrait un sacrifice annuel et invita à la cérémonie le roi et ses filles. Celui-ci envoya ses filles en avant ... les faits se déroulèrent selon les voeux de Mastousios; il tua les filles du roi, mêla leur sang à du vin dans un cratère et, à l'arrivée du roi, lui fit servir ce breuvage. Celui-ci, étonné de l'absence de ses filles, puis informé de leur sort, fit jeter dans la mer Mastousios avec le cratère.» Un autre épisode de consommation du sang, destiné à

discréditer le christianisme, a été mentionné par Porphyre, *Contre les Chrétiens*, fr. 69, Harnak. *Cf.* également Polyen VI, 7-2. 10.

52. N. Loraux, *op. cit.*, p. 67; E. Wermeule, S. Chapman, *AJA* 75 (1971), p. 291.

53. *Iph. A.*, v. 460-461; *Héc.*, v. 611; Les *Héraclides*, v. 591-592.

54. La gorge s'oppose au flanc ou au foie, les points vulnérables du guerrier; sur ces lieux du corps et leur symbolique, N. Loraux, *Ibidem*, p. 89; p. 120, n.51; G. Sissa, *Le corps virginal. La virginité féminine en Grèce ancienne*, 1987.

55. M. Detienne, *La vie quotidienne des dieux grecs*, 1989, p. 253-264.

56. B. Sergent, *L'homosexualité dans la mythologie grecque*, 1984, p. 85-86; p. 205; p. 208.

57. Dionysos est διμάτωρ né de deux mères, *Hymne Orph.* 50. 7; Diod. III, 62, 5.

58. Les fils de Lycaon et de Pélops portent des noms tirés de divers toponymes péloponnésiens, Apollod. III, 12, 7; II, 5; 26, 3; *Epit.* II, 10; Hygin, *Fab.* 84; Diod. IV, 9, 1.

59. L'animal fit à ce point partie des mythes de fondation qu'on alla jusqu'à adapter le motif du loup-guide à l'histoire d'Alexandre, Plutarque, *Vie des Hommes illustres, Alex.*, trad. A. Pierron,1892, p. 273. Même l' infanticide arcadienne, Harpalycé, n'échappe pas à ces associations, puisque son nom a été agencé à partir de ἅρπη/λύκεη, *supra*, p. 176.

60. Pindare, *O.* X, 24; Clément d'Alex., *Protrept.* II, 34.

61. Mélicerte repose dans le *Palaimonion* de Corinthe, Pélops à Olympie et Dionysos à Delphes (Paus. VI, 22, 1). Au sujet de ces sites, on compulsera J. Harrison, *Thémis*, 1962, p. 212; M. Jost, *Sanctuaires d'Arcadie*, p. 267.

62. Euripide, *Iphigénie en Tauride*, v. 280; *Cf.* chap. V, p. 144 et n. 64.

63. Hors contexte : la légende d'Archemoros-Ophelthès :

La mort de cet enfant, étouffé par un serpent, fut le prétexte des Jeux Néméens. Son nom double paraît révélateur d'une initiation de type Pélops /Mélicerte. Il a péri, délaissé par sa nourrice qui l'avait abandonné pour donner à boire à Amphiaraos. La parenté de cette nourrice, Hypsipyle, avec Aeson indique des origines thessaliennes, confortées par le fait qu'elle devint ensuite la maîtresse de son cousin, Jason. Elle fut chargée du nourrisson après avoir été vendue à Lycurgue, roi de Némée et père d'Opheltès. La présence d'un souverain dont le nom évoque le loup, les antécédents thessaliens de l'héroïne, la mort provoquée par la nourrice, l'organisation de jeux funéraires et l'adjonction d'une épiclèse au nom de la victime, reproduisent des éléments disparates remontant aux récits de tecnophagie et d'immortalisation manquée qu'il nous a paru nécessaire de rappeler dans ce contexte. *Cf. LIMC* II, 1984, *s. v.* Archémoros, illustrations.

CATALOGUE 1

Catalogue des documents iconographiques

Les monuments ont été classés par thèmes et précédés d'un numéro de référence, de 1 à 39, en caractère gras, en italique et entre parenthèses, qu'on rencontre dans le texte lorsque les images correspondantes sont citées.

CHAP. I. L'enfant dans le chaudron :

(1) **Lécythe** de **Leyden**, inv.XVII a 20. - Fond blanc.- Provenance : Vulci, anc. Canino 1345.

Peintre d'Haimon, 480 *ca*.

Pl. III, fig. 6.

Références: *ABL*, Appendix XIII, n° 5; *CVA* Leiden 2, pl. 105, 16 et p. 68; Van Keuren, *The frieze from the Hera I Temple at Foce del Sele*, 1989, p. 110- 122; pl. XXXIII.

Interprétation généralement proposée : Pélias ou Aison.

Description : l'enfant, gesticulant, émerge à mi-cuisse du chaudron. Deux femmes assises sur des *diphroi*, tenant l'une un bâton (?) et l'autre un sceptre, assistent passivement à la cuisson. Deux hommes barbus, appuyés sur leurs bâtons noueux, tels des citoyens dans l'attitude du repos ou de la conversation, les encadrent.

(2) **Lécythe Collection Bonci Casuccini, Chiusi.** - Fond blanc. - Provenance : Chiusi.

Peintre d'Haimon, 480 *ca*.

Pl. III, fig.7.

Références : *ABL*, Appendix XIII, n° 6; *MonAnt* 30 (1925), p. 535, fig. 5.

Description: l'image, une duplication de la précédente (ou vice versa), est semblable en tous points à celle qui orne le vase de Leyden. La femme assise, sur la gauche, ne tient cependant aucun bâton.

(3) **Lécythe de Syracuse 20936. -** F.n. - Provenance : Géla, tombe B 196.

Peintre de Sappho, 480-70 *ca*.

Pl. III, fig. 8.

Références : *ABL*, Appendix XI, n° 38; *MonAnt* 17 (1906), p. 121, fig. 88; Van Keuren, p. 115, fig. 11.

Description : l'enfant est encore plongé jusqu'à la taille dans la cuve, plus profonde, sous laquelle brûle un feu très vif. Les flammes qui lèchent la panse du chaudron jaillissent de part et d'autre, jusqu'à hauteur de l'éphèbe. Dans cette composition, bien plus animée, deux femmes seulement - l'une accourant, l'autre fuyant - réagissent de manière dramatique au prodige qui se déroule sous leurs yeux.

Autres techniques :

(4) Toreutique : **miroir étrusque, Bibliothèque Nationale**, inv. 1329.

IIIè siècle av. J. C.

Pl. V, fig.11.

Références: A. B. Cook, *Zeus* II, 1925, p. 212, fig. 149, n° 5; *EtrSp.* IV, 101, pl. 352, 1; D. Rebuffat - Emmanuel, *Le miroir étrusque*, 1973, p. 238-242; p. 447 et pl. 47; Van Keuren, p. 113, fig. 9.

Interprétation : Aeson ou Pélops.

Description : l'éphèbe, plongé à mi-corps, s'apprête à sortir du chaudron, sous lequel aucun feu ne brûle. Il s'aide, prenant appui sur le rebord métallique de la vasque. Deux groupes, deux hommes et deux femmes, identifiés avec des divinités (Tantale et Ganymède, Clôtho et Déméter?) se concertent et devisent à l'arrière plan, comme indifférents. La composition incisée au dos de ce miroir, plus tardif, atteste, en Italie du moins, la pérennité du motif de la cuisson.

(5) Ornement architectural : **métope** 32, Trésor de l'Héraion du Silaris, **Musée de Paestum.**

Vers 550-540 *ca.*
Pl. IV, fig.9.
Références : E. Simon, *JdI* 82 (1967), p. 281-286; P. Zancani Montuoro, *Heraion alle Foce del Sele,* II, *primo thesauro,* 1954, p. 353; *AttiMgrecia,* N.S. 5, p. 86- 87; M. Napoli, *Civiltà della Magna Grecia,* 1969, p. 375.; Van Keuren, pl. XXXII.
Interprétation : Pélops (E. Simon, *loc. cit.,* p. 281), Pélias (P. Zancani Montuoro), Jason (H. Meyer); Minos, cuit dans son bain par les filles du roi Cocalos (*Kokalos* 2(1956), p. 103 et n.35); Agamemon tué dans sa baignoire (Van Keuren).

Description : On a coutume de reconnaître dans cette scène, malheureusement mutilée, l'épisode de Pélias, trompé par Médée. Sur cette image, qui constitue un *hapax,* le vieux roi est censé cuire dans la cuve, tandis que la magicienne préside à l'opération "régénératrice". Notons que l'état lacunaire de la plaque rend aléatoire la restitution graphique qui a été proposée pour la figure de Médée, dont un fragment de pied, seul, est demeuré lisible. Il est question, (p. 42), de cette interprétation, essentiellement fondée sur la présence, sur la métope voisine, de deux jeunes femmes assimilées aux Péliades. L'interprétation proposée par Van Keuren, *op. cit.,* p. 110- 122, ne paraît pas tenable: pas plus que dans la mésaventure de Minos, le trépied, ustensile caractéristique du sacrifice, ne saurait représenter la baignoire où meurt la victime.

(6) Terre cuite : **relief, Musée de Bâle**, inv. 318.
570-540 *ca.*
Provenance et destination inconnues.
Pl. IV, fig.10.
Références : M. Schmidt, "Zur Deutung der Dreifuss Metope N 32 von Foce del Sele", *Festchrift für F. Brommer,* 1977, p. 265-275, pl. 71 et 72; Van Keuren, pl. XXXIV, 2.
Interprétation : Médée rajeunit Jason, ou bien, par référence à l'une des hypothèses de lecture avancée pour la métope de Paestum, Minos est ébouillanté par les filles de Cocalos (Kallimachos et Philostephanos, *FHG* 3, 34, fr. 36; Apollod. *Epit.*1, 14- 15)

Description : aucun feu, notons-le, ne brûle sous la cuve d'où émerge un jeune homme. Le haut des cuisses est clairement montré, comme sur les peintures de vases. Sur la gauche, une femme portant une oenochoé saisit au poignet le bras levé de l'éphèbe : ce mouvement évoque les gestes drastiques des Péliades exhortant le vieux roi à se diriger vers le bassin (parodie, **Pl. I, fig. 1**). A droite du trépied, un homme en *himation* assiste à l'étrange cuisson. Par référence à la métope de Paestum ainsi qu'aux peintures, le pseudo rajeunissement de Pélias et la renaissance de Pélops (**cat.** n° **1, 2**), apparaissent comme les solutions plus économiques (*cf.* la courotrophe et la cuisson palingénésique, *supra*, p. 212). J'ai jugé préférable de renoncer à la dernière interprétation ; la mort de Minos, eût-elle été traduite par le schéma de la coction, ne ressortissant ni à la réjuvénescence, ni au repas cannibale, qui nous retiennent ici; *cf. (5)*.

ICONOGRAPHIE DU RAJEUNISSEMENT D'AESON :

- Aucune image antique.

- Liste des oeuvres modernes, montrant le rajeunissement d'Aeson :

Brusacorci, Collection Carl Gross, Vienne, inv. 164.

Tibaldi, fresque du palais Marescalchi Orlandini, Bologne; *Riv. d'Arte* XIX (1937), p.25.

Macchietti, huile, Palais Vecchio, Florence; *Storia* IX (1932), p. 295.

Caliari, fresque de la Cà Mocenigo, Venise; B. del Pozzo, *le vite de' pittori ... veronesi*, 1718, p. 120.

Tinelli, huile, Erw. M. Boschini, 461.

Barbieri, dit le Guerchin, dessin de la Collection Rasini à Milan; A. Morassi, *Disegni antichi della collezion Rasini in Milano*, 1937, XLII.

Canlassi, dit Cagnacci, huile, Pinacothèque dei Concordi, inv. 21, à Rovigo; Del Pozzo, *op. cit.*, p. 307.

B. Castiglione, huile, Musée des Offices inv. 1421, Florence.

Thiry, huile, R. Dumésnil, *Histoire illustrée de la Médecine*, p. 58-59.

Jean Court, dit Vigier, émail de Limoges; *The Burlington Magazine*, 1911-1912, p. 81. Ici, fig. 2.

Delaune, gravure; F. Courboin, *Histoire illustrée de la gravure en France* I, 1912, p. 300.

Picart, dit le Romain, lavis, Kunstakademie de Düsseldorf; I. Bude, *Beschr. Katal. Düsseldorf* (1930), pl. 131, n° 120, p. 158.

Ch. Eisen, Comp. J. Ch. Baquoy; E.W. Bredt, *Der Götter Verwandlungen* II, p. 53.

van Wynen, huile; *Le Niederl. B.* 1, 4.

Ch. Al. Crauk, huile, salon de 1865, Musée d'Amiens inv. 40; *Catalogue des ouvrages de peinture exposés dans le Musée de Picardie*, 1875, p. 20.

ICONOGRAPHIE DE LA CUISSON DE PELIAS :

Schéma 1. La préparation.

Les peintures de vases :

(7) **Hydrie** de **Cambridge** 12.17.
Peintre de la Villa Giulia. *ARV* 623, 66. (470-460 *ca.*).
Réf.:*CVA* Grande Bretagne 6, Cambridge 1, pl. 35, 1.

(8) **Coupe** du **Vatican**, Musée Grégorien. (Vers 430).
Réf. : P. Zancani-Montuoro, *L'Heraion alle Foce del Sele*, 1954, p. 353, fig. 87.

Autres techniques :

(9) **Miroir** étrusque de **Pérouge.**
Réf. : *EtrSp* V, pl. 92; *AntK* 21 (1978), p. 106, fig. 3.

(10) **Reliefs attiques** de Rome, **Musée de Latran** et **Musée de Berlin**; Réf.:*RM* 53 (1938), pl. 38, 1-2 et fragment d'un troisième exemplaire (tête de Médée) in G.M. Richter, *Festschrift A. Rumpf*, 1952, p. 127-130, pl. 30 et 31.

Schéma 2. La cuisson du bélier.

Médée et un acolyte :

(11) **Oenochoé** de la **Bibliothèque Nationale 268.**
Peintre d'Athéna. (480-470 *ca*).
Réf. : *ABV* 528, 43; *CVA* France 10, Bibliothèque Nationale 2, pl. 62.

Sur l'image, probablement contaminée par les représentations du sacrifice, un homme attise le feu, y jetant une bûche.

Médée, une Péliade et un homme :

(12) **Stamnos** de **Munich** 2408 A; *ARV* 257, 8.
Peintre de Copenhague.(Vers 470-460).
Réf. : *CVA* Allemagne 20, Munich 5, pl. 244.

Médée et les Péliades ou les Péliades seules :

(13) **Oenochoé** du **Louvre F 372.**
Peintre d'Athéna. (*cf. (11)*).
Réf. : *ABV* 531, 1; *ABL* n° 133; E. Pottier, *Les Vases antiques du Louvre,* IIè série, 1901, pl. 86.

(14) **Lécythe** du **Musée National d'Athènes 599.**
Peintre de la Mégère (470).
Réf. : *ABL* n° 56, pl. 53, 4.

(15) **Stamnos** du **Musée de Berlin,** sans références d'inventaire.
Réf. : *Gymnasium* 61 (1954), pl. V. (475 *ca*).

Médée, les Péliades et Pélias lui-même :

(16) **Hydrie** du **Musée Britannique** B 328.
Groupe de Léagros (520-10).
Réf. : *ABV* 363, 42; *CVA* Grande Bretagne 8, Musée Britannique 6, pl. 86, 4.

(17) **Amphore** du **Musée Britannique** B 221.

Groupe de Médée (vers 525 *ca*).
Pl. V, fig.12.
Réf. : *ABV* 321, 4; *AntK* 21 (1978), p. 101, fig. 1.

(18) **Stamnos de Munich** 2408, revers.
Cf. l'avers, classé en b) *(12)*.

Péliade ou Médée, en présence de Pélias :

(19) **Amphore Collection Robinson.**
Groupe de Léagros. (510 *ca*).
Réf. : *AJA* 60 (1956), p. 12-13.

(20) **Hydrie** du **Musée Britannique E 163.**
Peintre de Copenhague. (Vers 470 *ca.*).
Réf. : *ARV* 258, 26; A.B. Cook, *Zeus* II, pl. 14.
Le vase porte une inscription (le nom de l'une des Péliades) : Alcandra.

(21) **Cratère** en calice, **Bâle.**
Groupe indéterminé, entourage du P. de Cléophon.(440-30).
Réf. : *MuM*, Sonderliste R, déc. 1977, 63.

Peinture pariétale romaine :

(22) Naples 1114777.
Réf. : L. Curtius, *Wandmalerei*, 1929, p. 295, fig. 170.

(23) Pompéi, VI, 1, 6 et IX, 2, 16.
Réf. : F. Brommer, *Denkmäler zur griechischen Heldensage*, 1976, 369, 4, 5.

Schéma 3. L'invitation au rajeunissement.

(24) **Cratère** en calice de **Tarquinia 685.**
Peintre de Pistoxénos.(470-60).
Réf. : *ARV* 864, 16; *AntK* 21 (1978), p. 102, fig. 2.
Inscrit : Pélias et Alcandra.

(25) **Coupe** du **Vatican**, sans références d'inventaire. Musée Grégorien.(Vers 450).
Pl.V, fig.13.
Réf. : P. Zancani-Montuoro, p. 353, fig. 87 (*supra*, schéma 1); L. Séchan, *Etudes sur la Tragédie grecque*, 1926, fig. 136; *RM* 53 (1938), p. 258.

(26) **Pyxide** du **Louvre** CA 636.
Peintre d'Heidelberg 209. (460-50).
Pl. V, fig.13.
Réf. : *ARV* 1289, 25; L. Séchan, *Etudes sur la Tragédie grecque*, p. 480, fig. 137.

(27) **Coupe** AntikenSammlungen, **Bâle**.
Entourage du Peintre d'Euaion.(450 ca).
Pl.V, fig.14.
Réf. : *AntK* 21 (1978) ,pl. 29.

Autres techniques :

Relief :
(28) **Sarcophage**, Catacombe de Sainte Prétexte, **Rome**.(IIè s. ap. J. C.).
Réf. : M. Gütschow, *Das Museum der Prätextat-Katakombe*, 1938, pl. III, 1, p. 22-28;

ICONOGRAPHIE DU REPAS TECNOPHAGIQUE (ITYS)

(29) **Métope** du temple d'Apollon, **Thermon**. (Vers 600).
Pl. VII, fig.17.
Musée National d'Athènes 13. 140.
Réf. : H. Payne, *ABSA* 27 (1925-26), p. 124; R. Hampe, E. Simon, *Un millénaire d'art grec*, 1980, p. 109.
Inscrite : Chélidon.

(30) **Coupe** fragmentaire, **Collection H. A. Cahn 599** , Bâle.
Pl. VI, fig.15.

Onésimos.(Vers 500-480 ca).
B. A Sparkes, Aspects of Onesimos, *Greek Art, Archaïc into Classical* (1985), p. 29-33, pl. 36.
Inscrite : Itys.

***(31)* Coupe, Antikensammlungen Munich 2638.**
Pl. VI, fig.16.
Provenant de Cerveteri.
Peintre de Magnoncourt (entourage de Panaïtios; 500-480).
Réf. : *ARV* 456, 1; *EAA* IV, fig. 325, p. 276; *JHS* 8 (1887), p. 440, fig. 1 (dessin de restitution).
Inscrite : Itys, Aédon.

(32) Coupe du Musée du Louvre G 147.
Pl. II, fig. 3.
Macron, 480 ca.
Réf. : *ARV* 472, 211; Enc. Photo. III, 13; E. Pottier, *Les vases antiques du Louvre,* 1922, pl. 118; Cazzaniga I, 55; Mihailov, 155.

(33) Cratère à colonnettes, **Villa Giulia 3579**, provenant de Falerii. (480 *ca*). **Pl. VII, fig.18** (détail).
Gr. de Naples 3169.
Réf. : *ARV* 514, 3; *CVA* It. 2, Villa Giulia 2, p. 10 (références bibliographiques) et pl. 17.
Inscrit : Tereo, kalos.

(34) **Coupe de Florence 80565**, provenant de Saturnia.
Pl. VII, fig.19.
Peintre de Thorvaldsen, proche du P. de Magnoncourt.
Réf. : *ARV* 455; *CVA* It. 38, Florence 4, pl. 123 et 158, 4 et p. 5.
Un homme, semi-étendu sur une klinè, se lève en brandissant une épée. Outre le schéma de la composition, qui reprend l'attitude du person nage de l'image *(33)*, la sphère stylistique où évolue l'artiste (*cf. (30-31)* - l'entourage de Panaïtios - laissent à penser qu'on a représenté Térée, à l'issue du banquet cannibale.

(35) **Coupe de la Villa Giulia 2268.** (450 *ca*).
Pl. VII, fig.20.
Réf.: *CVA* It. 2, Villa Giulia 2, p. 16 (avec bibliographie) et pl. 37.

H. Philippart, *Collection de Céramique grecque en Italie,* 1932, dessin pl. II, p. 21; M. Halm-Tisserant, (dessin) *in* «Céphalophorie», *BABesch,* 64 (1989), p. 101, fig. 2

Cette coupe pour laquelle l'interprétation proposée n'a pas fait l'unanimité (*cf.* Della Seta,*Villa Giulia,* p. 66, n° 2268), donnerait à voir le démembrement de Penthée : l'instant où, le meurtre accompli, Agavé rapporte le chef de son fils. Conforme aux témoignages littéraires postérieurs (Euripide, *Bacch.,* v. 1188 sq), la représentation diffère pourtant des versions connues pour la peinture de vases classique. Généralement, le jeune homme est l'objet d'un *diasparagmos* et figuré soit dans son intégrité physique, malmené par les ménades, soit réduit à l'état d'homme tronc, en partie dépecé (psykter Coll. Bourguignon; coupe Coll. Borowski, Toronto, Douris; (*cf.* chap. IV, n. 89). Jamais les épées n'interviennent dans ce crime dionysiaque. La tête, n'est pas davantage brandie par la mère meurtrière, mais exceptionnellement portée, comme posée dans le creux de la main (P. de Berlin, fr. de stamnos d'Oxford; hydrie de Berlin, *Hellênikê Mythologia,* T. 3, 1986, p. 75, fig. 40; *cf.* n.242).On promène alors la tête, le thorax démembré et les jambes arrachées, comme, ailleurs, on présente le casque, la cuirasse et les cnémides au guerrier!Les artistes ont transposé les scènes de l'armement pour montrer la procession macabre des ménades.

Le mode de représentation convient mieux, en revanche, à l'épisode du meurtre d'Itys. La mère et la tante, armées d'épées, présentent le chef coupé de l'enfant au père tecnophage (voir les *(38; 39)* et la **Pl. VIII, 22,23**). D'ailleurs les chaussures que porte la figure de gauche, l'agencement des coiffures et des bijoux, distinguent ces femmes, de rang royal, des ménades du cycle thébain. Elles ne manient pas le thyrse, présent dans l'imagerie d'Agavé et d'Autonoé. On peut supposer que la seconde figure, vraisemblablement Philomèle, tient dans sa main levée un membre de l'enfant(voir **Pl. VII,18**, les *endrata*). Celle de droite, qui porte l'épée et la tête, trouve d'étroites correspondances avec Procné, telle qu'elle est reproduite sur une intaille de grenat (**Pl. VIII, 23**). Quoique postérieure, la pierre gravée peut remonter à un modèle commun, contemporain de la coupe; à moins que les deux images n'aient été suggérées par des mises en scène théâtrales. L'extérieur de la coupe est orné de scènes du thiase, proches de celles qui décorent la coupe du Peintre de Magnoncourt (*JHS* 8 (1887), p. 441, fig. 2).

— Non numéroté :

fr. cratère apulien. **Sydney 53.10.** 360-350 *ca.*

Style du P. de Lycurgue.

Réf. : Trendall-Webster, III, 6.5 (sujet incompris).

Description : Une femme s'enfuit, à droite, par une porte entrouverte, effectuant un geste d'épouvante. A l'intérieur de l'édifice, dans un grand désordre de vaisselle, un homme (seul son pied nu est visible) pose le pied sur une table de banquet qui se renverse. En dépit de l'état lacunaire du tesson, on peut songer qu'il s'agit de Térée, à l'issue du festin tecnophagique. Il renverse la *trapeza*, tandisque Procné, apeurée, s'enfuit.

Autres techiques :

(36) **Groupe statuaire**, attribué à Alcamène. Itys et Procné, vers 420. Musée de l'Acropole 1358.
(Paus. I, 24, 3).
Réf. : J. Charbonneaux, R. Martin, F. Villard, *La Grèce classique*, p. 162, fig. 174.
Philomèle maintient la tête de l'enfant, tandisque, de l'autre main elle brandit vraisemblablement l'épée.

(37) **Sarcophage, Musée de Budapest.**
Art provincial de l'époque d'Hadrien.
Pl. VIII,fig.21.
Réf. : C. Robert, *Die antiken Sarkophag-Reliefs* III, 1, 1897, pl. 133, n° 424. *OJh* XV (1912), p. 188-190.
Térée, barbu et vêtu d'une chlamyde, repousse la *trapeza* du repas sacrificiel. Il brandit dans sa main gauche les reliefs de l'enfant qu'il a fini de dévorer et, de la droite, dégaine l'épée. La tête d'Itys roule à terre, alors qu'un bras est resté sur la table, qui déséquilibrée se renverse.

(38) **Miroir étrusque.**
Pl. VIII, fig.22.
Réf. : *AA* 36 (1921), p. 81, fig. 8; G. Mihailov, *La légende de Térée*, pl. ix, 10.
Philomèle et Procné maintiennent l'enfant, placé entre elles. La mère lève un glaive au-dessus de la tête d'Itys. Richement vêtues, les meurtrières sont, comme chez Ovide, munies chacune d'une arme (voir la coupe de la Villa Giulia, *(35)*).

(39) **Intaille** en grenat d'Orient. **Cabinet des Médailles** 1806.
Pl. VIII, fig.23.

Réf. : G. Mihailov, *La légende de Térée*, X, 13; *EAA*, *s. v.*, Filomela, p. 681.

La scène montre les deux soeurs, armées. Révélant leur forfait, elles apportent à Térée les membres de la victime. Encore attablé, le Thrace fait un geste de désespoir, portant la main à son front.

CATALOGUE 2

Corpus des textes

L'abréviation (T + chiffre) fait exclusivement référence aux textes. Certains passages mentionnés, soit qu'ils aient été perdus, soit qu'ils ne présentent qu'un faible intérêt pour cette étude, soit, enfin, qu'ils n'aient pas été cités dans l'ouvrage, ne portent pas de numéro de catalogue. D'autres, témoignages littéraires généralement des scholies, n'ont pas été numérotés parce qu'ils sont citées *in extenso*, dans le catalogue. Devant l'impossibilité de citer tous les textes, j'ai pris le parti de ne donner que les plus brefs et/ou les plus difficiles d'accès.

Les traductions sont, dans la plupart des cas, empruntées aux publications des Belles Lettres, soit aux classiques Garnier Flammarion; les autres, sauf mentions particulières, sont des interprétations personnelles.

Le système d'abréviations retenu pour les titres est celui du *LIMC*.

CHAP. II. La réjuvénescence :

LES NOURRICES DE DIONYSOS

— Eschyle, fr. 50, Διονύσου Τροφοί, (*Nauck*, 50 = *TrGF* 246 a) - **(T1).**

Arg. Eur. *Méd.* :
«Eschyle dans les Nourrices de Dionysos raconte qu'elle a aussi rajeuni, après les avoir fait cuire, les nourrices de Dionysos et leurs maris.»

— Sch. Aristophane, *Eq.* 1321 - **(T2).**
«Médée, selon le récit d'Eschyle a fait cuire les nourrices de Dionysos avec leurs maris et leur a redonné la jeunesse.»

— Ovide, *met.* VII, v. 294- **(T 3).**
«Du haut du ciel Liber avait vu s'accomplir le prodige d'une si merveilleuse transformation. Ainsi avisé que la jeunesse peut être rendue à celles qui l'ont nourri, il est redevable à la Colchidienne de ce bienfait.» (trad. J. Chammard, GF, 1966).

— Hygin, *Fab.*182 - **(T4).** (Les nourrices ont été confondues avec les Hyades).

— Mythographe du Vatican I, *fab.* 138 (*Nutrices Liberi*) - **(T5).**

— Mythographe du Vatican I, *fab.* 188 (*Medea, Iason, Aeson et nutrices Liberi patris*) - **(T6).**

AESON

— *Nostoi,* fr. 6, Kinkel, *Ep. Gr. Fragm.,* p.55- **(T7).**
«aussitôt elle fit d'Aeson un agréable garçon à la fleur de l'âge. Après avoir gommé sa vieillesse, grâce à son esprit plein de sciences, en faisant cuire dans le lébès d'or quantité de drogues.»

— Phérécyde, fr. 74, C. Müller, *FHGr* p. 89 - Texte classé sous **(T 25)**, rubrique R(4).

— Ovide, *met.* VII, v. 213-294 - **(T8).**

— Mythographe du Vatican I, *fab.* 137 (*Medea*) - **(T 9).**

PELIAS

— Stésichore, **Ἆθλα τῷ Πελιᾳ**, œuvre perdue (*cf. Lesky,* p. 183).

— Phérécyde, fr. 60, ap. sch. Pindare, *P.* IV, v. 133 a - **(T 10).**
«Héra jette dans l'esprit de Jason que Médée vienne pour le malheur de Pélias.»

— Pindare, *P.* IV, v. 250 - **(T11).**
«et il ravit, avec son consentement, Médée, meurtrière de Pélias.»

— Sophocle, *Pélias* , fr. 446 (*Nauck,* 238 = *TrGF* 648). — Ces fragments, comme ceux des *Rhizotomes,* n'offrent pas d'intérêt dans le cadre de cette étude.

— Sophocle, *Rhizotomes*, fr. 491, 492 (*Nauck*, p. 249-250 = *TrGF* 534-535)

— Macrobe, *Sat.* 5, 19, 9 (argument des *Rhizotomes*) - **(T 12).**

— Euripide, *Médée*, v. 9-10 - **(T 13, a).**
«Elle (Médée) n'eut pas persuadé aux filles de Pélias d'assassiner leur père.» (trad. H. Berguin, G. Duclos, GF, 1966).

— Euripide, *Médée*, v.504-505- **(T 13, b).**
«Elles (les Péliades) me feraient un bel acceuil, elles dont j'ai tué le père.»

— Euripide, *Les Péliades*, fr. 601-615 (*Nauck*, 550).

— Mosée de Chorène, *Progymasmata* III (résumé des *Péliades*) - **(T 14).**

— Platon, *Euthd.*, 285 c (Socrate fait une allusion à la cuisson de Pélias) - **(T15).**
«Moi qui suis vieux, je suis prêt à encourir le risque et je me livre à Dioysodore que voici comme à Médée de Colchide. Qu'il me mette à mort et, s'il le veut, me fasse cuire.» (trad. A. Croiset, Belles Lettres, 1949).

— Diod. IV, 51-52 - **(T 16).**

— Plaute, *Pseud.*, acte 3, v. 868 sq. - **(T 17).**
«Avec ce que tu absorberas de ma cuisine, je ferai de toi ce que Médée fit jadis du vieux Pélias, qu'elle mit en fricassée, dit-on, et par ses drogues et poisons, de vieux qu'il était le rendit jouvenceau derechef.» (trad. A. Ernout, Belles Lettres, 1932-40)

— Cicéron, *De Senectute* XXIII, 83 - **(T 18).**
«Au moment de mon départ, on aurait peine à me tirer en arrière et à me rajeunir par le feu comme Pélias. Et si quelque dieu m'accordait de quitter cet âge pour retourner dans l'enfance et reprendre les vagissements du berceau», *etc.* (trad. P. Wuilleumier, Belles Lettres, 1961).

— Ovide, *met.*, VII,v. 303 - **(T 19).**

— Sénèque, *Medea*, v. 46-49; 131-134; 166-168; 259-260; 474-475; 664-668 - **(T 20).**

— Hygin, *Fab*. 34, 3, 4 - **(T 21).**
«et de la même manière Pélias, c'est à dire qu'Alceste, Pélopia, Méduse, Pisidicé, Hippothonoé, Médée qui sur un coup de tête ont fait cuire leur père dans un chaudron après l'avoir tué.»

— Apollod., *bibl*. I, 9, 27 - **(T 22).**

— Paus. VIII, 11, 2 - **(T 23).**

— *Excerpta Vaticana*, XLIII (XLIV), Bibliotheca scriptorum graecorum et romanorum Teubneriana, *Mythographi Graeci*, v. III, fasc. II, p. 64- **(T 24).**

JASON

— Simonide, fr. 204 (*Bergk* 4) - **(T 25).**
=
— Phérécyde, fr. 74 (argument de *Médée*, Staphylos - **(T 26).**
«Phérécyde et Simonide disent de quelle manière Médée a rajeuni Jason, après l'avoir fait cuire.»

— Sch. Aristophane, *Eq*. 1321 (Müller, *FHGr*, 1841, 1. 89) - **(T 27).**
«De même, d'après l'auteur des Nostoi, qu'elle a cuit Aeson ... et selon Phérécyde et Simonide, Jason.»

— Lycophron, *Al*. v. 1315 - **(T 28).**
«Ayant soulevé la charrue courbe des taureaux qui soufflent le feu, lui dont le corps a été découpé dans le lébès». Pour être intelligible, ce texte doit être rapproché d'un passage de la *Quatrième Pythique* de Pindare, v. 224-228, qui en donne la clé.

— Tzetz. sch. *ad* Lyc. *Al*. 1315 - **(T 29).**
«et il a été cuit dans le lébès. On dit que Jason a été cuit dans le lébès par Médée et qu'il est redevenu jeune.»

— *Anth. Pal*. XIV, 59 - **(T 30).**

« Le mortel aux deux jeunesses me fit... quand cuit-les hommes brisa le gardien aux membres de bronze.» (trad. P. Waltz, J. Guillon, Belles Lettres, 1928).

— *Anth. Pal.* XV, 26 -
«Mais il est mort deux fois, ayant eu deux naissances, d'un ventre humain d'abord, puis d'un ventre d'airain.» (trad. P. Waltz, J. Guillon).

Parodie théâtrale : DEMOS

— Aristophane, *Eq.*, v. 1321-1323 - **(T 31).**
«Je vous ai fait cuire Démos et de laid je l'ai rendu beau.» (trad. M. J. Alfonsi, GF, 1966).

CHAP. III. La cryptie dans le feu.

DEMOPHON

— *Hymne homérique à Déméter*, v. 140-292 **(T 32).** (trad. J. Humbert, Belles Lettres, 1976).
Variante : Démophon meurt, brûlé par Déméter que sa mère, Praxithéa, a surprise.

— Apollod., *bibl.* I, V, 1, 3 **(T 33)**

TRIPTOLEME

— Ovide, *fast.* IV, v. 547-562 **(T 34).**

— Hygin, *Fab.* 147, 1, 2, 3 **(T 35).**

— Servius *ad Georg.* I, 19 et I, 163 **(T 36) :** Triptolème est le fils de Célée et de Cyntinia.

— Lactantius Placidus à Statius, *Theb.* II, 382 **(T 37)** : Triptolème est fils d' Eleusis et de Hioma.

— Premier mythographe du Vatican; *Scriptores rerum mythicarum latini*, éd. G. H. Bode I, *fab.* 8 **(T 38).**

ELEUSIS

— Second mythographe du Vatican; *Scriptores rerum mythicarum latini*, éd. G. H. Bode I, *fab.* 97 **(T 39)**.
Dans sa colère, Déméter découverte, tue l'enfant.

ACHILLE

— Lycophron, *Al.*, v. 177-178 **(T 40)**.
«Lui le seul des sept garçons que consume la braise, le seul qui ait échappé aux cendres ardentes.»

— *Anth. Pal.* XV, épigramme 26 (sur un argument de Lycophron, *Al.*,v. 177) **(T 41)**.
«non pas le fils d'Empousa, étendu sur la cendre et mort par le bouvier troyen.» (trad. P. Waltz, J. Guillon).

— Apoll. Rhod., *Arg.* IV, v. 866-881 **(T 42)**.

— Apollod., *bibl.* III, 13, 6 **(T 43)**.

— Philostrate, *Hymn. à Thétis* (*carmina popularia*), *in Bergk*, 1882, p. 687.

Mythes altérés, néanmoins reliés à la cryptie dans le feu.

ORTHOPOLIS

— Paus., II, 5, 8 **(T 44)**.

«Ce qui a été rapporté au sujet de Plaemnaeos ... me paraît digne d'étonnement; en effet, les fils que lui donnait son épouse, sitôt nés, rendaient l'âme avec le premier cri. Jusqu'à ce que, arrivée en Aigialie Déméter se soit prise de pitié pour Palamnaeos; sous les traits d'une femme étrangère elle nourrit pour le compte de Plaemnaeos l'enfant, Orthopolis.»

Le mythe relaté par le périégète, une adaptation locale de la légende éleusinienne, transpose l'action à la cour de Sicyone. La pratique immortalisante dans le feu n'est pas explicitement mentionnée dans le texte. Mais les détails fournis trouvent des correspondances si précises avec les circonstances et les gestes rituels perpétrés sur Démophon et sur Achille qu'ils autorisent à penser qu'Orthopolis, fils de Plaemnaeos, en fut probablement l'objet.

LES ENFANTS DE MEDEE

— Eumolpos , fr. 3k =

— Paus., II, 3, 8-10 (T 45).

— Paus., II, 3, 6 (T46).

— Paus., II, 3, 7 **(T 47).**

— Scholie à Pindare, *O.* XIII, 74 = Eumolpos, fr.2, éd. Drachman, p. 372 **(T 48).**

— Scholie à Euripide, *Médée* , 264; 273 : Parméniscos = Didyme d'après Créophyle *FGrH* 417 **(T 49).**

— Carcinos, *Nauck* 798 **(T 50).**

— Apollod., *bibl.* I, 146 **(T 51).**

LE FILS D'ASTARTE ET DE MALCANDRE

— Plut., *Isis, Osiris,* 16 **(T 52).**

Dans ce récit, Plutarque qui a gardé en mémoire les légendes grecques raconte de quelle manière Isis souhaita immortaliser le fils des souverains de Byblos. Ici, le vocabulaire (le verbe *perikaiô* signifiant brûler tout autour) suggère une cautérisation des chairs du nourrisson. Le procédé paraît différer de la cryptie, dans laquelle la dissimulation dans le feu, ou sous la cendre, domine. On retrouve, en revanche, dans cette pratique l'onction effectuée par la divinité, du bout des doigts sur les lèvres de l'enfant. L'épisode appartient au récit de la mort d'Osiris et la cryptie n'est qu'un prétexte dont Isis se sert pour pénétrer dans la demeure royale. Car, enfermé dans un coffre par Seth et jeté dans le Nil, le corps du dieu est venu s'échouer aux rivages de Byblos, au pied d'un arbre. Malcandre, après en avoir fait couper le tronc, a fait tailler une colonne de soutainement qu'il a placée dans son palais. C'est autour du fût, qui renferme les membres d'Osiris, qu'Isis vient voleter en gémissant.

TRACES D'ELEMENTS EMPRUNTES A LA CRYPTIE, OCCULTES OU DEFORMES DANS D'AUTRES RECITS MYTHIQUES :

ADONIS ?

— Scholie à Euripide, *Médée* , 264 :

«on raconte qu'un évènement analogue s'est produit au sujet d'Adonis.» **(T 53).**

Selon Ch. Picard, la scholie laisse entendre que le jeune dieu aurait subi un traitement "analogue" à celui des enfants de Médée (*cf. RHR* 107 (1939), p. 151). L'opération dont le mythe n'a gardé aucune trace concurrencerait le motif usuel de la naissance *ek dendrou,* à partir du tronc d'un arbre. L'enfant dieu aurait été, de surcroît confié aux Nymphes, comme Dionysos, pour des soins comparables à ceux que dispensait Chiron à d'autres enfants préalablement passés par le feu. La scholie, très allusive, concernant Adonis porterait à deux (le fils d'Astarté, **T 51**) les récits de cryptie localisés en Phénicie. Les auteurs et les grammairiens qui ont projeté une structure narrative grecque sur une toile de fond orientale songeaient-ils parallèlement aux sacrifices d'enfants, propres aux cultes de cette région?

PYRRHOS ?
(trad. M. Delcourt)

— Eustathe 1463 (*Od.* III, 188) et scholie à l'*Iliade* XIX, 327 :

«Le fils d'Achille reçut ce surnom (Néoptolème) parce qu'il combattit dès sa prime enfance. Mais son vrai nom est Pyrrhos, comme le suggère Sophocle à l'endroit où il donne l'étymologie par la formule ὦ πῦρ σύ, afin de signifier que pour lui Pyrrhos est proprement le feu.»

— Sophocle, *Phil.* v. 927-928 :

«Fléau pire que le feu, monstre horrible, odieux chef-d'oeuvre de perfidie, voilà ce que tu as fait.»

PYRRHA ? AITHALION ?

— Hygin, *Fab.* 153.

MELAMPOUS ?

— Dieuchidas fr. 9 = Sch. Apoll. Rhod. I, 121 (Thuc. III, 43). *Cf.* p. 70.

MELEAGRE ?

Voir les références littéraires générales le concernant, chapitre III, p. 85, n. 80.

LES FRERES D'ACHILLE

— Fr. 2. *Aegimos*, après scholie à Apoll. Rhod. IV, 816. = F.*Merkelbach-West* 300, 1966, p. 154 : de ira in Peleum. «L'auteur de l'Aegimos dit en second lieu que Thétis jetait dans un *lébès* d'eau les enfants nés de Pélée, désireuse de savoir s'ils étaient mortels, d'autres disent dans le feu (ainsi Apollonios). Et après qu'un grand nombre eut péri, Pélée s'emporta et empêcha qu'Achille fût jeté dans le *lébès*.»

— Sch. *Il.* XVI, 37.

— Sch. Arist., *Nuées* 1068.

Variante : la cautérisation

SCYLLA

— Diod. (passage du *Timée*), *in* O. Waser, *Skylla in Literatur und Kunst der Griechen und Römer*; M. Delcourt, *op. cit.*, p. 73, n. 2. «Phorkys, son père, l'ayant brûlée la ranima.»

— Fr. de Denys de Rhodes, Sch. *Od.* XII, 58 :
«Son père la ramena à la vie par le feu.»

— Lycophron, *Al.* v. 47.
«La chienne (Scylla) que son père reconstruisit, lui brûlant ses chairs avec des brandons.»

— Scholie Tzetz. *ad* Lyc., *Al.* 47.
«son père lui rendit vie, l'ayant fait brûler et cuire au moyen de torches.»

CHAP. IV. Veangeance et tecnophagie.

THYESTE

A) Le repas cannibale :

— Phérécyde, *FHGr* 3F 133 = sch. Euripide, *Or.*, v. 995 **(T 54).**

— Eschyle, *Ag.*, v. 1090-1097 **(T 55).**
Ag., v. 1217-1223 **(T 56).**
Ag., v. 1500-1503 **(T 57).**
Ag., v. 1510-1512 **(T 58).**
Ag., v. 1593-1602 **(T 59).**

— Sophocle, Ἀτρεὺς ἢ Μυκηναῖαι, *Nauck*, p. 160-161; fr. 136-137 = *TrGF* 140-141.

— Euripide, *Or.*, v. 15 **(T 60).**
«de ses propres enfants, qu'il avait tués, Atrée régala son frère.» (trad. H. Berguin, G. Duclos).
— Euripide, *Or.*, v. 811-815 **(T 61).**
Or., v.995 **(T62).**
El., v. 699-726 **(T63).**
Θυέστης ἐν Σικύωνι; Θυέστης δεύτερος, *Nauck*, p. 184-188; fr. 227-247.

— Dion Chrysost. 66, 6 **(T 64).**

Κρῆσσαι, *Nauck*, p. 501-505; fr.460-470 :
«Que manque-t-il à cette table? de quoi n'est-elle pas chargée?»

— Scholie Aristophane, *Ach.* 433 **(T 65).**

— Hygin, *Fab.* 88 **(T 66)**.

— Paus. II, 18, 1 **(T 67)**.

— Sénèque, *Thy.* , v. 683;691;719;722;764;770;970;1038; 1059; 1068 **(T 68)**.

(a) Motif des *endrata* :

— Sénèque,*Thy.*, v. 759; 905; 1023 **(T 69)**.

(b) Thème de l'adultère :

— Sénèque,*Thy.*, v. 1105 **(T 70)**.

— Accius, *Atrée*, fr. 169, 77; 181. 2; 186; 187. 9; 196. 8. **(T 71, a)**.

— Accius, *Thy.*, fr. XIII; v. 220-222 *in Ribbeck*, p. 447. **(T 71, b)**.

Il existait une pièce d'Ennius et une autre de Varius, consacrée à Thyeste; voir également *Ribbeck*, 129 et *Nauck*, 480.

B) Le prodige astral

— Alcméonis , fr. = scholie Euripide, *Or.* ,997 **(T 72)**.

— *Anth. Pal.* IX, 98. Epigramme de Statyllius Flaccus à Sophocle **(T 73)**.

— Euripide, *Or.*, v. 997-1010 **(T 74)**.
El., v. 726- 732; 737-739 **(T 75)**.
Iph. T., v. 812-817 **(T 76)**.
«Tu as peint sur la toile le recul du ciel»
Fr. non localisé, 853 : «en montrant aux astres une route opposée, j'ai sauvé ta maison et t'ai placé sur le trône.» (trad. H. Berguin, G. Duclos, *Euripide*, vol. IV GF, 1966).

— Achill. Isag *ad Arat.* 24, p. 55, 18 Maass (*aus* Poseidonis), *VS* , 29, 10, p. 240 (ap. *Oinopidès*, *VS*, 29, 10, p. 240 = 10. *Arist.*, meteor. A 8 345 a 13). **(T 77)**.

«Après le festin de Thyeste, il (le soleil) a inversé sa course et a accompli la révolution que décrit maintenant le zodiaque.»

— Platon, *pol.*, 268 e - 269 a **(T 78).**

— Apollod., *epitome* 2, 12; 13 **(T 79).**

— Ovide, *trist.* II, v. 391-392 **(T 80).**

— Hygin, *Fab.* 88.
«devant le crime, en effet, le soleil inversa sa course.»

— Martial, *Epigr.* III, 45 **(T 81).**
«Phébus a-t-il fui d'horreur la table où s'était assis Thyeste?»

— Servius *ad En.* I, 568 **(T 82).**

— Sénèque, *Thy.*, v. 697; 775; 785; 810; 875; 1033-1035 **(T 83).**

— Accius, *Atrée.* Sch. *ad En.* 427 **(T 84).**
«témoin du crime le soleil fuit en arrière, comme le disent Accius dans ses tragédies et Ovide dans ses Métamorphoses.»

— Mythographe du Vatican I, *fab.* 22 (*Thyeste*) **(T 85).**

VARIANTES :

LE FILS D'HARPAGE

— Hdt. I, 108-109 **(T 86).**

Dans ce récit historique des enfances de Cyrus, Hérodote mêle les oracles et les mythes (thèmes de l'exposition, de la substitution) afin d'embellir la narration. L'origine du festin remonte à une querelle dynastique. Le vieux roi Astyage, craignant à la suite d'un oracle d'être détrôné par l'enfant que sa fille Mandane va mettre au monde, charge un dignitaire, Harpage, de tuer le nouveau-né dès sa naissance. Celui-ci décide de le soustraire à la mort. Apprenant le subterfuge une dizaine d'années plus tard, Astyage châtie Harpage en lui servant, lors d'un banquet, les chairs de son fils (W. Burckert, *op. cit.*, p. 125). Calquée sur la trame mythique du festin de Thyeste, l'histoire de cette vengeance a été transposée, pour la circonstance, dans le monde perse.

LE FESTIN DE KYAXARE

— Hdt. I, 73 **(T 87).**

Afin d'assouvir leur vengeance, des proches de Kyaxare découpèrent l'un des enfants qui faisaient, auprès d'eux, leur éducation. Après l'avoir accommodé, ils le servirent à Kyaxare "en guise de produit de leur chasse".

THYESTE ET DAITO

— Scholie *ad* Lyc., *Al.* v. 212 **(T 88).**

Dans l'île de Lesbos, dont l'un des sommets est nommé Tantale, flotte le souvenir d'un ancien banquet tecnophagique dont la littérature a perdu la trace. Un autre Thyeste y est connu pour avoir conçu avec Daito (le festin) un enfant, Enorchès, qui éclot d'un oeuf. L'onomastique ainsi que la toponymie incitent à associer ces personnages au contexte du festin cannibale. Voir W. Burckert, *Homo Necans*, p. 121; J. Harrison, *Themis*, p. 246, n. 2. Sur l'iconographie d'Enorchès : *EAA* III, 1960, p. 346, fig. 421.

II. — Le festin organisé par les femmes.

CLYMENOS

— Hygin, *Fab.* 206 (Harpalycé) **(T 89).**

«Clyménos, fils de Schoneus, épris de sa fille Harpalycé entra dans sa couche. Lorsqu'elle eut accouché, elle servit le fils au père à son repas.»

— Hygin, *Fab.* 238. «Harpalycé qui lui servit son fils lors d'un repas.»
Fab. 246. (Liste des infanticides qui cuisinèrent leur enfant).
Fab. 253. (Liste des amours incestueuses).

— Parthénios, *Erot.*, 13 **(T 90).**

— Nonnos, *Dion.* XII, v. 71 **(T 91).**

«Harpalycé après les violences du plus coupable hymenée, hâchant elle-même en morceaux son propre fils, pour son incestueux père, deviendra aussi un oiseau ...» (trad. F. Vian, Belles Lettres, 1976).

Variante attique : TEREE, PROCNE, ITYS

— Eschyle, *Ag.*, v. 1141-1147 **(T92).**
Suppl., v. 57-67 **(T 93).**

— Sophocle, *El.*, v. 148 **(T 94).**

— *Τηρεύς*, *Nauck*, p. 257-261; fr. 523-528 = *TrGF* 582-587.

— Tzetz *in Hes. op.* 566.

— Sch. Aristophane, *Ois.* 100- *Ois.* 280 **(T 95).**
«Dans le Térée, Sophocle, en effet, a fait se métamorphoser les personnages en oiseaux, même Procné.»

— Philoclès, *Τηρεύς*, *Nauck*, p. 759; fr. 1-5 = *TrGF* 24 T6c.

— Schol. Aristophane, *Ois.* 281 **(T 96).**

— Euripide, *Hér.*, v. 1021-1024 **(T 97).**
«le malheureux et noble fils de Procné, enfant unique par sa mère égorgé.» (trad. H. Berguin, G. Duclos)

fr. Phaéton, *Nauck*, p. 602, 773.

— Aristophane, *Ois.* v. 46; 98-100; 209-213 **(T 98).**

— Ovide, *met.* VI, v. 412-670 **(T 99).**

— Hygin, *Fab.* 45 (Philomela) **(T 100).**

— Conon, *Narr.* 31 **(T 101).**

— Apollod., *bibl.* III, 14, 8 **(T 102).**

— Héracl., *peri Apistôn* XXXV **(T 103).**
— Paus. I, 5, 4 **(T 104).**

«transgressant la loi des Grecs, il (Térée) a contraint les femmes à faire justice, coupant en morceaux le corps de l'enfant.»

I, 41, 8 **(T 105).**

X, 4, 8 **(T 106).**

— Zenobius, *Cent.*, IV, 92 **(T 107).**
«Elle tua Itys le fils qu'elle avait eu de Térée et elle lui sert les membres de l'enfant en pâture.»

— Libanius, *Narr.* 18 (VIII, 45 Foerster) **(T 108).**

— Nonnos, *Dion.* IV, v. 320 **(T 109).**
XII, 75 **(T 110).**
XLVIII, v. 745-748 **(T 111).**

— Tzetz., *Chil.* VII, 459.

— Lact. Plac. à Stace, *Theb.* V, v. 120; à Ovide, *met.* VI, 5.
«(Procné a partagé) avec son mari le mets qu'elle lui avait servi ... la légende ignore que Procné avait participé au repas de Térée.»

— Servius *ad Buccol.* VI, v. 78; 87 **(T 112).**
«(quel) festin (lui servit) Philomèle; pourtant c'est Procné qui l'a préparé. L'auteur (Virgile) s'est librement servi du nom de Philomèle, ou bien lui a attribué le repas parce que c'est à cause d'elle que celui-ci est accompli.» (trad. Mihailov).

— Mythographe du Vatican I, *fab.* 4 (Tereus et Procne) **(T 113).**

— Platon, *Phédon,* 85 a **(T 114).**

Variante lydienne : POLYTECHNOS, AEDON, ITYS

— Ant. Liberalis, *Mét.* XI. (Aedon) **(T 115).**

Autre contexte :

(Allusions au festin tecnophage)

Didon, abandonnée par Enée :

— Virgile, *En.* IV, v. 601-603 **(T 116 a).**
«Je n'ai pu massacrer ses compagnons et son Ascagne lui-même, pour faire à son père un festin.» (trad. M. Rat, GF, 1965).

Aura, séduite par Dionysos :

— Nonnos, *Dion.*, XLVIII, 745-746 **(T 116 b).**
«Puis elle souhaite savoir qui fut son époux, car elle désire présenter aussi à un mari indigné un fils en morceaux, épouse et parricide à la fois, et elle veut qu'on dise "Aura, dans son triste hymen est une Procné nouvelle, meurtrière de ses enfants".» (trad. F. Vian).

CHAP. V. Le festin cannibale.

HORS CONTEXTE :

— a) Emp., *Purifications*, fr. 137 **(T 117).**
(Description du règne de la Haine)
«Le père saisit son fils ... Et les enfants jettent des regards suppliants. Mais lui insensible aux lamentations les égorge, puis s'occupe en son palais de la préparation du sinistre banquet.» (trad. J. Voilquin, *Les penseurs grecs avant Socrate*, GF, 1964).

— b) Platon, *Rép.* 619 c.
(Evocation de la partie bestiale de l'âme)
«il ne vit pas que son lot le destinait à manger ses propres enfants et à d'autres horreurs.» (trad. R. Baccou, GF, 1966).

LYCAON

A. L'ENFANT **NYCTIMOS**

— Lycophron, *Al.*, 481 **(T 118).**

— Scholie *ad* Lyc. *Al.* 481 **(T 119).**

— Clément d'Alexandrie, *Protrept.* II, 36, 5 **(T 120).**
«... l'arcadien Lycaon le (Zeus) régala de nourriture humaine et criminelle..Car le dieu ignorait que ... son hôte ... après avoir

égorgé son propre fils (appelé Nyctimos), le lui servit comme aliment.» (trad. Cl. Mondésert, A. Plassart, 1949).

B. **UN FILS**, non identifié.

— Nic. Damsc, *Stephan Byz.* 43 (*FHGr* p. 378) **(T 121).**

C. L'ENFANT **ARCAS.**

— Hygin, *Astr.* II, 4, 1 **(T 122).**
«Selon la tradition, il s'appelle Arcas..C'est lui que Lycaon, offrant l'hospitalité à Jupiter, servit, dit-on, à table, hâché avec d'autres viandes.»

— *ps.* Eratosthène, *Catasterismi*, Astroth. Zôdion I, 8 R. D. (*Myth.gr.* vol III, fasc.1, 1897) **(T 123).**
«(Zeus) l'ayant refaçonné, il rendit Arcas dans son intégrité.»

D. **AUTRES VICTIMES.**

Otage Molosse :

— Ovide, *met.* I, v. 165-261 **(T 124).**

Victime anonyme.

— Hygin, *Fab.* 176 **(T 125).**

— Apollod., *bibl.* III, 8, 1 **(T 126).**

— Paus. VIII, 2, 3-4 **(T 127).**
«Lycaon porta près de l'autel de Zeus Lycaios un enfant nouveau-né et le sacrifia, en versant son sang pur sur l'autel; et tout de suite après ... d'homme qu'il était il devint loup.» (trad. C. Mainoldi).

— Mythographe du Vatican I, *fab.* 17 (Lycaon) **(T 128).**

— Mythographe du Vatican II, *fab.* 60 (Lycaon) **(T 129).**

Autres sources :

— Astydamantes, *Lycaon (Nauck*, p. 777).

— Xenoclès, *Lycaon,(Nauck,* p. 770).

LE RITUEL DU MONT LYCEE

Rituel du temple de Zeus Lykaios.

(trad. C. Mainoldi).
— Platon, *Rép.* VIII, 565 d-566 a **(T 130).**
«Celui qui a goûté d'un viscère d'homme coupé en morceau et mélangé à d'autres victimes, doit nécessairement devenir loup.»

— *ps.* Platon, *Minos* , 315 b, c **(T 131).**
«... mais aussi ces gens qui participent au sacrifice lycéen et les descendants d'Athamas, qui pratiquent de tels sacrifices et il s'agit bien de Grecs.»

— Pline, *HN* VIII, 81 **(T 132).**
«Démenète de Parrhasie avait goûté des viscères d'un enfant immolé et s'était transformé en loup ...»

— Paus. VI, 8, 2 **(T 133).**
«(Damarque) ... il aurait changé sa forme en celle d'un loup au cours du sacrifice à Zeus Lycaios et que, la dixième année, il serait redevenu homme.»

— Paus. VIII, 2, 6 **(T 134).**
«Toujours depuis l'époque de Lycaon, quelqu'un devient loup au cours du sacrifice à Zeus Lycaios; mais cela ne dure pas toute la vie ...»

— Paus. VIII, 38, 7 **(T 135).**
«Sur cet autel, ils sacrifient à Zeus en secret.»

— Polybe, XVI, 12, 7 **(T 136).**

— Porphyre, *Traité de l'Abstinence,* II, 27, 2 **(T 137).**
«Depuis lors et jusqu'à présent, non seulement en Arcadie lors des fêtes lycéennes et à Carthage en l'honneur de Cronos, des sacrifices humains sont accomplis en commun.»

— Origène VIII, 9 (370), Isidore de Séville **(T 138).**
«On lit au sujet du sacrifice que les Arcadiens offraient à leur dieu du Lycée : tous ceux qui consommaient les chairs de la victime prenaient l'aspect de bêtes.»

— Augustin, *La Cité de Dieu* , XVIII, 17 **(T 139).**

TANTALE

A. Vol de l'ambroisie.

— Pindare, *O.* I, v. 59-63 **(T 140).**
«Il reste condamné ... pour avoir dérobé aux Immortels et avoir livré à des humains, ses commensaux, le nectar et l'ambroisie auxquels il devait l'immortalité.» (trad. A. Puech, Belles Lettres, 1931).

— Diod. IV, 74, 2 **(T141).**
«il fut admis à la table commune des divinités et à leur parler en toute intimité, en sorte qu'il fit savoir aux hommes ce que les Immortels ne voulaient pas divulguer.»

B. Variante : l'insolence.

— Euripide, *Or.*,v. 8-14 **(T 142).**
"il subit cette peine ... pour s'être abandonné ... à toutes les insolences du langage, quand il fut appelé, lui, simple mortel, à s'élever au rang des dieux, et, s'asseyant à la même table.» (trad. H. Berguin, G. Duclos).

C. Le festin cannibale.

— Pindare, *O.* I :

v. 25-26 **(T 143).** (trad. A. Puech).

«le Lydien dont s'éprit ... Poséidon, quand Clothô le retira du bassin pur, l'épaule parée d'un éclat d'ivoire.»

v. 36-40 **(T 144).**

«... ton père, convive des dieux, leur offrant à son tour un banquet, les invita à la fête irréprochable du Sipyle, leur chère montagne.»

v. 45-53 **(T 145).**
«dans l'eau bouillonnant sur une flamme vive tes membres, dépecés au couteau avaient été jetés et ... sur leurs tables, au dernier service, les convives s'étaient partagés ta chair et l'avaient mangée.»

v. 54 **(T 146).**
«Non, je ne puis appeler cannibale aucun des dieux! Je m'y refuse.»

— Scholie à Pind. *O.* I, 55d (Drachmann, *Scholia Vetera in Pindari Carmina*, 1903, p. 33, 55d) **(T 147).**
«il convient à l'homme de dire des paroles favorables à l'égard des dieux et de ne point blasphémer, ni de les prétendre anthropophages et goinfres.»

— Sophocle, *Tantale* (*Nauck*, p. 255; fr. 518 = *TrGF* 572).

— Phrynicos, *Tantale* (*Nauck*, p. 722, fr. 7 = *TrGF* 3 F6, 7).

— Euripide, *Iph. T.*, v. 388-391 **(T 148).**
«De même, ces fameux repas de Tantale, où les dieux auraient joyeusement dévoré un enfant, je les juge indigne de créance.» (trad. H. Berguin, G. Duclos).

— Deux tragédies consacrées à Tantale figurent parmi les oeuvres d'Aristias et d'Aristarque (*Nauck*, p. 276; Arg. Esch. *Sept* et fr. 1-5, p. 728-729 = *TrGF* 14 F1 b).

— Lycophron, *Al.* 152 **(T 149).**
«Ennaia (Déméter) ... mangea jadis la chair du coude de son aïeul, la rongea de ses propres dents et la lança dans l'abîme du gouffre.» (trad. d'après C. von Holzinger).

— Sch. *ad* Lyc., *Al.* 152-153 **(T 150).**
«... seule Déméter ..., l'esprit préoccupé par le rapt de sa fille, s'en étant saisie a dévoré l'omoplate.»

— Apollod., *epitome.* II, 3 **(T 151).**
«Pélops, après avoir été égorgé et cuit lors du banquet des dieux, était plus beau quand il revint à la vie.»

— Hygin, *Fab.* 83 (Pelops) **(T 152).**

— Lucien, *de Salt.*, 54 **(T 153).**
«Et les bavardages de Tantale et la commensalité avec les dieux et le dépècement de Pélops.»

C. La résurrection de Pelops et le thème de l'omoplate d'ivoire.

— Bacchylides, fr. 42 (Jebb) après sch. à Pind. *O.* I, 37-40c **(T 154).**
«Bacchylides dit que Rhéa a guéri Pélops après l'avoir placé dans le lébès.»

— Pindare, *O.* I, *cf. supra*, p. 22.

— Scholie à Pind. *O.* I, 40 a-f (Drachmann, *Scholia Vetera in Pindari Carmina*, 1903, p. 29-41) **(T 155).**

— Ovide, *met.* VI, v. 404-411 **(T 156).**

— Hygin **(T 157) = (T 152).**

— Paus. XIII, 3, 4 **(T 158).**

— Nonnos, *Dion.* XVIII, v. 25-30 **(T 159).**

— Mythographe du Vatican I, *fab.* 102 (Tantalus) **(T 160).**

— Mythographe du Vatican I, *fab.* 12 (Pelops) **(T 161).**

CHAP. VI. Rituels et mythes apparentés au festin cannibale :

LE STEPTERION DELPHIQUE

— Strabon 9, 422 **(T 162).**

— Plut., *Questions Grecques*, 12 **(T 163).**
mor., VI, Sur la disparition des oracles, 418 A-B **(T 164).**

DIONYSOS ET LES TITANS

— Scholie *ad* Lyc., 208 **(T 165).**

— Diod. III, 62, 6 **(T 166).**

— Philodem. *De Pietat.* 44, 16, 1. Fr. 35, O. Kern **(T 167).**

— Hygin, *Fab.* 155 **(T 168).** (Les fils de Zeus)
Fab. 167; Liber. **(T 169).**

— Harpocrate, *s. v.* (Harpocration sub apomathon) *ad* Dem. *de Cor.*, 259 **(T 170).**

— Plut., *De Isis, Osiris,* XXXV **(T 171).**
De esu carn. I, 996 c **(T 172).**

— Lucien, *De Salt.*, 39 **(T 173).**

— Onomacrite, cité par Paus. VIII, 37, 5 **(T 174).**

— Clément d'Alexandrie, *Protrept.* II, 17,2; 18, 1 = Eusèbe, *La Préparation Evangélique* II, 3, 23-25. O. Kern, *Orph Fgta,* 340. **(T 175).**

— Origène, *Contre Cels.* IV, 18 **(T 176).**

— Firmicus, *De l'erreur des religions profanes* VI, 1.4 **(T 177).**

— Fr. 213, O. Kern; Servius *in* Virg. *Georg.* I, 166 **(T 178).**

— Julien, *Hymn. Roi Soleil,* IV, 12-13 **(T 179).**

— Nonn., *Dion.* VI, v. 165-205 **(T 180).**

Le châtiment des Titans :

a) **le feu** : *Dion.* VI, v. 209-214 **(T 181).**
b) **l'eau** : *Dion.* VI, v. 227 **(T 182).**

— Nonn. Abbas *in Orat.* II, *contra Julian,* 35 (*Migne* 36, 1053) **(T 183).**

— Fr. 240, O. Kern, Macrobe *in Somn. Scipion.* I, 12, 11 **(T 184).**

— Arnobe, *Adversus Nationes* V, 19 **(T 185).**

— Proclos :
- Hymne à la très sage Athéna, *Hymnes Philosophiques,* VII **(T 186).**
- Fr. 210 (198-199). *in* Plat. *Tim.* 35 a **(T 187).**
- *in Parme.* 130 b **(T 188).**
- *in Alc.,* 344, 31 **(T 189).**
- *in Crat.* 406 b **(T 190).**

— Olympiodore :
- *Fragments de philosophie ancienne,* V. Cousin, p. 408 **(T 191).**
- *in* Platon, *Phédon* 67 c **(T 192).**
- *in* Platon, *Phédon* 61 c. Fr. 220 O. Kern.**(T 193).**
- Fr. 209, O. Kern, p. 227 **(T 194).**

— Iust. *Apologies* II, 21, 2; 54, 6. *In La philosophie du Christ,* 1958, p. 50 et p. 82 **(T 195).**

PALAEMON - MELICERTE

— Eschyle, fr.1-2 d'*Athamas* (*Nauck,* p. 3; *Smyth-Loyd Jones,* p. 380; 381, 1 et 2 = *TrGF* 1, 2, p. 123-124) **(T 196).**

— Argument à Pind. *I.* IV.

— Sophocle, *Inô* (*Nauck,* p. 289, fr. 665 = *TrGF* F732)
Athamas, fr. 1 (*Nauck,* p.837 = *TrGF* F3, 1).

— Astydamantes, *Athamas* (*Nauck,* p. 777 = *TrGF* 60 F1).

— Xenoclès, *Athamas* (*Nauck,* p. 770).

— Euripide, *Inô* (*Nauck,* p. 482, fr. 398-427) : Horace, *epist.* 2.3, 123 **(T 197, a).**
Médée, v. 1284 **(T 197, b).**

— Ovide, *met.* IV, v. 394- 574 **(T 198).**

— Hygin : *Fab.* 2. Inô **(T 199).**
Fab. 4 **(T 200).**
Fab. 5,. Athamas **(T 201).**

— Apollod. : *bibl.* I, 9, 1 **(T 202).**
bibl. III, 4, 3 **(T 203).**

— Paus. : I, 44,7 **(T 204).**
IX, 34, 7 **(T 205).**

— Oppien, *Cynég.* IV, 237 (239) 240 **(T 206).**

— Parthenius Nicaenus, (*Myth. Gr.* II, suppl, 1902, p. 30) **(T 207).**

— Nonn., *Dion.* X, v. 50-125 **(T 208).**

Epiclèses de Mélicerte :

— Lycophron, *Al.*, v. 229 **(T 209).**

— Sch. *ad* Lyc., *Al.* 229 (224 *sq*) **(T 210).**
«Palaemon Mélicerte, le fils d'Inô, était très honoré à Ténédos. Là, on lui offrait même des nourrissons en sacrifice.»

TABLEAUX

- Tableau n° 1 : Chronologie des textes de référence.

av. J.C.	ÆSON	PELIAS	JASON
VII VI	Nostoi		Simonide Phérécyde
V et ap.		Pindare Sophocle, Euripide ↓	Lycophron (IIIe s.)
ap. J.C. I II	Ovide, Hygin Apollodore Pausanias	Ovide, Hygin, Apollodore, etc.	

- Tableau n° 2 : Eléments structuraux des mythes d'Æson et de Pélias.

1	ÆSON		Variante POSITIVE.
	1	Opération réussie	
	2	Confection d'un philtre, dans le chaudron	
	3	Transfusion	
	4	La rénovation est opérée sur le père de Jason, auquel Médée est apparentée par son mariage (*cf.* tableau généalogique, n° 1).	
2	PELIAS		Variante NEGATIVE.
	1	Opération truquée	
	2	Confection d'un philtre	
	3	Rajeunissement, réel ou fictif, du bélier-prétexte (dépeçage et cuisson)	
	4	Meurtre du roi (dépeçage, suivi ou non de cuisson)	
	5	Contexte de rivalité dynastique	
	6	Vengeance de Jason et de Médée	
	7	La pseudo-rénovation affecte un collatéral (l'oncle de Jason et non pas un parent direct.	

- Tableau n° 3 :
Chronologie des textes.

VIe s. av.	DEMOPHON	*Hymne homérique Déméter*
Ier s. ap.	TRIPTOLEME	Ovide, Hygin, etc.
IIIe s. ap.	ACHILLE	Lycophron, ...
IIe s. ap.	Enfants de MEDEE	Pausanias (d'après Eumolpos)
IIe s. ap.	Fils d'ASTARTE	Plutarque

- Tableau n° 4 : Structures des mythes d'immortalisation par le feu.

Immortalisation par		liée à un culte	sur un	ccmpromise par		Chiron	crémation	cendres	ambroisie	lait divin	doigt divin
MERE	NOURRICE		enfant male	MERE	PERE						
	DEMETER	Eleusis	Démophon	Métanire			x		x		
	DEMETER	Eleusis	Triptolème		Eleusis		x			x	
	DEMETER	Sicyone	Orthopolis								
TETHIS			Achille		Pélée	x	x	x	x		
MEDEE		Corinthe	Médéios		Jason	x		x			
	ISIS			Astarté							x

- Tableau n° 5 :

Relations entre l'immortalisation et le séjour du nourrisson chez Chiron.

ENFANT	OFFICIANTE	confié à Chiron	immortalisé	cryptie	cuisson	onction
ACHILLE	Thétis	x	x	x	x	x
MEDEIOS	Médée	x		x		
ARISTEE	Les Heures	x	x			x

Tableau n° 6 :
Les séquences du récit.

	ADULTERE	BIGAMIE	VIOL	ABLATION de la LANGUE	ESCLAVAGE	FESTIN
OVIDE	x	—	x	x	—	x
CONON	x	—	x	x	—	x
APOLLODORE	x	x	x	x	—	x
PAUSANIAS	x	—	x	—	—	x
LIBANIUS	x	—	x	x	—	x
HYGIN	x	x	x	—	x	x
ANTON. LIBERALIS	x	—	x	—	x	x

Tableau n° 7 :

Structure des récits de tecnophagie.

ENFANT	SACRIFIE PAR			DEVORE PAR	LOCALISATION DU MYTHE	
	MERE	TANTE	ONCLE	PERE		
Plisthène Tantale			Atrée	Thyeste	Argolide	(I)
Le fils de Clyménos	Harpalyce			Clyménos	Arcadie	(II)
Itys	Procné	Philomèle		Térée	Thrace	(II)
Itys	Aédon	Chelidon		Polytechnos	Lydie	(II)

- Tableau n° 8 :
Le festin à la table des dieux et la cuisson palingénésique.

VICTIME	LIEU	MEURTRIER	Dévoré par	Organe dévoré	Ressuscité par
Arcas	Arcadie (Mt Lycée)	grand-père		viscères	Zeus
Nyctimos		père		viscères	Zeus/Gaia
Pelops	Mt Sipyle	père	Déméter ou Thémis	épaule	Zeus, Hermès Clothô, Rhéa
Mélicerte	Béotie	père ou mère			Ino
Dionysos	Béotie	Titans	Titans	tout, sauf le cœur	Zeus, Apollon, Déméter, Rhéa, Athéna, Sémélé

TABLEAU GENEALOGIQUE N° I.

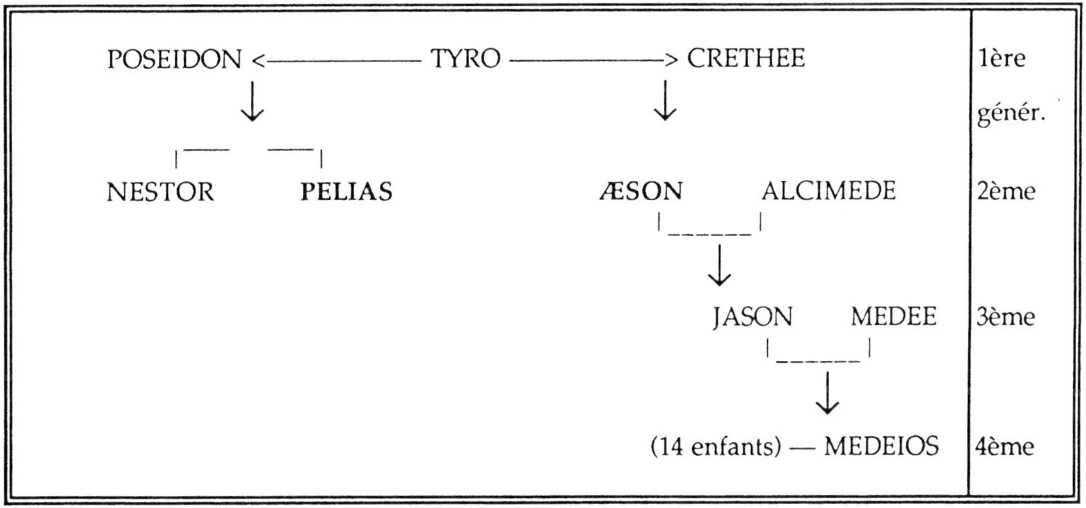

TABLEAU GENEALOGIQUE N° II.

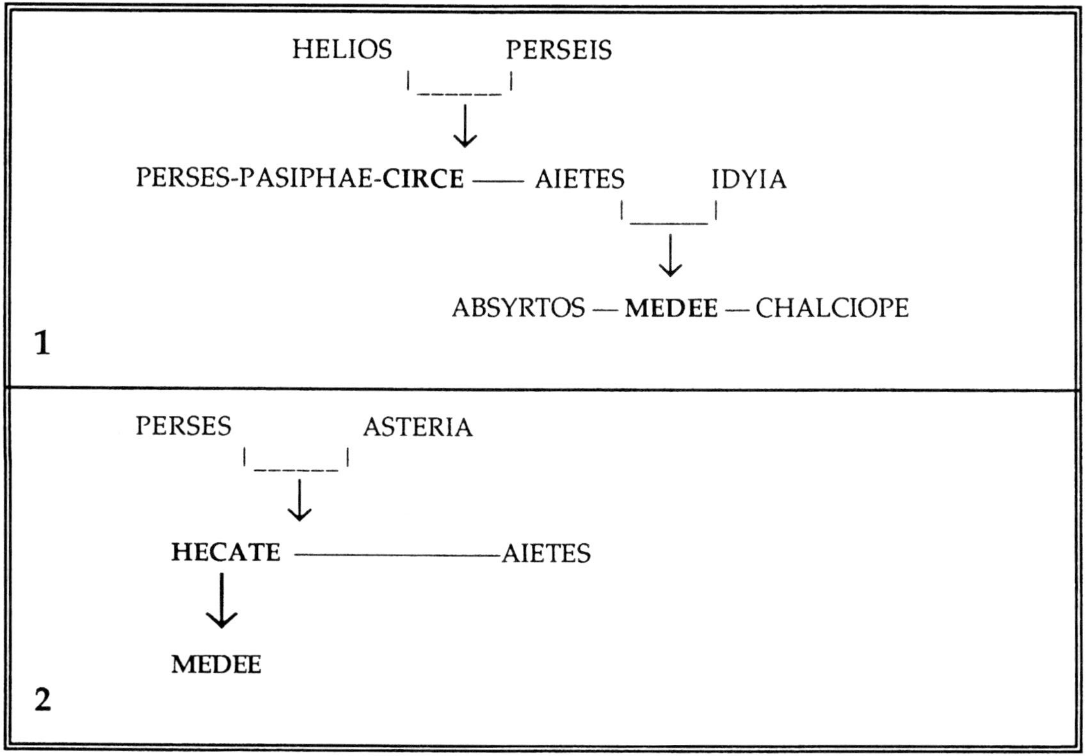

TABLEAU GENEALOGIQUE N° III.

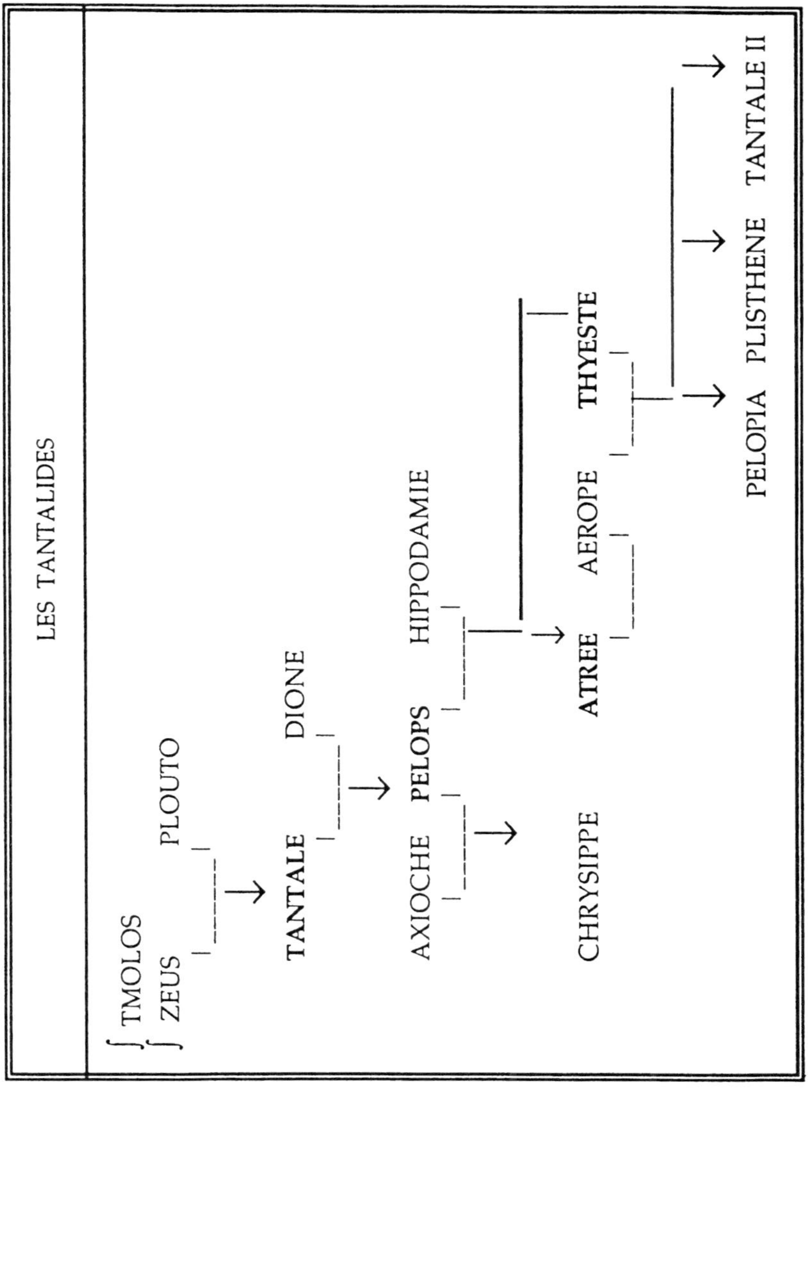

Tableau généalogique, synchrochronologique n°IV

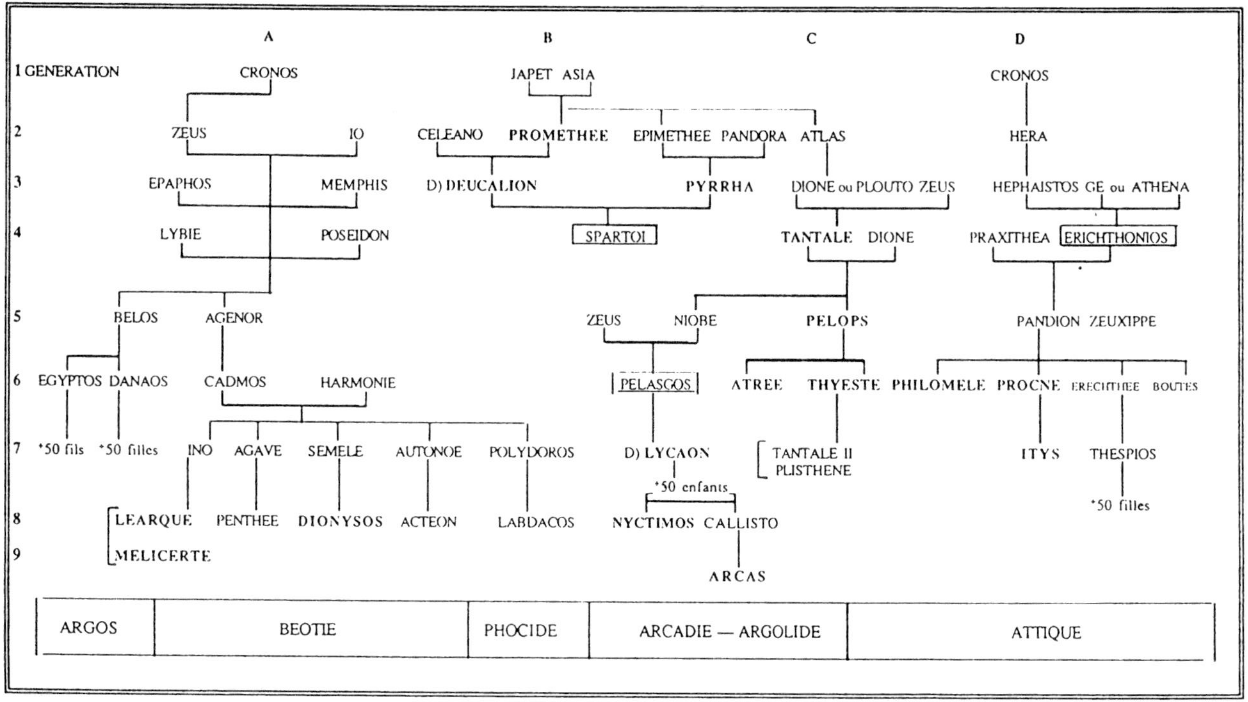

Légende : D) = déluge ; [ ] = autochthones.

TABLEAU GENEALOGIQUE N° V.

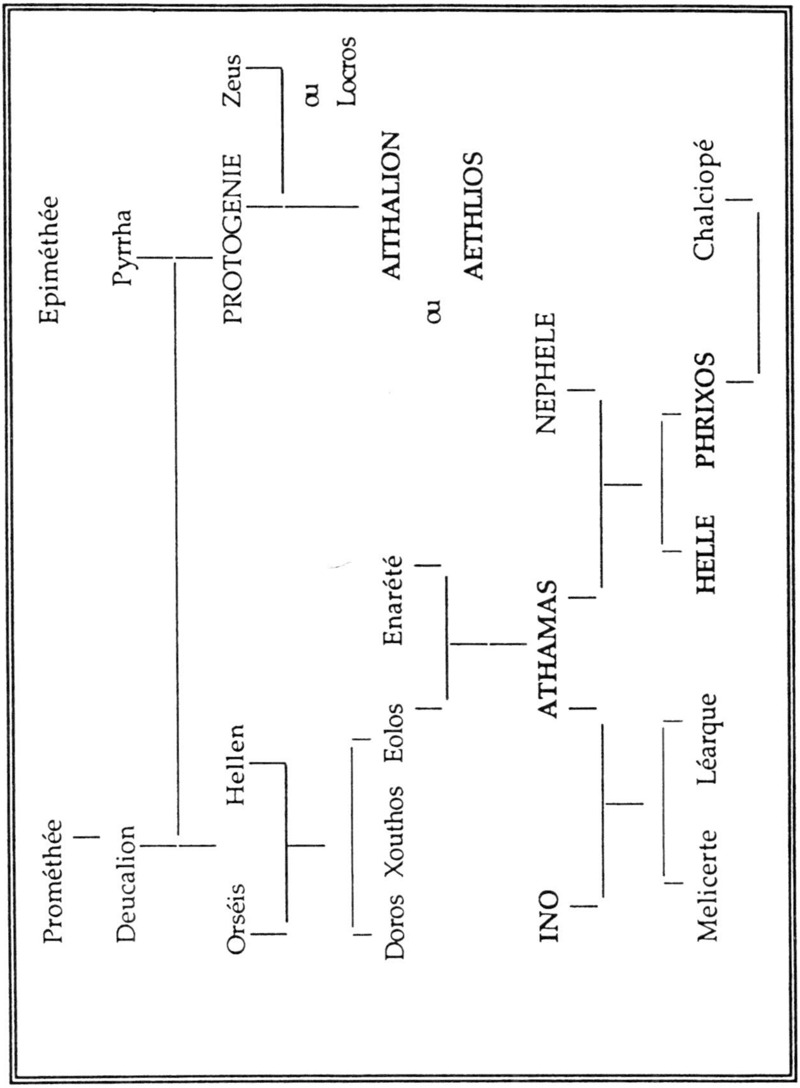

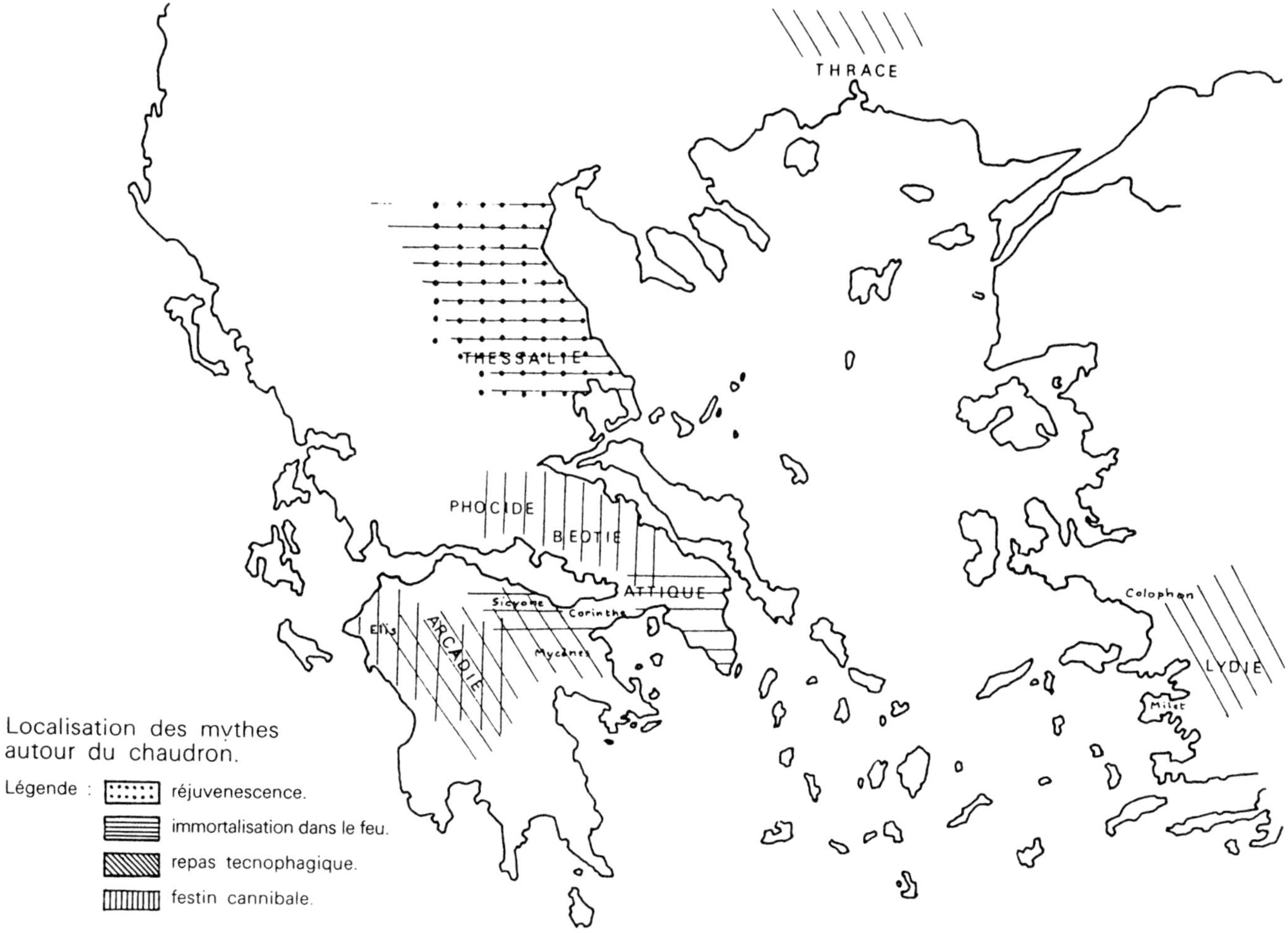

Localisation des mythes autour du chaudron.

BIBLIOGRAPHIE

OUVRAGES GENERAUX :

A. Brelich, *Paides e Partenoi*, Rome,1969.

A. B. Cook, *Zeus* I, II, Cambridge,1925.

M. Delcourt, *Stérilités mystérieuses et naissances maléfiques dans l'Antiquité classique*, Liège,1938.

M. Detienne, G. Sissa, *La vie quotidienne des dieux grecs*, Paris, 1989.

H. Dumézil, *Le festin d'immortalité*, Annales du Musée Guimet (1924), p. 86-93.

H. Dumézil, *Le problème des centaures*, Paris, 1929.

M. Eliade, *Naissances mystiques. Essais sur quelques types d'initiation*, Paris, 4è éd., 1959.

M. Gras, "Cité grecque et lapidation", *Du châtiment dans la cité*, *EFrR*-79, Rome,1984, p. 78 sq.

J. Harrison, *Thémis* 3, Cambridge, 1962, p. 212-271.

H. Jeanmaire, *Couroi et Courètes*, Lille, 1939.

A. M. Moreau, *Eschyle, la violence et le chaos*, Paris, 1985.

C. Mossé, *La femme en Grèce antique*, Paris, 1983, *passim*.

J. P. Roux, *Le sang. Mythes, symboles et réalités*, Fayard, 1988.

R. Triomphe, *Le lion, la vierge et le miel*, Paris, 1989, *passim*.

P. Vidal Naquet, *Mythe et tragédie en Grèce ancienne*, Paris, 1981, p. 135-139.

Ed. Will, *Korinthiaka*, Paris, 1955, p. 168-180.

SACRIFICE, CANNIBALISME :

W. Burckert, *Homo Necans*, Berlin-New York, 1972.

J. Casabona, *Recherches sur le vocabulaire des sacrifices en grec*, Paris, 1967

M. Detienne, J. P. Vernant *et alii*, *La cuisine du sacrifice en pays grec*, Paris,1979.

G. Devereux, "The cannibalistic Impulses of Parents", *The Psychoanalytic Forum* (1966), p. 114-124.

J. L. Durand, *Sacrifice et labour en Grèce ancienne,* Paris-Rome, 1986.

D. H. Gill, "Trapezomata : a neglected aspect of greek sacrifice", *Harvard Theological Review* 67 (1974), p. 117-137.

A. Henrichs, "Human Sacrifice in Greek Religion", Three Case Studies", *Le sacrifice dans l'Antiquité, Entretiens de la Fondation Hardt* 27 (1981), p. 195-235.

G. S. Kirk, "Some Pitfalls in the Study of Greek Sacrifice", *Le sacrifice dans l'Antiquité, Entretiens de la Fondation Hardt* 27 (1981), p. 63-87.

A. F. Laurens, "L'enfant entre l'épée et le chaudron", *DHA* 10 (1984), p. 203-252.

N. Loraux, *Façons tragiques de tuer une femme,* Hachette, 1985.

A. M. Moreau, "A propos d'Oedipe : la liaison entre trois crimes, parricide, inceste et cannibalisme", *Etudes de Littérature ancienne* I, 1979.

G. Piccaluga, "L'olocausto di Patrai", *Le sacrifice dans l'Antiquité, Entretiens de la Fondation Hardt* 27 (1981), p. 243-287.

J. Rudhardt, "Les mythes relatifs à l'instauration du sacrifice : les rôles corrélatifs de Prométhée et de Deucalion, *MH* 27 (1970), p. 34-51.

J. C. G. Strachan, "Iphigeneia and human sacrifice in Euripides' Iphigeneia in Tauris", *CPh* 71 (1976), p. 131-140.

J. P. Vernant, "Théorie générale du sacrifice et mise à mort dans la *Thusia* grecque", *Le sacrifice dans l'Antiquité, Entretiens de la Fondation Hardt* 27 (1981), p. 1-22.

LE FEU ET LE CHAUDRON :

Apollodore I, Collection Loeb, 1970, *Appendix* I : "putting children on the fire", p. 311-317.

G. Bachelard, *La psychanalyse du feu,* Paris,1937.

A. Borghini, "*Animam ebullire.* Alcune ipotesi sul contesto folklorico e su una cura magica", *DHA* 8 (1982), p. 213-225.

C. M. Edsman, *Ignis Divinus,* 1949, *Skrifter Utgiuna av Vetenskaps Societeten* I, Lund, 32-34, (1948-49), p. 11-282.

L. Graz, *Le feu dans l'Iliade et l'Odyssée,* Paris, 1965.

C. G. Jung, *Métamorphose de l'âme et ses symboles*, Genève, 1967.

H. Mathieu, "Résurrection et immortalisation", *Mort et fécondité dans les mythologies*, 1986, p. 39-49.

M. Renard, "Du chaudron de Gundestrup aux mythes classiques", *Latomus* 13, 1 (1954), p. 384-389.

LA LYCANTHROPIE :

L. Gernet, "Dolon le loup", *Anthropologie de la Grèce Antique*, Paris, 1968, p. 204.

C. Mainoldi-Marelli, *L'image du loup et du chien dans la Grèce antique*, Strasbourg-Paris, 1983 (chapitre I).

P. Wathelet, "Homère, Lykaon et le rituel du Mont Lycée", *in Les rites d'initiation. Actes du Colloque de Liège et de Louvain*, 20-21 nov. 1984, 1986,p. 285-297.

P. Wathelet, "Rhésos ou la quête de l'immortalité", *Kernos* 2, 1989, p. 213-231.

LES FIGURES MYTHOLOGIQUES :

LYCAON :

Ph. Borgeaud, *Recherches sur le dieu Pan, Bibl. Helvetica Romana*, XVII, 1979, (chapitre II).

M. Jost, *Sanctuaires et cultes d'Arcadie, Etudes Péloponnésiennes* IX, Paris, 1985.

G. Piccaluga, *Lykaon, un tema mitico. Quaderni di storia e mat. di storia delle religioni* 5 (1968).

A. Stenico, "Kallisto", *Quaderni Ticinesi*, 1977, p. 73-86.

PELOPS : - TANTALE :

Ausonia VII (1912), p. 116-125.

P. Diel, *Le symbolisme dans la mythologie grecque*, Paris, 1966, p. 58-71.

L. Gernet, *Droit et institutions en Grèce antique*, Paris, 1982, p. 20-35.

L. Lacroix, "La légende de Pélops et son iconographie", *BCH* 100 (1976), p. 327-330.

O. Borgero, "La légende de Pélops", *Rev. Belg. Phil.*, 1936, p. 769.

R. Vallois, "Les origines des Jeux Olympiques", *REA* 31 (1929), p. 113-133.

DIONYSOS :

U. Bianchi, *La religione greca*, Turin, 1975, p. 230-239.

M. Detienne, *Dionysos mis à mort*, Paris, 1977.

M. Detienne, *Dionysos à ciel ouvert*, Paris, 1986.

J. Harrison, "Kouretes and Zeus kouros", *BSA* XV (1908-1909), p. 312.

H. Jeanmaire, *Dionysos*, Paris,1978, *passim*.

E. Simon, "Zur Zerreissung des Zagreus", Latomus 58 (1962), p. 14-18.

G. Sissa, "Dionysos : corps divin, corps divinisé", *Corps des Dieux*, Paris, 1986, p. 355-371.

ITYS :

W. Burkert, "Vom Nachtigallenmythos zum 'Machandelboom'", *in Antiker Mythos in unseren Märchen*, 1984, Cassel.

I. Gazzaiga, *La saga d'Itys*, I, 1950-51.

L. Gernet, "La légende de Procné et la date du Tèreus de Sophocle", *Mél. O. Navarre*, 1935, p. 207-217.

G. Mihailov, *La légende de Térée, Annales Université de Sofia*, t. L 2 (1955), p. 77-208.

P. Scarpi, "L'espace de la transgression et l'espace de l'ordre. Le trajet de la famille du mythe de Téreus au mythe de Kéléos", *DHA* 8 (1982), p. 213-225.

N. J. Zaganiaris, "Le mythe de Térée dans la littérature grecque et latine", *Platon* 25 (1973), p. 208-232.

INO, MELICERTE :

L. R. Farnell, "Ino-Leucothea", *JHS* XV (1916), p. 36-44.

PANDORA -PROMETHEE :

L. Séchan, *Le mythe de Prométhée*, Paris, 1951.

U. Bianchi, "Prometheus der titanische Trickster", *Paideuma, Mitteilungen zur Kulturkunde*, VII (1961), p. 414 sq.

E. Diel, *Le symbolisme dans la mythologie grecque*, Paris,1966, p. 233-250.

P. Lévêque, "Pandora ou la terrifiante féminité", *Kernos* I (1988), p. 49-62.

J. Kott, *Manger les dieux*, Paris, 1989 (chapitre I, sur Prométhée).

DEMETER, DEMOPHON, ELEUSIS :

U. Bianchi, *La religione greca*, Turin, 1975, p. 208-223.

J. Humbert, *Hymnes homériques*, Les Belles Lettres, 1976, p. 27-40.

G. Méautis, *Les dieux de la Grèce et les mystères d'Eleusis*, Paris, 1959.

A. Motte, "Mort et renaissance dans les mystères d'Eleusis", *Mort et fécondité dans les mythologies*, Paris, 1986, p. 71-82.

A. Motte, "Silence et secret dans les mystères d'Eleusis", *Les rites d'initiation, Actes du Colloque de Liège et de Louvain*, nov. 1984, 1986, p. 317-331.

Ch. Picard, "Sur la patrie et les périgrinations de Déméter", *REG* 1927.

Ch. Picard, "Les bûchers sacrés d'Eleusis", *RHR* 107 (1933), p. 137-154.

N. J. Richardson, *The Homeric Hymn to Demeter*, 1974, p. 12-30; p. 231-236.

D. Sabatucci, *Essai sur le mysticisme grec*, Paris, 1982 (un chapitre sur les mystères d'Eleusis).

MEDEE :

Medeia, Cahiers du *GITA* n°2, oct. 1986, p. 109-156.

D. Mimoso-Ruiz, *Médée antique et moderne*, Strasbourg-Paris, 1982.

Ch. Picard, "L'Héraion de Pérachora et les enfants de Médée", *RA* 1932 I, p. 218-229.

P. Roussel, "Médée et le meurtre de ses enfants", *REA* 22 (1920), p. 157-171.

K. Schefold, "Die Basler Peliadenschale", *AntK* 21 (1978), p. 100-106.

E. Simon, "Die Typen der Medeadarstellung in der antiken Kunst", *Gymnasium* 61 (1963), p. 203-227.

N. Papachatzis, "To Eraio tês Korinthou kai hèlatreia tôn" paidiôn tês Mèdeias". Philia Epè. *Hommages à G. Mylonas* II, 1987, p. 396-404.

THETIS/ ACHILLE :

F. Bader, "Autour de Thétis la Néréide", *Mort et fécondité dans les mythologies*, Paris, 1986, p. 19-37.

ICONOGRAPHIE

Références et abréviation usuelles.

ABV = J. D. Beazley, *Attic Black-figure Vase-painters*, Oxford, 1956.

ARV = J. D. Beazley, *Attic Red-figure Vase-painters*, Oxford, 1963.

Para = *Paralipomena*. Additions to attic Black-figure Vase-painters and attic Red-figure Vase-painters, Oxford,1971.

ABL = C. H. E. Haspels, *Attic Black figured Lekythoi*, Paris, 1936.

Les références au *LIMC*ainsi qu'aux encyclopédies et dictionnaires sont données, au fur et à mesure, dans le texte.

INDICES

Vocabulaire technique

adaitos..........(sacrifice) sans festin.
apuroi.......... trépieds n'allant pas au feu.
cryptie /katacryptie..........séjour dans le feu
(de *kruptô* : cacher, recouvrir).
diasparagmos.......... démembrement, mise en pièces.
diphros..........siège dépourvu de dossier.
empuroi ....trépieds et chaudrons destinés au feu.
endrata ....lot commémoratif, composé des extrémités de la victime.
epsandra .... "cuiseuse d'hommes".
hierois..........viandes consacrées.
katapontismos .... plongeon dans la mer.
larnax .... coffret.
lébès ....chaudron.
loimos.......... calamité, fléau.
mageiros ....boucher.
méria ....parts de viandes, dans le sacrifice.
obeloi ....broches pour rôtir les viandes.
oulai..........grains d'orge éparpillés lors de la lustration.
parthéneia..........virginité.
polos..........haut chapeau, cylindrique.
sphagè..........égorgement.
sphageus..........vase à sang.
tèlugétos .... tard venu; chéri; unique.
thrênus .... tabouret de banquet.
trapeza..........table.
zeira..........manteau thrace, richement orné.

Epiclèses et noms divins

Acraia	- Héra -	des cimes
Adèphaia	- Déméter -	vorace
Anthroporrhaistès	- Dionysos -	fléau des hommes

Brephoktonos	- Mélicerte -	tueur de nourrissons
Dimatôr	- Dionysos -	au deux mères
Herkéios	- Zeus -	protecteur des demeures
Hyperpontios	- Apollon -	ultra marin
Laphistios	- Zeus -	glouton
Lycaios	- Zeus -	du Mont Lycée
Malaphoros	- Déméter -	féconde en fruits
Phanès	- Eros -	de lumière
Prostasia	- Déméter -	tutélaire
Prôtogonos	- Eros -	premier né
Pyrphoros	- Prométhée -	porteur du feu
Pyrygénès	- Dionysos -	né du feu
Pyrisoos	- Achille -	sauvé des flammes
Pyrisporos	- Dionysos -	germe de feu
Pyrrhaiê	- Thétis -	Pyrrhéenne
Zagreus	- Dionysos -	chasseur

Index général.

TABLE DES ILLUSTRATIONS

Planches (dessins M. Halm-Tisserant)

1

2

3

4

5

6

7

8

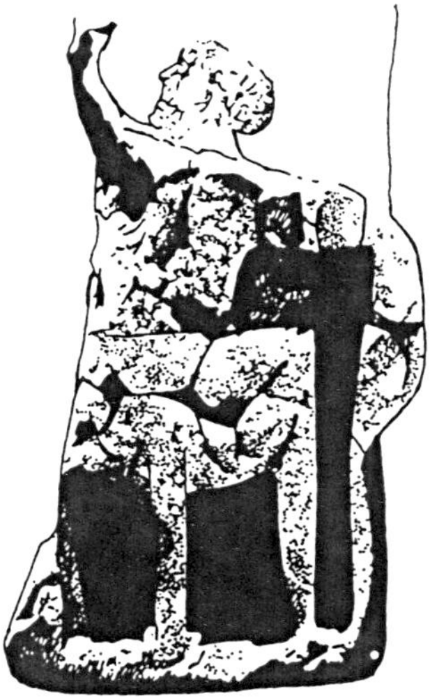

9

10

11

12

13

14

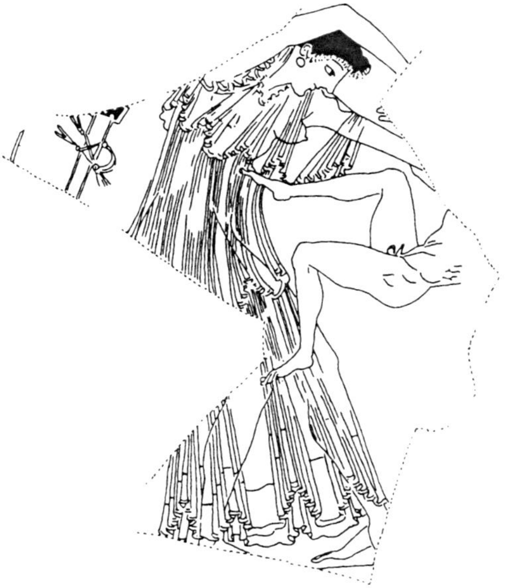

15

16

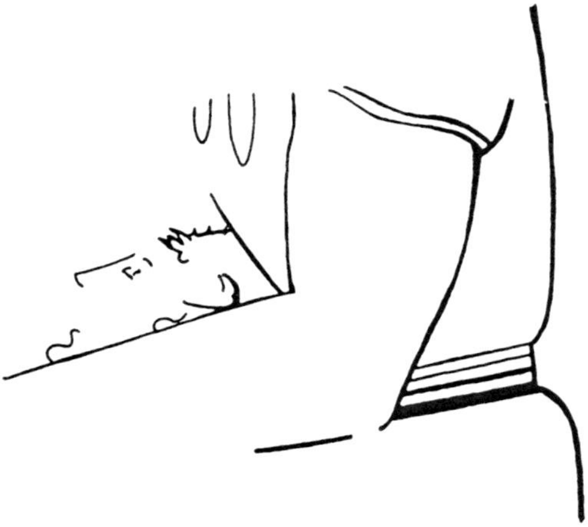

17

19

18

20

21

22

23

TABLE DES MATIÈRES

Annexes :

Cet ouvrage,
le septième de la collection
« Vérité des Mythes »
publié aux Éditions Les Belles Lettres
a été achevé d'imprimer
en octobre 2007
dans les ateliers
de l'imprimerie Jouve
11, bd de Sébastopol, 75001 Paris

N° d'éditeur : 6628
Dépôt légal : novembre 2007
N° d'imprimeur : 443090G
Imprimé en France